新譯格言聯璧

馬自毅　注譯

三民書局

刊印古籍今注新譯叢書緣起

劉振強

人類歷史發展，每至偏執一端，往而不返的關頭，總有一股新興的反本運動繼起，要求回顧過往的源頭，從中汲取新生的創造力量。孔子所謂的述而不作，溫故知新，以及西方文藝復興所強調的再生精神，都體現了創造源頭這股日新不竭的力量。古典之所以重要，古籍之所以不可不讀，正在這層尋本與啟示的意義上。處於現代世界而倡言讀古書，並不是迷信傳統，更不是故步自封；而是當我們愈懂得聆聽來自根源的聲音，我們就愈懂得如何向歷史追問，也就愈能夠清醒正對當世的苦厄。要擴大心量，冥契古今心靈，會通宇宙精神，不能不由學會讀古書這一層根本的工夫做起。

基於這樣的想法，本局自草創以來，即懷著注譯傳統重要典籍的理想，由第一部的四書做起，希望藉由文字障礙的掃除，幫助有心的讀者，打開禁錮於古老話語中的豐沛寶藏。我們工作的原則是「兼取諸家，直注明解」。一方面熔鑄眾說，擇善而從；一方面也力求明白可喻，達到學術普及化的要求。叢書自陸續出刊以來，頗受各界的喜愛，使我們得到很大的鼓勵，也有信心繼續推廣這項工作。隨著海峽兩岸的交流，我們注譯的成員，也由臺灣各大學的教授，擴及大陸各有專長的學者。陣容的充實，使我們有更多的資源，整理更多樣化的古籍。兼採經、史、子、集四部的要典，重拾對通才器識的重視，將是我們進一步工作的目標。

古籍的注譯，固然是一件繁難的工作，但其實也只是整個工作的開端而已，最後的完成與意義的賦予，全賴讀者的閱讀與自得自證。我們期望這項工作能有助於為世界文化的未來匯流，注入一股源頭活水；也希望各界博雅君子不吝指正，讓我們的步伐能夠更堅穩地走下去。

新譯格言聯璧　目次

刊印古籍今注新譯叢書緣起
導　讀
原　序
重刻序
正　文（取每則首句為標題）
學問類
古今來許多世家……一
讀書即未成名……一
為善最樂……二
諸君到此何為……三
聰明用於正路……四
戰雖有陣……五
飄風不可以調宮商……六
經濟出自學問……六
舍事功更無學問……七
何謂至行……七
竭忠盡孝……八
以心術為本根……九

凜閒居以慎獨……一一
收吾本心在腔子裡……一二
萬理澄澈……一三
宇宙內事……一四
身在天地後……一四
觀天地生物氣象……一四
下手處……一五
以聖賢之道教人易……一五
聖賢學問是一套……一六
口裡伊周……一七
無根本底氣節……一八
理以心得為精……一九
只有一毫粗疏處……一九
接人要和中有介……二〇
在古人之後……二一
古之學者……二一
古之君子……二二
眼界要闊……二二
先讀經……二三
讀經傳則根柢厚……二三
一庭之內……二四
讀未見書……二四
何思何慮……二五
心不欲雜……二五
心慎雜欲……二六
案上不可多書……二六
魚離水則鱗枯……二七
志之所趨……二七
把意念沉潛得下……二八
不虛心……二八
讀書貴能疑……三〇
看書求理……三〇
愛惜精神……三一
戒浩飲……三一

存養類

性分不可使不足……三五
大其心……三六
清明以養吾之神……三六
自家有好處……三七
以虛養心……三八
涵養沖虛……三八
顏子四勿……三九
喜怒哀樂而曰未發……四〇
存養宜沖粹……四〇
就性情上理會……四一
一動於欲……四二
人心如穀種……四二
果決人似忙……四三
寡欲故靜……四四
無欲之謂聖……四四
人之心胸……四五
宜靜默……四六
常操常存……四六
敬守此心……四七

人性中不曾缺一物……四七
君子之心不勝其小……四八
怒是猛虎……四八
忿如火……四八
懲忿如摧山……四九
心一鬆散……四九
一念疏忽……五〇
古之學者在心上做工夫……五〇
只是心不放肆……五一
處逆境心……五一
世路風霜……五二
青天白日的節義……五三
名譽自屈辱中彰……五四
謙退是保身第一法……五四
喜來時……五五
自處超然……五六
靜能制動……五六
天地間真滋味……五七
有才而性緩……五八
氣忌盛……五八
有作用者……五八
意粗性躁……五九
世俗煩惱處……六〇
以和氣迎人……六〇
觀操存……六一
大事難事看擔當……六二
輕當矯之以重……六二

持躬類（附攝生）

聰明睿知……六五
不與居積人爭富……六五
富貴……六六
濃於聲色……六七
想自己身心……六八
莫輕視此身……六八
醉酒飽肉……六九
不讓古人……七〇
一能勝予……七〇
怪小人之顛倒豪杰……七一
經一番挫折……七一
不自重者取辱……七二
有真才者……七二
蓋世功勞……七三
諉罪掠功……七三
毋毀眾人之名……七四
大著肚皮容物……七四
實處著腳……七五
讀書有四箇字最要緊……七五
事當快意處須轉……七六
物忌全勝……七六
儘前行者地步窄……七六
留有餘不盡之巧……七七
四海和平之福……七七
花繁柳密處撥得開……七八
步步占先者……七八

能改過……七九
言行擬之古人……七九
安莫安於知足……八〇
能知足者……八一
天薄我以福……八一
吉凶禍福……八二
要得富貴福澤……八三
富以能施為德……八三
護體面……八四
行己恭……八五
敬為千聖授受真源……八六
度量如海涵春育……八六
海闊從魚躍……八八
處草野之日……八九
只一箇俗念頭……八九
心不妄念……九〇
以性分言……九一
有補於天地曰功……九二
困辱非憂……九三
熱鬧榮華之境……九三
心志要苦……九四
心術以光明篤實為第一……九五
勿吐無益身心之語……九五
此生不學一可惜……九六
君子胸中所常體……九六
休諉罪於氣化……九七
自責之外……九八
書有未曾經我讀……九八
閨門之事可傳……九九
門內罕聞嬉笑怒罵……一〇〇
慎言動於妻子僕隸之間……一〇一
語言間儘可積德……一〇一
晝驗之妻子……一〇一
欲理會七尺……一〇二
世人以七尺為性命……一〇二
氣象要高曠……一〇三
聰明者戒太察……一〇四
勿施小惠傷大體……一〇四
以情恕人……一〇五
以恕己之心恕人……一〇五
力有所不能……一〇六
眾惡必察……一〇七
見人不是……一〇七
不為過三字……一〇八
品詣常看勝如我者……一〇八
家坐無聊……一〇九
將啼飢者比……一〇九
常思終天抱恨……一一〇
以媚字奉親……一一二
對失意人……一一四
貧賤是苦境……一一五
恩裡由來生害……一一五
深沉厚重……一一六
上士忘名……一一六

上士閒心……一一七
好許人者身必危……一一七
閒暇出於精勤……一一八
平康之中……一一九
居安慮危……一二〇
天下之勢……一二一
禍到休愁……一二二
天欲禍人……一二二
傲慢之人驟得通顯……一二二
小人亦有坦蕩蕩處……一二三
水君子也……一二四
凡陽必剛……一二五
稱人以顏子……一二六
事事難上難……一二七
怒宜實力消融……一二七
探理宜柔……一二七
懲忿窒欲……一二八
富貴如傳舍……一二九
儉則約……一三〇
奢者富不足……一三一
貪饕以招辱……一三一
靜坐……一三二
無病之身……一三三
欲心正熾時……一三三
有一樂境界……一三四
事不可做盡……一三五
不可喫盡……一三五
難消之味休食……一三六
飯休不嚼便咽……一三六
為善如負重登山……一三七
防欲如挽逆水之舟……一三七
膽欲大……一三八
真聖賢……一三八
龍吟虎嘯……一三九
格格不吐……一三九
問消息於蓍龜……一四〇
謙美德也……一四一
直不犯禍……一四一
圓融者無詭隨之態……一四二
才不足則多謀……一四三
私恩煦感……一四四
有殺之為仁……一四五
愚忠愚孝……一四六
知其不可為……一四七
小人只怕他有才……一四七
慎風寒……一四八
少思慮以養心氣……一四九
憂愁則氣結……一五〇
行欲徐而穩……一五一
心神欲靜……一五一
多靜坐以收心……一五二
寵辱不驚……一五二
道生於安靜……一五三
天地不可一日無和氣……一五四

拙字可以寡過……一五四
毋以妄心戕真心……一五五
拂意處要遣得過……一五五
言語知節……一五六
人知言語足以彰吾德……一五七
鬧時煉心……一五七
榮枯倚伏……一五八
節欲以驅二豎……一五九
衰後罪孽……一六〇
敗德之事非一……一六〇
木有根則榮……一六一

敦品類

欲做精金美玉的人品……一六三
人以品為重……一六三
人爭求榮……一六四
丈夫之高華……一六五
阿諛取容……一六六
君子之事上也……一六七
立朝不是好舍人……一六七
做秀才……一六八
貧賤時……一六九
貴人之前莫言賤……一七〇
小人專望受人恩……一七〇
處眾以和……一七〇
使人有面前之譽……一七一
媚若九尾狐……一七二
到處傴僂……一七三
富兒因求宦傾貲……一七三
親兄弟析箸……一七四
士大夫當為子孫造福……一七四

處事類

處難處之事愈宜寬……一七九
無事時常照管此心……一八〇
當平常之日……一八一
緩事宜急幹……一八二
不自反者……一八三
日日行……一八三
必有容……一八四
過去事……一八四
強不知以為知……一八五
居處必先精勤……一八五
天下最有受用……一八六
自己做事……一八七
謀人事如己事……一八七
無心者公……一八八
置其身於是非之外……一八八
任事者……一八九
無事時戒一偷字……一八九
將事而能弭……一九〇
提得起……一九〇
救已敗之事者……一九一
以真實肝膽待人……一九一
天下無不可化之人……一九二
處人不可任己意……一九二

見事貴乎理明……一九三
於天理汲汲者……一九三
君子當事……一九四
居官先厚民風……一九五
論人當節取其長……一九五
小人處事……一九五
只人情世故熟了……一九六
只一事不留心……一九七
事到手……一九八
事有機緣……一九八

接物類

事屬曖昧……二〇一
凡一事而關人終身……二〇二
嚴著此心以拒外誘……二〇二
待己當從無過中求有過……二〇三
事後而議人得失……二〇三
遇事只一味鎮定從容……二〇四
公生明……二〇五
人好剛……二〇五
柔能制剛……二〇六
困天下之智者……二〇七
以耐事……二〇七
何以息謗……二〇八
人之謗我也……二〇八
是非窩裡……二〇八
觀世間極惡事……二〇九
彼之理是……二〇九
能容小人……二一〇
我不識何等為君子……二一〇
律身惟廉為宜……二一一
以仁義存心……二一一
徑路窄處……二一二
任難任之事……二一三
窮寇不可追也……二一三
禍莫大於不讎人而有讎人之辭色……二一四
恩怕先益後損……二一四
善用威者不輕怒……二一五
寬厚者……二一五
事有知其當變而不得不因者……二一六
輕信輕發……二一六
處事須留餘地……二一七
施在我有餘之惠……二一八
古人愛人之意多……二一八
喜聞人過……二一九
聽其言必觀其行……二一九
論人之非……二二〇
小人亦有好處……二二一
小人固當遠……二二一
待小人宜寬……二二二
聞惡不可遽怒……二二二
先去私心……二二二
修己以清心為要……二二三

惡莫大於縱己之欲……二二三
人生惟酒色機關……二二三
工於論人者……二二四
人情每見一人……二二五
觀富貴人……二二五
寬厚之人……二二六
居視其所親……二二七
取人之直……二二八
遇剛鯁人……二二九
人褊急……二二九
奸人詐而好名……二三〇
持身不可太皎潔……二三〇
宇宙之大……二三一
德盛者……二三二
律己宜帶秋氣……二三三
善處身者……二三三
愛人而人不愛……二三四
人若近賢良……二三四
人未己知……二三五
落落者難合……二三六
能媚我者……二三七
出一箇大傷元氣進士……二三八
無事時……二三八
一種人難悅亦難事……二三九
大惡多從柔處伏……二三九
惠我者小恩……二四〇
毋受小人私恩……二四〇
喜時說盡知心……二四一
盛喜中勿許人物……二四一
頑石之中……二四一
靜坐常思己過……二四二
對癡人莫說夢話……二四二
面諛之詞……二四三
攻人之惡毋太嚴……二四三
互鄉童子則進之……二四三
不可無不可一世之識……二四四
事有急之不白者……二四五
遇矜才者……二四五
直道事人……二四六
豈能盡如人意……二四七
不近人情……二四七
己性不可任……二四七
仇莫深於不體人之私……二四八
辱人以不堪……二四九
處富貴之時……二四九
臨事須替別人想……二五〇
欲勝人者先自勝……二五〇
待人三自反……二五〇
待富貴人……二五一
對愁人勿樂……二五一
見人背語……二五二
不蹈無人之室……二五二
俗語近於市……二五二
聞君子議論……二五三

凡為外所勝者……二五四
存乎天者……二五四
小人樂聞君子之過……二五五
慕人善者……二五六
時窮勢蹙之人……二五六
蹤多歷亂……二五七
患不在大……二五八
毋以小嫌疏至戚……二五八
兩惠無不釋之怨……二五八
古之名望相近……二五九

齊家類

勤儉……二六一
天下無不是底父母……二六一
以父母之心為心……二六二
人君以天地之心為心……二六三
孝莫辭勞……二六四
子之孝……二六四
父母所欲為者……二六五
婚而論財……二六五
君子有終身之喪……二六七
兄弟一塊肉……二六八
兄弟和……二六八
心術不可得罪於天地……二六九
現在之福……二六九
問祖宗之澤……二七〇
要知前世因……二七〇
祖宗富貴……二七一
近處不能感動……二七一
至樂無如讀書……二七二
子弟有才……二七三
兩澤過潤……二七四
安詳恭敬……二七五
人一心先無主宰……二七六
融得性情上偏私……二七六
遇朋友交游之失……二七七
未有和氣萃焉……二七八
閨門之內……二七九
人之於嫡室也……二八〇
僕雖能……二八〇
奴僕得罪於我者尚可恕……二八一
奴之不祥……二八二
治家嚴……二八二
治家忌寬……二八三
無正經人交接……二八三
日光照天……二八四
樓下不宜供神……二八五

從政類

眼前百姓即兒孫……二八七
善體黎庶情……二八八
封贈父祖……二八九
潔己方能不失己……二八九
朝廷立法不可不嚴……二九〇
嚴以馭役……二九一
催科不擾……二九二

刑罰當寬處即寬……二九二
居家為婦女們愛憐……二九三
官不必尊顯……二九四
祿豈須多……二九四
天非私富一人……二九四
住世一日……二九五
貧賤人櫛風沐雨……二九六
平日誠以治民……二九六
平民肯種德施惠……二九七
無功而食……二九八
毋矜清而傲濁……二九八
勤能補拙……二九九
居官廉……三〇〇
以林皋安樂懶散心做官……三〇一
念念用之君民……三〇二
古之從仕者養人……三〇三
古之居官也……三〇三
在家者不知有官……三〇三
君子當官任職……三〇四
職業是當然底……三〇五
一切人為惡……三〇五
士大夫濟人利物……三〇六
以處女之自愛者愛身……三〇六
執法如山……三〇七
陷一無辜……三〇七
針芒刺手……三〇八
官雖至尊……三〇九
聽斷之官……三一〇
無關緊要之票……三一一
無辜牽累難堪……三一二
呆子之患……三一四
官肯著意一分……三一四
禮繁則難行……三一五
善啟迪人心者……三一六
非甚不便於民……三一七
情有可通……三一七
為前人者……三一八
事在當因……三一八
利在一身勿謀也……三二〇
莫為嬰兒之態……三二〇
用三代以前見識……三二一
大智興邦……三二二
吾爵益高……三二二
安民者何……三二三
不可假公法以報私仇……三二三
天德只是箇無我……三二四
惟有主……三二四
治道之要在知人……三二五
未用兵時……三二六
天下不可一日無君……三二六
廟堂之上……三二七
人身之所重者元氣……三二八

惠吉類

聖人斂福……三二九

作德日休……三二九
開卷有益……三三〇
崇德效山……三三〇
群居守口……三三〇
知足常樂……三三一
窮達有命……三三一
以鏡自照見形容……三三二
善為至寶……三三二
世事讓三分……三三三
要好兒孫……三三三
留福與兒孫……三三四
存一點天理心……三三四
非讀書……三三五
多積陰德……三三五
事事培元氣……三三五
勿謂一念可欺也……三三六
人心一念之邪……三三六
終日說善言……三三七
物力艱難……三三七
隻字必惜……三三八
作踐五穀……三三八
茹素……三三九
仁厚刻薄……三四一
造物所忌……三四一
做人無成心……三四二
執拗者福輕……三四二
謙卦六爻皆吉……三四二
作本色人……三四三
一點慈愛……三四三
好惡之良……三四四
塑像棲神……三四五
費千金而結納勢豪……三四六
惻濟人窮……三四七
謀占田園……三四七
平居寡欲養身……三四八
善用力者就力……三四九
身世多險途……三五〇
莫忘祖父積陰功……三五一
天下第一種可敬人……三五二
孝子百世之宗……三五二
形若正……三五二
有陰德者……三五三
施必有報者……三五三
面前的理路要放得寬……三五四
不可不存時時可死之心……三五五
作惡事……三五五
吾本薄福人……三五六
薄福者必刻薄……三五六
有工夫讀書謂之福……三五六
從熱鬧場中……三五七
入瑤樹瓊林中皆寶……三五八
談經濟外……三五八
藝花可以邀蝶……三五九
作德日休……三六〇

心地上無波濤……三六〇
貧賤憂戚……三六一
世網那時跳出……三六二
熱不可除……三六三
富貴貧賤……三六四
要足何時足……三六四
知足常足……三六五
急行緩行……三六五
理欲交爭……三六六
以積貨財之心積學問……三六七
移作無益之費以作有益……三六七
做大官底……三六八
潛居儘可以為善……三六九
一時勸人以口……三七〇
靜以修身……三七一
讀書者不賤……三七一
明鏡止水以澄心……三七一
省費醫貧……三七二
以鮮花視美色……三七三
養德宜操琴……三七三

悖凶類

富貴家不肯從寬……三七七
倚勢欺人……三七七
暗裡算人者……三七八
飽肥甘……三七八
文藝自多……三七九
位尊身危……三八〇
機者……三八一
出薄言……三八二
積德於人所不知……三八二
家運有盛衰……三八三
天堂無則已……三八四
為惡畏人知……三八四
謂鬼神之無知……三八四
勢可為惡而不為……三八五
於福作罪……三八五
行善如春園之草……三八六
使為善而父母怒之……三八六
為善之人……三八七
為一善而此心快愜……三八八
一命之士……三八九
膏粱積於家……三八九
天下無窮大好事……三九〇
清欲人知……三九一
人以奢為有福……三九二
謀館如鼠……三九三
不可信之師……三九四
肆傲者納侮……三九五
魚吞餌……三九五
欲不除……三九六
明星朗月……三九六
飛蛾死於明火……三九七
慨夏畦之勞勞……三九八
吉人無論處世平和……三九九

仁人心地寬舒……三九九
充一個公己公人心……四〇〇
理以心為用……四〇一
魚與水相合……四〇一
天理是清虛之物……四〇二
毋以嗜欲殺身……四〇三
毋執去來之勢而為權……四〇四
貪了世味的滋益……四〇五
精工言語……四〇六
荊棘滿野……四〇六
莊敬非但日強也……四〇七
自家過惡自家省……四〇八
多事為讀書第一病……四〇八
今之用人……四〇九
貧不足羞……四〇九
事到全美處……四一〇
衣垢不湔……四一〇
供人欣賞……四一一
罪莫大於褻天……四一一
言語之惡……四一二
談人之善……四一二
當厄之施……四一三
陰巖積雨之險奇……四一三
巢父洗耳以鳴高……四一四
詆緇黃之背本宗……四一五
炎涼之態……四一七
兄弟爭財……四一七
受連城而代死……四一七
烏獲病危……四一八
聖人悲時憫俗……四一九
讀書為身上之用……四二〇
盛者衰之始……四二一
福莫大於無禍……四二二

導讀

格者，法也。言之可為人法則者，稱「格言」。璧，美玉。「聯璧」，美玉的並列，即把美玉（格言）串聯在一起。書名體現了作者集先哲之名言、垂後人之良範的心意。

格言體現著一個民族的智慧，其中既有歷代賢哲思考總結千百年來歷史經驗、世道人心凝聚而成的嘉言警句，也有平民百姓從日常生活、民情風俗中品味感悟出來的經驗教訓。

中國古代格言不僅凝聚了幾千年來的人生修養、生存智慧，是思想精華；同時又具有簡練生動的表達方式，是語言藝術。三五言、七八句，短小精悍，以最簡潔的形式顯示著人類對真善美的追求，對假醜惡的厭惡。那些久經陶冶、雋永深長的格言，其魅力和力量是無窮的。「滿招損，謙受益」（《尚書》）、「它山之石，可以攻玉」（《詩經》）、「天行健，君子以自強不息」（《易經》）、「吾日三省吾身」（《論語》）、「公生明，偏生暗」（《荀子》）等等，都是歷代流傳的名句。歲月流逝，社會更迭，不僅沒有使這一串串珠璣失去光澤，反而一次又一次映證了先人的睿智和洞察力。

正由於格言具有言簡意賅、垂範後世的作用，歷代文人學者常置諸座右，以之為鑑。《三國志・魏志・崔琰傳》：「蓋聞盤於游田，《書》之所戒；魯隱觀魚，《春秋》譏之。此周、孔之格言，二經之明義。」《宋史・吳玠傳》：「玠善讀史，凡往事可師者，錄置座右。積久，墻牖皆格言也。」也有專門把嘉言錦語輯為集子者，一部《朱子語類》洋洋一百四十卷，就是南宋朱熹的講學語錄。

本書編者金纓生活於十九世紀上半期，斯時康乾盛世早已逝去，西洋人的堅船利炮打碎天朝的藩籬，中國開始了極為艱難而痛苦的「亘古未有之變局」。身當「局」中，或許難以知曉後人已成常識的變故，但官吏貪瀆、道德淪喪、人心不古、世風日下等種種亂世之象卻是每個生活於其中者無法迴避的事實。位卑不忘憂國，是中國士大夫的優秀傳統，而一個鄉居的普通讀書人所能做到的，就是力圖以古聖先賢的教導針砭世風，警醒世人。金纓以數年時間遍閱先哲語錄，遇有警世名言，輒手錄之，積久成帙，編為學問、存養、持躬（附攝生）、敦品、處事、接物、齊家、從政、惠吉、悖凶十類，曰《覺覺錄》。但由於卷帙繁多，工資艱鉅，無法全部付梓，只能將錄內整句先行刊布，名《格言聯璧》。

是書脈絡清楚，文思縝密，既從正面闡述「格物、致知、誠意、正心、修身、齊家、治國、平天下」的「大道」，亦以民間文化的「禍福相依」、「因果報應」等昭示善有善報，惡有惡報，奉勸貴者為民造福，富者行善積德，條分縷析，情給理明，以金科玉律之言作晨鐘暮鼓之警，字字沁人心脾，言言深入肺腑。當然，其中也有對世風日下的喟嘆，有對貪官污吏的痛恨，有人生的感慨與無奈。

《格言聯璧》因其內容精練、選編恰當，自問世以來就廣泛流傳於民間，數十年間先後刊行過許多版本，內容大同小異，品質高下不一。本書選取校讎刊印俱佳的庚午秋潮陽郭氏雙百鹿齊本為底本，點校注釋，並譯成白話。清代蘭陵堂等版本在原文各段末已有類似「讀後感」的注釋，本書以「原注」的形式保留，附於「注釋」、「語譯」之後。個別原注係作者就正文內容有感而發，文字不多，但有極強的針對性，故保持原樣，以方便讀者。

馬自毅

原序

余自道光丙午歲敬承先志，輯《幾希錄》續刻。工竣後，徧閱先哲語錄，遇有警世名言，輒手錄之，積久成帙，編為十類，曰《覺覺錄》。卷帙繁多，工資艱鉅，未能遽付梓人。因將錄內整句先行刊布，名《格言聯璧》，以公同好。至全錄之刻，姑俟異日云。

山陰金纓蘭生氏　謹識

咸豐元年辛亥仲夏

重刻序

「格言」二字，不見於經。其見於傳記者，最早為三國時崔琰〈諫世子丕書〉有云：「周、孔之格言，二經之明訓。」至晉潘岳〈閑居賦〉「奉周任之格言」，李善注引《論語考比讖・賜問》曰：「格言，成法，亦可以次序也。」然則格言見讖諱之書出自孔門，行於周代，其來蓋已久矣。六經四子，即聖人述作之格言。後世非專門學子，未能專意治經，則賴有歷代先哲較為淺近之格言，足以隨筆醒世，其有功於世道人心者甚大。清咸豐間山陰金蘭先生輯為《聯璧》一書，分門採錄，有條不紊。世重其書，刊刻流布，日增月盛，可知好善人有同心，因世衰道弊，陷溺益深，救世之士益亟於提倡是書，以資警醒之用。顧傳本既多，各家之本字句不無略有異同，校其意義，互有長短。潮陽郭君輔庭知是書大有益於救世，爰取各本，悉心校讐，從其最長，勒為定本。又懲刻工潦草，不足動人愛玩之意，倩名手，倣宋精刊精印，使通人雅士亦足資為席上之珍。此誠善與人同多方誘掖之盛心也。余嘗思，精理名言足以發人深省，啟人神悟，更有較輯近代格言、高其品格者，意欲集《說苑》、《新序》、《韓非》之〈內、外儲說〉、《淮南》之〈說山〉、〈說林訓〉、《呂覽》之以人事標題各篇中事實，分門別類，撰為一書。能更遍搜諸子之文以附益之，更善；不能，則以上數書亦足以窮心理之變化，析事之豪芒，而為六經以外格言之最高尚者矣。人事卒卒，此願未遂。郭君以所刻《格言聯璧》囑序，伸其餘意如此。

庚午八月孟森謹敘

學問類

古今來許多世家❶，無非❷積德；天地間第一人品❸，還是讀書。

【注　釋】❶世家　世代享有爵祿之家。後泛指世代貴顯的家族或大家。《孟子・滕文公下》：「仲子，齊之世家也。」❷無非　無一不是；不外乎。❸人品　人的品格。

【語　譯】古往今來許多世代顯赫的家族，無一不是因為積德而成；想要具備天地之間第一等的品格，還是要靠讀書。

【原　注】傳家久遠，總不外讀書積德四字。若紛紛勢利，真如烟花過眼，須臾便滅。古聯云：「樹德承鴻業，傳經裕燕貽。」又云：「樹德箕裘惟孝友，傳家彝鼎在詩書。」又云：「天麻靜迓惟為善，祖澤長延在讀書。」又云：「欲高門第須為善，要好兒孫必讀書。」又云：「立品定須成白璧，讀書何止到青雲。」皆格言也。

讀書即未成名，究竟❶人高品雅❷；脩德❸不期獲報，自然夢穩心安❹。

【注釋】❶究竟　畢竟；最終。❷人高品雅　人格高尚，品味雅正。❸脩德　修養德行；積德行善。❹夢穩心安　因毫無欲望、牽掛，故而心安理得，高枕無憂。

【語譯】讀書即便不能成就功業，名揚天下，畢竟可使人人格高尚，品味雅正；積德行善而不期待回報，自然心安理得，高枕無憂。

【原注】不因果報方修德，豈為功名始讀書。

為善最樂❶，讀書便佳❷。

【注釋】❶為善最樂　謂行善是最快樂的事。語本《後漢書・東平憲王蒼傳》：「日者問東平王：『居家何等最樂？』王言：『為善最樂。』其言甚大，副是要腹矣。」為善，猶言行善、做善事。❷便佳　就更好。便，就；即。

【語譯】行善是最快樂的事，讀書會使人更美善。

【原注】茅鹿門云：人生在世，多行救濟事，則彼之感我，中懷傾倒，浸入肝脾，何幸而得人心如此哉？此事之最樂而莫可加者也。若徒求諸綺席之豐，堂構之美，潤屋潤身，相去殆有天壤之別矣。

張揚園云：人第見近世遊庠序者至於飢寒，衣冠之子多有敗行，遂以歸咎讀書。不知末世之習，攻浮文以資進取，未嘗知讀聖賢之書。是以失意斯濫，得意斯淫，為里俗所羞稱爾，安可因噎而廢食乎？試思子孫既不讀書，則不知義理，一傳再傳，蚩蚩蠢蠢，有親不知事，有身不知修，有子不知教，愚者安於固陋，黠者習為巧詐。循是以往，雖違禽獸不遠，勿恥也。然則詩書之業，可不竭力世守哉！

諸君到此何為❶？豈徒❷學問文章，擅一藝微長❸，便算讀書種子❹？在我所求亦恕❺，不過子臣弟友❻，盡五倫❼本分，共成名教❽中人。

【注釋】❶何為　幹什麼；做什麼。用於詢問。❷豈徒　難道只是。豈，表示疑問或反詰。徒，僅僅；只是。❸擅一藝微長　掌握一點微小的技藝。擅，擁有；據有。藝，才能；技藝。微長，一點點長處。❹讀書種子　指讀書的根基。種子，植物種子。引申為事物的根本或根源。❺亦恕　只有恕。亦，只有；僅僅。恕，推己及人；仁愛待物。《論語・衛靈公》：「子貢問曰：『有一言而可終身行之者乎？』子曰：『其恕乎！己所不欲，勿施於人。』」案：文中含有「忠恕」之意。忠恕是儒家所強調的基本道德規範之一。《論語・里仁》：「夫子之道，忠恕而已矣。」朱熹《集注》：「盡己之謂忠，推己之謂恕。」❻子臣弟友　兒子，臣下，兄弟，朋友。即下句所說的（君臣、父子、夫婦、兄弟、朋友）「五倫」。❼五倫　中國傳統文化所強調的君臣、父子、夫婦、兄弟、朋友之間的五種倫理關係，即父子有親，君臣有義，夫婦有別，長幼有序，朋友有信（《孟子・滕文公上》）。古人認為這五倫是不可改變的常道，故又稱「五常」、「人倫」、

「倫常」。此外，也指父義、母慈、兄友、弟恭、子孝。《書・泰誓下》：「今商王受，狎侮五常。」孔穎達疏：「五常即五典，謂父義、母慈、兄友、弟恭、子孝，五者人之常行。」或指仁、義、禮、智、信。西漢・董仲舒《賢良策一》：「夫仁、義、禮、智、信，五常之道，王者所當修飭也。」❽名教　以正名定分為主的禮教（禮儀教化）。晉・袁宏《後漢紀・獻帝紀》：「夫君臣父子，名教之本也。」

【語　譯】諸位來到這裡是為了什麼？難道僅僅是做學問、寫文章，掌握一點微小的技藝，就可算是讀書的根基了？我所追求的只有推己及人，仁愛待物，不過是使君臣、父子、夫婦、兄弟、朋友之間各盡其人倫本分，都成為遵守禮儀教化規範的人。

【原　注】廣州香山書院楹聯。

劉直齋云：士先器識而後文藝。若夫少時無所持養，不為事親從兄之事，不聞禮義廉恥之說，但為無根浮偽之文，驟登青雲之路，其不蔑棄君親、草菅人命者，鮮也。

聰明用於正路❶，愈聰明愈好，而文學功名❷益成其美；聰明用於邪路，愈聰明愈謬，而文學功名適濟其奸❸。

【注　釋】❶正路　正確的道路；正當的途徑。《孟子・離婁上》：「義，人之正路也。」❷文學功名　指文章、學問和功業、名聲。文學，文章、學問。功名，功業和名聲。舊時也指科舉稱號或官職名位。❸適濟其奸　謂正好增加了他的邪惡。適，正；恰好。濟，增添；加強。

【語　譯】聰明智慧用於正當途徑，越聰明越好，學問功業會使他更加完美；聰明智慧用於邪惡，越聰明越荒謬，學問功業反而助長他的奸邪。

戰雖有陣❶，而勇為本；祭雖有儀❷，而誠為本❸；喪雖有禮，而哀為本❹；士❺雖有學，而行❻為本。

【注　釋】❶戰雖有陣　謂打仗雖然有兵法、隊形。陣，戰鬥隊形；列陣、布陣。❷祭雖有儀　謂祭祀時雖然有一定的禮節儀式。祭，祭祀。對陳列物品供奉、祭奠神鬼祖先的通稱。案：古代祭祀對象眾多：祭天、祭地、祭日、祭月、祭星、祭祖先、祭神靈（如祭社——土地神、祭灶——灶王爺、祭賽——酬神、祭門——門神、祭財神等）以及古人認為與其生產、生活有密切關係者，如祭侯（在舉行大射禮時，先祭射的靶）；祭祀時，根據祭者的身分（帝王、貴族、平民）、所祭對象及祭祀時間的不同，而有各種相應的祭禮儀式。儀，儀式；禮節。❸本　根本。❹喪雖有禮二句　意思是辦喪事時雖然有一定的喪葬禮儀規範，但以哀傷為根本。禮，禮儀規範。案：古代的「禮」範圍很廣，包含祭祀、敬神、典禮、禮儀以及各種行為規範、道德準則。古禮之名有五：吉、凶、軍、兵、嘉；古禮之事有九：冠、婚、朝、聘、喪、祭、賓主、鄉飲酒、軍旅。文中指喪禮。❺士　士大夫；君子；讀書人。❻行　實踐。案：中國自古就十分重視學以致用，認為講學不尚躬行，為口頭禪，或是「馬牛而襟裾」。即讀書求學卻不重視實際行動，那只是口頭禪，就好像牛馬穿上了衣服，裝裝樣子而已。句用此意。

【語　譯】打仗時雖然有相應的布陣、隊形，但以勇敢為根本；祭祀時雖然有一定的禮節儀式，但以心誠為根本；辨喪事時雖然有必須遵守的喪葬禮儀，但以哀傷為根本；士大夫雖然讀書有學問，但以實踐為根本。

飄風不可以調宮商❶，巧婦不可以主中饋❷，文章之士❸不可以治國家。

【注　釋】❶飄風不可以調宮商　意為旋風不能奏出動聽的音樂。飄風，旋風；暴風。宮商，中國古代五聲音階（宮、商、角、徵、羽）中的宮音與商音。常以之代指音律、音樂。❷主中饋　掌管好飲食家務。主，掌管；主持。中饋，指家中供膳諸事。語出《易・家人》：「無攸遂，在中饋。貞吉。」孔穎達疏：「婦人之道……其所職，主在於家中饋食供祭而已。」饋，指飲食之事。❸文章之士　指只會讀死書、作文章，頭腦冬烘的士子。

【語　譯】旋風不能奏出動聽的音樂，心靈手巧的婦人未必能夠掌管好飲食家務，不懂國計民生、只會作文章的讀書人不能夠治理好國家。

經濟❶出自學問，經濟方有本源；心性見之事功❷，心性方為圓滿。

【注　釋】❶經濟　經世濟民。亦指治國濟民的才幹。《晉書・殷浩傳》：「足下沉識淹長，思綜通練，起而明之，足以經濟。」❷心性見之事功　謂修身養性之道體現在建功立業上。即為學、修身要注重實踐與實際功效。心性，心性之學。此指修身養性。事功，為國效力；建功立業。

【語　譯】治國安民的才能來自學問，這樣，經世濟民才有永不枯竭的源泉；修身養性之道體現在建功立業上，這樣，修養心性才算得上真正圓滿。

舍❶事功更無學問，求性道不外文章❷。

【注　釋】❶舍　放棄；背棄。❷求性道不外文章　謂要瞭解人性、天道的根本道理，只能從古聖先賢的著述及禮法典章中探求。性道，人性與天道。不外，不超出某種範圍之外。文章，指古聖先賢的著述、言論。也指禮法、典章。

【語　譯】捨棄了建功立業，就沒有真正的學問；要求取人性與天道，只能從古聖先賢的著述、禮法中去找。

何謂至行❶？曰庸行❷；何謂大人❸？曰小心❹。何以上達❺？曰下學❻；何以遠到❼？曰近思❽。

【注　釋】❶至行　超越常人的卓絕品行。《晉書・朱沖傳》：「少有至行，閑靜寡欲，好學而貧，常以耕藝為事。」❷庸行　日常的行為。《易・乾》：「庸言之信，庸行之謹。」庸，中庸；庸常。引申為平凡、尋常、平庸。❸大人　指德行高尚、志趣高遠的人。《易・乾》：「夫大人者，與天地合其德，與日月合其明，與四時合其序，與鬼神合其凶吉。」❹小心　謹慎；細心。❺上達　古謂士君子修養德性，務求通達於仁義並努力實行。《論語・憲問》：「君子上達，小人下達。」邢昺疏：「言君子小人所曉達不同也。本為上，謂德義也；末為下，謂財利也。言君子達於德義，小人達於財利。」❻下學　謂學習人情事理的基本常識。亦指屈己尊人，向不如自己的人學習。《論語・憲問》：「子曰：『不怨天，不尤人，下學而上達。』」案：上達、下學的具體意義是什麼，古今論說歧異甚多。除上述之說外，皇侃《義疏》的解說亦為影響較大者。其謂：「下學，學人事；上達，達天命。我既學人事，人事有否有泰，故不怨人；上達天命，天命有窮有通，故不怨天也。」❼遠到　猶「遠至」。謂品德修養達到很高深的境界，日後能有大成就。❽近思　謂思考尋常習知易見之事。《論語・子張》：「博學而篤志，切問而近思，仁在其中矣。」何晏《集解》：「近思者，近思己所能及之事。」有的注疏者認為「近思」是對目前面臨的問題深思熟慮。

【語　譯】什麼是超越常人的卓絕品行？就是日常行為的修養；什麼樣的人稱作德行高尚者？即謹慎細心的人。怎樣才能通達仁義，知曉天命？從學習人情事理的基本常識做起；怎樣才能建功立業，實現遠大抱負？思考身邊常見易知的事情與問題。

竭忠盡孝，謂之人；治國經邦❶，謂之學；安危定變❷，謂之才；經天緯地，謂之文❸；霽月光風，謂之度❹；萬物一體，謂之仁❺。

【注釋】❶經邦　治理國家。❷安危定變　謂轉危為安，平定變亂。安，使安寧；使安定。《論語・憲問》：「修己以安百姓。」❸經天緯地二句　謂能夠把國家、天下治理得井井有條，便是美善德行。經天緯地，語出《國語・周語下》：「經之以天，緯之以地，經緯不爽，文之象也。」本指以天地為法度。後以「經緯天地」、「經天緯地」謂經營天下，治理國政。句中用其本意。文，德行；美善。《國語・周語下》：「夫敬，文之恭也。」韋昭注：「文者，德之總名也。」❹霽月光風二句　謂品格高尚，襟懷坦蕩才能稱之為雍容大度。霽月光風，指雨過天晴時的明淨景象。用以比喻人的品格高尚，胸襟開闊。霽，雨止天晴；明朗。也謂人的和悅之色。❺萬物一體二句　謂能夠將世間萬物全都同等看待，才是大仁大德。萬物一體，謂視萬物與我為一。

【語譯】能夠竭盡忠孝，才稱得上是個人；能夠經邦治國，這才算有學問；能夠轉危為安，平定變亂，才是棟梁之才；能以天地為法度，才是美德善行；品格高尚，襟懷坦蕩，才稱得上雍容大度；視萬物與我為一，才是大仁大德。

以心術❶為本根，以倫理為楨幹❷，以學問為菑畬❸，以文章為花萼❹，以事業為結實❺。以書史為園林❻，以歌詠為鼓吹❼，以義理為膏粱❽，以著述為文繡❾，以誦讀為耕耘❿，以記問為居積⓫。以前言往行⓬為師友，以忠信篤敬為脩持⓭，以作善降祥為受用⓮，以樂天知命為依歸⓯。

【注 釋】❶心術　內心；思想品質。也指認識事物的方法和途徑。《管子・七法》：「實也，誠也，厚也，度也，恕也，謂之心術。」本根，即根本。指事物最重要的部分。❷楨幹　本意是築土牆時所用的木柱，豎於兩端的叫楨，立在兩旁的叫幹。後引申為支柱、骨幹。❸以學問為菑畬　謂把學問作為良田，仔細耕耘。菑畬，其本意是開墾、耕耘。由於農耕社會中耕耘是民生之本，故以喻事物的根本。菑，初耕的田地。亦泛指農田。畬，焚燒田地裡的草木，用草木灰作肥料的原始耕作方法。❹花萼　花萼位於花的外輪，呈綠色，在花芽期有保護花芽的作用。引申為物的底托。❺結實　結出果實或種子。❻以書史為園林　謂以經史典籍為園林，瀏覽遨遊於其中。書史，典籍。指經史一類的書籍。園林，文中比喻經史典籍的豐富浩瀚、美不勝收。❼以歌詠為鼓吹　謂以詩歌詞賦為羽翼，輔佐經典。歌詠，也作「歌咏」。指詩歌、詞賦。鼓吹，宣揚；闡發意義。引申為羽翼、輔佐者。南朝宋・劉義慶《世說新語・文學》：「孫興公云：『〈三都〉、〈二京〉，五經鼓吹。』」劉孝標注：「言此五賦是經典之羽翼。」❽以義理為膏粱　謂以義理為精美食品，滋養心靈。義理，合於一定的倫理道德的行事準則。也指講求儒家經義的學問。膏粱，肥肉和細糧。泛指精美的食物。❾文繡　華美的紡織品或衣服。比喻美才。文中有成果、成就之意。❿以誦讀為耕耘　謂以熟讀背誦經典作為學術基礎。案：農業時代，耕耘是民生之本。以之比喻熟讀背誦是學術的基礎。誦讀，念；熟讀；背誦。⓫以記問為居積　意思是以記誦、討論詩書為積累。記問，記誦詩書以待問或資談助。案：古代學人反對單純背誦式的死讀書，或者僅僅為應付他人之問難而讀書的方法，將其稱之為「記問之學」。即無真知之學。《禮記・學記》：「記問之學不足以為人師，必也其聽語乎？」本文就其正面的意義而言。居積，囤積；積累。⓬前言往行　前代聖賢的言行。《易・大畜》：「君子以多識前言往行，以畜其德。」句用此意。⓭以忠信篤敬為脩持　謂以忠誠信實、純厚敬肅作為修身守道的準則。忠信，忠誠信實。《易・乾》：「君子進德修業，忠信所以進德也。」句用此意。篤敬，純厚敬肅。《論語・衛靈公》：「言忠信，行篤敬，雖蠻貊之邦行矣。」篤，專一；純厚。脩持，修身守道。⓮以作善降祥為

受用　意思是以常行善事獲得天佑為受益。作善降祥，行善可以獲得天佑。語出《書・伊訓》：「惟上帝不常。作善降之百祥，作不善降之百殃。」作善，行善；做善事。降祥，降下吉祥。受用，猶受益、得益。

⑮以樂天知命為依歸　謂以順從天命、安守本分為宗旨。樂天知命，順從天命的安排，安守命運的分限。語出《易・繫辭上》：「樂天知命，故不憂。」樂天，樂於順從天命。知命，懂得事物的生滅變化都由天命安排的道理。依歸，目的；宗旨。

【語　譯】以心性德行為根本，以倫理道德為主幹，以學問為良田，以文章為依託，以事業為果實。以經史典籍為園林，瀏覽遨遊；以詩歌詞賦為羽翼，輔佐經典；以義理為精美食品，滋養心靈；以著書立說為成果，筆耕不輟；以熟讀背誦經典為求學基礎；以記誦討論詩書為學術積累。以前代聖賢的言行舉止為良師益友，處處效法；以忠誠信實、純厚敬肅為修身準則，時時遵守；以常行善事，獲得天佑為受益；以順從天命、安守本分為宗旨。

凜閒居以慎獨❶，卜動念以知幾❷，謹威儀以定命❸，敦大倫以凝道❹，備百行以考德❺，遷善改過以作聖❻。

【注　釋】❶凜閒居以慎獨　謂安閒居家，一人獨處時依然嚴肅端莊，以體悟慎獨之意。凜，嚴肅；莊嚴。閒居，避人獨居；安閒居家。慎獨，在獨處中仍謹慎不苟。語出《禮記・大學》：「此謂誠於中，形於外，故君子必慎其獨也。」❷卜動念以知幾　謂根據心念的萌動，推斷察知事物細微變化的徵兆。卜，推斷；

預測。動念，猶動心。心念萌動。知幾，謂有預見，看出事物發生變化的隱微徵兆。幾，隱微。多指事物變化的跡象、先兆。❸謹威儀以定命　謂保持莊重的儀容舉止，以樹立威信。謹，嚴守；慎重。威儀，莊重的儀容舉止。定命，本意為審定法令，令行禁止。引申為樹立威信。❹敦大倫以凝道　意思是注重敦睦人倫，以鞏固弘揚天道。敦，崇尚；注重；和睦。大倫，指基本的倫理道德。古代中國社會以三綱五常為大倫。《孟子・公孫丑下》：「內則父子，外則君臣，人之大倫也。」凝道，鞏固弘揚天道。凝，形成；鞏固。道，天道；宇宙萬物的本源、本體。❺備百行以考德　謂具備各種良好的品行，以培養、成就高尚的德行。百行，各種品行。考德，培養追求仁義以成其德。考，研求；成全；成就。❻遷善改過以作聖　謂學習他人的長處善行，改正自己的缺點錯誤，盡力達到聖人的境界。遷善改過，去惡為善；改正過失而向善。語本《易・益》：「君子以見善則遷，有過則改。」王弼注：「遷善改過，益莫大焉。」

【語　譯】居家安閒，一人獨處時也應嚴肅端莊，以體悟並躬行慎獨；根據心念的萌動，推斷察知事物細微變化的徵兆；保持端莊穩重的儀容舉止，以樹立威信；注重敦睦人倫，以鞏固弘揚天道；具備各種良好的品質，以培養、成就高尚的德行；學習他人的長處善行，改正自己的缺點錯誤，盡力達到聖人的境界。

【原　注】劉忠介公人譜六條。

收吾本心❶在腔子❷裡，是聖賢第一等學問；盡吾本分在素位中❸，
是聖賢第一等工夫。

【注　釋】❶本心　心的天賦性能。即天性、天良。《孟子・告子上》：「鄉為身死而不受，今為宮室之美為之……此之謂失其本心。」朱熹《集注》：「本心，謂羞惡之心。」❷腔子　胸腹；軀體。北宋・程頤、程顥《二程遺書》卷七：「身欲出樊籠外，心要在腔子裡。」❸盡吾本分在素位中　意思是就我現在的地位，盡我所應當盡的全部職責，做我所應當做的一切事情。本分，亦作「本份」。本身分內的。素位，現在所處的地位。語出《禮記・中庸》：「君子素其位而行，不願乎其外。」素，現在。

【語　譯】把仁愛善良的天性永遠保持在胸中，是聖賢們的最高學問；就現在的地位盡應當盡的所有職責，做應當做的所有事情，是聖賢們的第一等工夫。

萬理澄澈，則一心愈精而愈謹❶；一心凝聚，則萬理愈通而愈流❷。

【注　釋】❶萬理澄澈二句　謂明瞭各種事理，則心思愈能專一精誠而縝密。萬理，各種事理。澄澈，本意為清澈，水清見底。引申為明瞭、明白。一心，一個人的心意或整個心思。《莊子・天道》：「其動也天，其靜也地，一心定而王天下；其鬼不祟，其魂不疲，一心定而萬物服。」精，純一；精誠；嚴密。謹，慎重；恭敬。❷流　流暢無阻。

【語　譯】明瞭各種事理，則心思愈能專一精誠而縝密；心思專注集中，則對各種事理愈能通達明徹無所窒礙。

宇宙內事，乃己分內事❶；己分內事，乃宇宙內事。

【注釋】❶宇宙內事二句　謂國家、天下之事，就是自己分內的事。宇宙，天地萬物的總稱。《淮南子・原道訓》：「往古來今謂之宙，四方上下謂之宇。」文中指天下、國家。己，自己。分內，本分以內。分，名分；位分；職分。

【語譯】天下之事，就是自己本分以內的事；自己本分以內的事，也是天下之事。

身在天地後，心在天地前（康節詩）；身在萬物中，心在萬物上（白沙詩。皆超然物表，讀之作天際真人想）。

【語譯】身雖處天地之後，心卻在天地之前；身雖在萬物之中，心卻在萬物之上。

觀天地生物❶氣象❷，學聖賢克己❸工夫。

【注釋】❶生物　生長萬物。生，生育；滋生。動詞。❷氣象　跡象；現象。❸克己　謂克制私欲，嚴以律己。《論語・顏淵》：「克己復禮為仁。」

【語　譯】觀察天地包容一切、化育萬物的跡象，學習聖賢克制私欲、嚴以律己的精神。

下手❶處，是自強不息❷；成就處，是至誠無妄❸。

【注　釋】❶下手　動手；著手。❷自強不息　謂自己努力向上，永不停息。語出《易・乾》：「天行健，君子以自強不息。」❸至誠無妄　極其真誠和順，成就自會不期然而至。至誠，指極其和順的德行。《書・大禹謨》：「至誠感神。」孔傳：「誠，和。」無妄，意外；不期然而至。《戰國策・楚策四》：「世有無妄之福，又有無妄之禍。」

【語　譯】著手做事時，努力向上，永不停息；取得成就時，真誠和順，不期而至。

【原　注】陳榕門云：自強不息，即誠之之功。可見誠字乃澈上澈下道理、希聖希賢工夫。

以聖賢之道教人易，以聖賢之道治己難；以聖賢之道出口易，以聖賢之道躬行❶難；以聖賢之道奮始❷易，以聖賢之道克終❸難。

【注　釋】❶躬行　身體力行；親身實踐。躬，自己；親自。❷奮始　事情開始時意氣昂揚、奮發努力。❸克終　善終。克，完成。

【語　譯】用聖賢的道理教育別人很容易，以聖賢的道理要求自己則困難；隨口說出聖賢之道很容易，身體力行聖賢之道卻很難。按照聖賢之道做事，開始時很容易意氣昂揚、奮發圖強；堅持到底，善始善終則非常難。

【原　注】陳榕門云：以聖賢教人，似易實難。莫若先以聖賢治己，人將慕而化之。即不然，而己不失為聖賢路上人，所得多矣。下二段尤關喫緊，言行不符，是為假聖賢；始終不一，又成了兩截人。必要一直認真到底，方得。

聖賢學問是一套，行王道❶必本天德❷；後世學問是兩截，不脩己❸只管治人。

【注　釋】❶王道　以仁義治理天下，謂之王道。與憑藉武力、刑法、權勢等進行統治的「霸道」相對。案：中國古代文化推崇王道，貶抑霸道。但「王道」只是理想，在現實政治中實施的都是「霸道」。❷本天德　依照天性德行。本，依據；根據。天德，天的德性；天性。❸脩己　自我修養。

【語　譯】聖賢的學問是統一的整體，行仁義之道，必定依據天性品德；後世的學問則截然兩分，不修持自身德行，只用來治理別人。

【原　注】陳榕門云：一言學問，合下便當脩己。不脩己而治人，真謂之未嘗學問。

口裡伊周❶，心中盜蹠❷，責人而不責己，名為掛榜聖賢❸；獨凜明旦❹，幽畏鬼神❺，知人而復知天❻，方是有根學問❼。

【注釋】❶伊周　指伊尹、周公。二人皆古代名臣。伊尹，商初大臣。名伊，尹是官名。一說名摯。傳說為家奴出身，原為有莘氏女的陪嫁之臣。以其才能，商湯用為「小臣」，助商滅夏，掌國政。湯去世後，先後輔佐外丙、仲壬二君，官為保衡（又作阿衡）。仲壬去世，又立其侄太甲。太甲即位三年，因不遵湯法，被他放逐；三年後悔過，又被接回復位。伊尹因此作〈太甲訓〉三篇（今佚）。周公，西周初人，周文王弟，武王叔。姬姓，名旦。又稱叔旦。曾助武王滅商。武王死，成王年幼，由他攝政。擔任「三監」的管叔、蔡叔、霍叔等人不服，心懷妒忌，散播謠言，並聯合商朝後裔武庚和東夷反叛，周公出師東征，三年平定。繼而營建東都成周（今河南洛陽），將多數商朝貴族遷往於此，加強控制，並大規模分封諸侯，使周成為幅員廣闊而強盛的王朝。相傳他曾制禮作樂，建立法制，對中國文化的創造和發展有重大貢獻。後作為聖賢的典範。《尚書》中的〈大誥〉、〈康誥〉、〈多士〉、〈無逸〉、〈立政〉等篇都載有他的言論。❷盜蹠　春秋戰國之際的大盜。名蹠，一作「跖」。《莊子・盜跖》說他率「從卒九千人，橫行天下，侵暴諸侯，穴室摳戶，驅人牛馬，取人婦女，貪得忘親，不顧父母兄弟，不祭先祖。所過之邑，大國守城，小國入保，萬民苦之。」❸掛榜聖賢　光說不做的口頭聖賢。掛榜，張榜公布科舉考試考中或其他類型的名單。文中作「口頭標榜」解。❹獨凜明旦　謂光天化日下嚴肅端莊、謹慎獨處。（參見本節此前「凜閒居以慎獨」句及其注釋。）明旦，天亮。文中有白天、光天化日之意。❺幽畏鬼神　謂昏暗僻靜處敬畏鬼神，不做虧心事。幽，昏暗；僻靜。❻知人而復知天　謂洞達人事而又知曉天理。《禮記・中庸》：「質諸鬼神而無疑，知天也；百世以俟聖人而不惑，知人也。」鄭玄注：「知天、知人，謂知其道也。」知人，能鑑察人的品行、才能；懂得人事變化之道。知天，懂得天理。❼有根學問　有根底的學問。

【語　譯】滿口仁義道德，內心充滿邪惡，以聖賢之道要求別人，自己卻不實踐，這種人不過是「掛榜聖賢」；光天化日下嚴肅端莊、謹慎獨處，昏暗僻靜處敬畏鬼神，不做虧心事，洞達人事而又知曉天理，這才是有根底的學問。

無根本底氣節❶，如酒漢毆人，醉時勇，醒來退消，無分毫氣力；無學問底識見，如庖人❷煬竈❸，面前明，背後左右，無一些照顧。

【注　釋】❶無根本底氣節　指不以德行修養為根基的氣節。根本，事物的根源、基礎，最主要的部分。文中指氣節的根基：天性、德行、修養、學問等等。❷庖人　廚師。❸煬竈　在灶前燒火或烤火。煬，烤火；炊。

【語　譯】沒有以德行修養為根基的氣節，如同醉漢打人，酒醉時兇悍勇猛，酒醒後勇氣全消，沒有絲毫力量；沒有以學問為基礎的見解，好比廚師在灶前燒火，面前光焰明亮，背後與左右兩邊卻昏暗依舊。

【原　注】不知者賞其一時，惑其一偏，每擊節歎服，信以終身。吁！難言也。

氣節信不過人，有出於一時之感慨，則小人能為君子之事；有出於一念之剽竊，則小人能盜君子之名。亦有初念甚力，久而屈其雅操；當危能奮，安而喪其生平者。此皆不自涵養中來。若聖賢之學問，至死更無破綻。

理以心得❶為精，故當沉潛❷，不然，耳邊口頭❸也；事以典故❹為據，故當博洽❺，不然，臆說❻杜撰❼也。

【注釋】❶心得　心領神會；內心的體悟。❷沉潛　沉浸其中，深入探究。❸耳邊口頭　耳邊風、口頭禪。即聽過就忘，或是沒有實際意義的空話。❹典故　典章制度和以往的事例掌故。故，掌故；成例。❺博洽　學識廣博；通曉。❻臆說　只憑主觀想像、毫無根據地敘說。臆，推測；想像。❼杜撰　沒有根據地編造；虛構。

【語譯】義理以心領神會、感受體悟為精通，故而應當沉浸其中，深入探究，否則就是耳邊風、口頭禪，沒有實際意義；做事以典章制度、掌故成例為依據，所以必須博覽群書，學養深厚，否則便是主觀揣測、隨意編造。

只有一毫粗疏處，便認理❶不真，所以說惟精❷，不然，眾論淆❸之而必疑；只有一毫二三心❹，便守理❺不定，所以說惟一❻，不然，利害臨之❼而必變。

【注　釋】❶認理　認識天道事理。❷惟精　精純。語出《書・大禹謨》：「人心惟危，道心惟微，惟精惟一，允執厥中。」本節❻「惟一」同。❸淆　擾亂；混雜。文中有眾說紛紜之意。❹二三心　言不專一；三心二意；反覆無定。《書・咸有一德》：「德唯一，動罔不吉；德二三，動罔不凶。」孔傳：「二三，言不一。」❺守理　堅守道理。❻惟一　專一。參見本節❷。❼利害臨之　謂面臨利祿與危害。利害，利益與損害。臨之，來臨；面臨。

【語　譯】認識天道事理，只要有一丁點兒粗疏遺漏，就不能準確真實，所以說必須精純，否則眾說紛紜時就會產生疑惑；堅守真理，只要有一丁點兒三心二意，就會動搖反覆，所以說必須專一，否則面臨利祿、危害時必定經不起考驗。

接人要和中有介❶，處事要精中有果❷，認理要正中有通❸。

【注　釋】❶接人要和中有介　謂與人交往，要平和融洽而有原則。接人，與人交往；待人接物。接，交往。《禮記・表記》：「君子之接如水，小人之接如醴。」和，平和；隨和。介，耿介正直。❷處事要精中有果　謂處理事物，要仔細嚴密而又果斷。精，精密；嚴密。果，果敢；有決斷。❸認理要正中有通　謂認識事理，要準確無誤而又通情達理。正，準確；無偏差。通，通達；通情達理。

【語　譯】與人交往，要平和融洽而有原則；處理事物，要仔細嚴密而又果斷；認識事理，要準確無誤而又通達。

【原　注】陳榕門云：此三種是何等學識，何等作用，非淺學所可貌似。

在古人之後，議古人之失❶，則易；處❷古人之位，為❸古人之事，則難。

【注　釋】❶失　過失；錯誤。❷處　居於；處在。❸為　做。

【語　譯】今人生於古人之後，議論評說古人的缺點錯誤很容易；假如身處古人的位置，做古人所做之事，則很難。

【原　注】一恕字盡之。恕則公，恕則厚，其理如此。

古之學者，得一善言❶，附於其身❷；今之學者，得一善言，務以悅人❸。

【注　釋】❶善言　有益之言；好話。❷附於其身　言聯繫自身實際去身體力行。附，使之歸附。❸務以

悅人　力求取悅於人。務，致力於；力求。

【語譯】古時的學者，學得一句有益之言，便努力聯繫實際身體力行；現在的學者，得到一句有益之言，只是為了標榜自己，取悅於人。

古之君子，病❶其無能也，學之；今日君子，恥❷其無能也，諱❸之。

【注釋】❶病　痛恨；不滿。❷恥　恥笑；恥辱。❸諱　隱瞞；迴避。

【語譯】古時的君子，最痛恨自己無能，所以努力學習；今日的君子，怕人恥笑自己無能，因而竭力掩飾。

【原注】呂新吾云：學者不長進，其病根只在護短，恐人笑己之不知也。一笑即恥，而終身之笑，顧不恥乎？

眼界要闊，偏歷❶名山大川；度量要宏，熟讀五經諸史❷。

【注釋】❶歷　行；遊歷。❷五經諸史　泛指經史典籍。五經，五部儒家經典，即《詩》、《尚書》、《易》、《禮》、《春秋》。其稱始於漢武帝建元五年。其中《禮》，漢時指《儀禮》，後世指《禮記》；《春秋》，後世並《左傳》而言。

【語　譯】眼界要開闊，應遍遊名山大川；度量要恢弘，須熟讀經史典籍。

先讀經，後讀史，則論事❶不謬❷於聖賢；既讀史，復❸讀經，則觀書不徒為章句❹。

【注　釋】❶論事　議論；談論事理。❷謬　差錯；背離乖違。❸復　又；再次。❹徒為章句　指不通達大義而僅僅拘泥於辨析經義。用作貶義。徒，只；僅僅。副詞。章句，剖章析句。經學家解說經義的一種方法。亦泛指書籍注釋。《漢書．夏侯勝傳》：「建所謂章句小儒，破碎大道。」

【語　譯】先讀經籍，再讀史書，這樣談論事理就不會背離聖賢之道；讀史書後，再次重讀經典，這樣讀書求學就不會僅僅拘泥於辨析章句。

讀經傳❶則根柢厚，看《史》《鑑》❷則議論偉❸，觀雲物❹則眼界寬，去嗜欲❺則胸懷淨。

【注　釋】❶經傳　儒家典籍經與傳的通稱。傳是闡釋經文的著作。❷史鑑　《史記》與《資治通鑑》。泛指史籍。由於這兩部書是中國史書的代表作，故以之作為中國史籍的代稱。❸議論偉　論人議事精闢恢宏。議論，評論人或事物的是非、高低、好壞；亦指非議、批評。偉，奇異；卓越。文中有「以史為鑑」，論人議事深刻精闢之意。❹雲物　景物；景色。《文心雕龍・比興》：「圖狀山川，影寫雲物。」❺嗜欲　嗜好與欲望。多指貪圖身體感官方面享受的欲望。

【語　譯】讀經傳則學問的根柢深厚，看史籍則論人議事精闢恢宏，觀賞景物則眼界開闊，祛除嗜欲則心懷坦蕩。

一庭之內❶，自有至樂❷；六經❸以外，別無奇書。

【注　釋】❶一庭之內　指家庭中。❷至樂　最大的快樂。❸六經　六部儒家典籍。《莊子・天運》：「孔子謂老聃曰：『丘治《詩》、《書》、《禮》、《樂》、《易》、《春秋》六經，自以為久矣，孰知其故矣。』」漢代以來便無《樂經》。今文家認為「樂」本無經，皆包含於《詩》、《禮》之中；古文家認為《樂》毀於秦始皇焚書。

【語　譯】家庭之中自有其最大的快樂，六經以外便沒有更好的書籍。

讀未見書，如得良友；見已讀書，如逢故人。

【語　譯】展讀未曾讀過的書，如同結識良師益友；重溫已經讀過的書，就像遇見舊日知己。

何思何慮❶，居心當如止水❷；勿助勿忘❸，為學當如流水❹。

【注　釋】❶何思何慮　言為什麼要思慮呢，有什麼值得思慮的呢。即不必思慮，不值得思慮。語出《易・繫辭下》：「天下何思何慮？天下同歸而殊塗，一致而百慮，天下何思何慮？」何，什麼；為什麼。疑問代詞。❷居心當如止水　意思是心地應當平靜得如同不流動的水。形容無思無欲或堅持信念，不受外界影響。即「心如止水」。居心，心地；存心。止水，不流動的水。❸勿助勿忘　謂不能急於求成，也不能拋在腦後。語本《孟子・公孫丑上》：「必有事焉，而勿正，心勿忘，勿助長也。」勿助，不要拔苗助長。案：孟子緊接此句說了「拔苗助長」的故事，以解釋其所言「勿助長」之意。❹為學當如流水　謂讀書求學應當似流水永無止境。為學，求學。

【語　譯】天下之事殊途同歸，有什麼值得思慮的呢，心地應當平靜如止水；讀書求學既不能急於求成，也不要拋在腦後，應當似流水永無止境。

心不欲雜，雜則神蕩而不收❶；心不欲勞❷，勞則神疲而不入❸。

【注　釋】❶神蕩而不收　謂心思恍惚，難以全神貫注。神蕩，心神不定；神思恍惚。蕩，動搖；晃動。不收，不集中。文中有不專心致志、沒有收穫的意思。❷心不欲勞　謂用腦不能過度。心，指腦。古人認為心是思維的器官，常作為腦的代稱。《孟子・告子上》：「心之官則思。」勞，疲勞。❸神疲而不入　意思是精神疲乏，則難以有所收穫。神疲，精神疲乏。南朝梁・劉勰《文心雕龍・養氣》：「率志委和，則理融而情暢；鑽礪過分，則神疲而氣衰。」句用此意。不入，指所學的東西沒有吸收消化。即沒有收穫。

【語　譯】心境不能雜亂，雜亂則心思恍惚，難以全神貫注；用腦不能過度，過度則精神疲乏，讀書沒有收穫。

【原　注】用功過勤者，心力既疲，未見得手。須於誦讀之餘，閉目靜坐，養其神氣，令此心如魚之在水，如鶴之在林，悠悠洋洋，活活潑潑，是讀書之至樂也。

心慎雜欲，則有餘靈❶；目慎雜觀，則有餘明❷。

【注　釋】❶心慎雜欲二句　謂內心慎防雜念，自然心靈清澈，智慧充裕。餘靈，充裕的智慧。餘，豐足；寬裕。❷目慎雜觀二句　謂讀書切勿龐雜，自然師法聖賢，美德彰顯。目，目光；觀看。文中指讀書。雜觀，即「雜覽」。舊時指閱讀儒家經典以外的書籍。餘明，清澈明亮。亦喻指美德等品行的顯現。

【語　譯】內心慎防雜念，自然心靈清澈，智慧充裕；讀書切勿龐雜，自然師法聖賢，美德彰顯。

【原　注】心欲其時時結聚，結聚則聰明生。

案上不可多書❶，心中不可少書❷。

【注　釋】❶案上不可多書　謂書桌上不要有太多的書。意思是讀書應當專一，不要同時讀許多書，卻沒有一本認真讀完。案，書桌。❷心中不可少書　指胸中不能沒有知識。寓學識淵博、腹有詩書氣自華之意。書，指知識。

【語　譯】桌上不必有太多的書，心中卻不能知書太少。

魚離水則鱗枯，心離書則神索❶。

【注　釋】❶神索　思維枯竭，精神空乏。索，空乏；乾枯。

【語　譯】魚兒離開水則鱗片乾枯，不能生存；胸中沒有書則思維枯竭，精神空乏。

【原　注】張夢復云：讀書可以增長道心，為頤養第一事。

志之所趨，無遠勿屆❶，窮山距海❷，不能限也；志之所向，無堅不入❸，銳兵精甲❹，不能御❺也。

【注　釋】❶志之所趨二句　謂志向沒有界限，只要立志並且努力實行，沒有做不到的。趨，追求。無遠勿屆，無論多遠之處，沒有不可以到達的。句本《書・大禹謨》：「惟德動天，無遠弗屆。」孔傳：「屆，至也。」❷窮山距海　高山大海。窮山，荒遠的深山。窮，荒僻；邊遠。距海，大海。距，通「鉅」。巨；大。❸無堅不入　沒有任何堅固的東西不能進入。形容力量非常強大。❹銳兵精甲　能征善戰的精銳兵士。甲，甲冑。以皮革、金屬製成的護身服。常以之指代士兵。文中指極其強大的阻力。❺御　抵抗。

【語　譯】志向沒有界限，只要立志並且努力實行，都可以做到，高山大海不能限制；志向的力量極大，只要下定決心去做，都能夠實現，精兵銳甲不能阻擋。

【原　注】朱文公云：書不記，熟讀可記；義不精，細思可精。惟有志不立，直是無著力處。只如而今貪利祿而不貪道義，要做貴人而不要做好人，皆是志不立之病。

把意念❶沉潛得下，何理❷不可得？把志氣奮發得起，何事不可做？

【注　釋】❶意念　思慮；念頭。❷理　道理；事理。

【語　譯】只要意念沉穩專注，還有什麼樣的道理不能通曉？只要志氣奮發高揚，還有什麼樣的事情不可以做？

【原　注】今之學者，將箇浮躁心觀理，將箇委靡心臨事，只模糊過了一生。

不虛心，便如以水沃石❶，一毫進入不得；不開悟❷，便如膠柱鼓瑟❸，一毫轉動不得；不體認❹，便如電光❺照物，一毫把捉不得；不躬行❻，便如水行得車，陸行得舟，一毫受用❼不得。

【注釋】❶以水沃石　用水浸泡石頭。沃，澆灌；浸泡。❷開悟　領悟；解悟；（心竅）開通。❸膠柱鼓瑟　鼓瑟時膠住瑟上的弦柱，這樣就不能調節音的高低。比喻固執拘泥，不知變通。語出《史記・廉頗藺相如列傳》：趙括是戰國名將趙奢之子，趙孝成王不顧多人進諫，任其為大將。長平一戰大敗，趙軍四十餘萬人被俘坑死。藺相如說：「王以名使括，若膠柱而鼓瑟耳。括徒能讀其父書傳，不知合變也。」膠柱，以膠黏住瑟上調節音高的弦柱。鼓，敲擊或彈奏（樂器）。動詞。瑟，撥弦樂器。春秋時已流行，常與古箏或笙合奏。形似古琴，但無徽位。有五十弦、二十五弦、十五弦等種。今瑟有二十五弦、十六弦二種。每弦有一柱，上下移動，以定聲音高低。❹體認　體察認識。❺電光　閃電之光。❻躬行　親身實行；身體力行。《論語・述而》：「躬行君子，則吾未之得有。」❼受用　猶受益、得益。

【語譯】讀書求學不虛心，譬如用水浸泡石頭，一滴都進不去；不融會貫通，就像膠柱鼓瑟，拘泥固執，難以靈活運用；不體察認識，如同閃電之光照物，一丁點兒都抓不住；不身體力行，好比水中行車，陸上行舟，沒有絲毫受益。

【原注】許魯齋云：讀書最怕是自滿，惟虛故能受，滿則無所容。學者當佩斯言。

陳子兼云：讀書須知出入法，始當求所以入，終當求所以出。見得親切，此是入書法；用得透脫，此是出書法。

薛文清公云：為學不是虛談道理，須於應事接物時，隨處詳審體察。若泛觀天下之理，而不知善處事物，究於實際何補？

高忠憲公云：學者讀書，須要句句反到自己身上來看，一面思索體認，一面反躬實踐，這纔是讀書。

讀書貴能疑❶，疑乃可以啟信❷；讀書在有漸❸，漸乃克底有成❹。

【注釋】❶貴能疑　可貴之處在於能夠提出疑問。❷啟信　啟示真實。即啟發、思考而獲得真知。❸有漸　有次序；逐漸發展。漸，次序；逐漸發展的過程。❹克底有成　謂最終能夠有所成就。克，能夠。

【語譯】讀書貴在能夠提出疑問，有疑問才會啟發思考獲取真知；讀書必須循序漸進，持之以恆最終會有成就。

【原注】陳白沙云：疑者，覺悟之機。知其可疑而思問焉，其悟自不遠矣。若徒以為曉得，便竟住了，大無益。

呂新吾云：天地所以循環無端、積成萬古者，只有四箇字，曰無息有漸。為學亦然。

看書求理，須令❶自家胸中點頭❷；與人談理，須令人家胸中點頭。

【注釋】❶令 使。❷胸中點頭 意為領悟、理解、明瞭。下句「胸中點頭」意為同意、讚賞。胸中，心中；胸懷。多指人的思想意識或精神境界。

【語譯】讀書求理，必須使自己理解領悟；與人談論學問事理，必須讓他人同意讚賞。

【原注】老嫗能解之詩，便是幼婦絕妙好辭。行文如鬼咒神讖，爾雖得意，誰為點頭？

愛惜精神，留他日擔當宇宙❶；蹉跎歲月❷，問何時報答君親❸？

【注釋】❶擔當宇宙 承擔起天下重任。❷蹉跎歲月 虛度時光。蹉跎，錯失；虛度光陰。❸君親 君王與父母。亦特指君主。西漢・李陵〈答蘇武書〉：「違棄君親之恩，長於蠻夷之域，傷已。」

【語譯】愛惜精神，留待日後承擔起天下重任；虛度時光，什麼時候才能報答君王父母？

戒浩飲❶，浩飲傷神；戒貪色❷，貪色滅神❸。戒厚味❹，厚味昏神；戒飽食，飽食悶神❺；戒多動，多動亂神；戒多言，多言損神；戒多憂，多憂鬱神❻；戒多思，多思撓神❼；戒久睡，久睡倦神；戒久讀，久讀枯神❽。

【注釋】❶浩飲 酗酒。❷貪色 好色。❸滅神 損傷精神；毀滅精神。❹厚味 美味佳肴。❺悶神 精神鬱結於胸中。❻鬱神 使神情抑鬱。❼撓神 擾亂精神。撓，擾亂；阻撓。❽枯神 使精神枯萎呆滯。

【語 譯】戒酗酒，酗酒損傷精神；戒好色，好色泯滅精神；戒美味佳肴，美味佳肴使精神昏沉；戒飲食過飽，過飽使精神鬱結；戒多動，多動使精神混亂；戒多言，多言損害精神；戒多憂，多憂使精神抑鬱；戒多思，多思擾亂精神；戒久睡，久睡使精神疲倦；戒久讀，久讀使精神枯萎呆滯。

【原 注】人之一生，只靠這精神幹事，精神不旺，昏沉到底。人若調養得精神完固，不怕文字無解悟，無神氣，此是舉業最上乘。

朱子曰：關了門，閉了戶，把截四路頭，正讀書時也。何謂四路頭？人心紛擾，要長要短，皆是路頭，須是一切斷絕。養心莫善於寡欲，件件看破，都沒要緊；件件寡去，寡之又寡，以至於無。則此心空明靈妙，人品自高，文章自妙。此為善讀書之本。

高忠憲〈雜訓〉曰：男兒七尺之軀，頂天立地，如何開口道箇求字。《孟子》齊人一章，便是這箇字的行狀。至今讀之汗顏，不可作等閒認也。就命上看，人生窮達利鈍，即墮地一刻都已定下，如何增損得些子。雞鳴夜神初醒，便須打點一日之勾當，不使閑過。於此憤然發箇志氣，曰吾欲云云，當作何云云。轉眼青山落紅日，又蹉過一日矣。

劉念臺家塾規：士大夫當以學術為菑畬，以心術為本根，以倫理為枝幹，以事業為果實。若文章則花萼也。

學貴知疑，小疑則小進，大疑則大進。疑者，覺悟之機也。一番覺悟，一番長進。經書養人根本，史書開人才思。

進道入德，莫要於有恆。天道只是箇恆，每日定準是三百六十五度四分度之一，分毫不損不加，流行不緩不急，而萬古不息，萬物得所。語云：有勤心，無遠道。（蓼花菴訓言）

存養類

性分❶不可使不足，故其取數也宜多：曰窮理，曰盡性❷，曰達天❸，曰入神❹，曰致廣大，極高明❺；情欲❻不可使有餘，故其取數也宜少：曰謹言，曰慎行❼，曰約己❽，曰清心❾，曰節飲食，寡嗜欲。

【注釋】❶性分　猶天性、本性。❷曰窮理二句　謂窮究天地萬物之理。語出《易．說卦》：「窮理盡性，以至於命。」孔穎達疏：「窮極萬物深妙之理，究盡生靈所稟之性。」窮，徹底推究；深入鑽研。盡性，充分發揮人的本性。案：儒家謂人、物之性均包含天理，惟至誠之人，才能充分發揮人和物的本性，使各得其所。❸達天　明瞭自然規律；樂天知命。❹入神　入於神化。語出《易．繫辭下》：「精義入神，以致用也。」孔穎達疏：「言聖人用精粹微妙之義，入於神化，寂然不動，乃能致其所用。」後多用以指一種技藝達到神妙之境。❺致廣大二句　謂達到淵博宏大，竭盡崇高明睿。致，獲得；達到。極，竭盡；窮究。《禮記．大學》：「是故君子無所不用其極。」鄭玄注：「極猶盡也。君子日新其德，常盡心力不有餘也。」句用此意。高明，崇高明睿；聰明智慧。《禮記．中庸》：「悠遠則博厚，博厚則高明。」句用此意。❻情欲　私欲；欲念。❼曰謹言二句　說話小心，行為謹慎。語本《禮記．緇衣》：「故言必慮其所終，而行必稽其所敝，則民謹於言而慎於行。」❽約己　約束自己。❾清心　心地恬靜，無思無慮。

【語　譯】人的天性不可以使其不足，故而必須多方面吸收、培養；窮究天地萬物之理，充分發揮人的本性，明瞭自然規律，入於神妙之境，力求達到淵博宏大，竭力追求崇高明睿；人的私欲不可以使其過分，所以應當盡力克制，減少追求；說話慎重小心，行為謹慎檢點，約束自己，心地恬靜，節制飲食，去除欲望。

大其心❶，容天下之物；虛其心，受天下之善；平其心，論天下之事；潛其心❷，觀天下之理；定其心，應天下之變。

【注　釋】❶大其心　使其心大。即使心胸博大寬廣。「大」是使動用法，即「使……大」。以下「虛」、「平」、「潛」、「定」皆如此。❷潛其心　使心沉潛安定。即專心致志，平心靜氣。

【語　譯】心胸博大，便能容納天下萬物；虛懷若谷，便能學習天下人的長處善行；心平氣和，可以縱論天下之事；專心致志，才能靜觀天下之理；定心靜氣，才能應對各種是非變故。

【原　注】鍊心如鍊金，百鍊而後為真金，百鍊而後為真心。

清明❶以養吾之神，湛一❷以養吾之慮❸，沉警❹以養吾之識，剛大❺

以養吾之氣，果斷以養吾之才，凝重❻以養吾之器❼，寬裕❽以養吾之量，嚴冷❾以養吾之操❿。

【注釋】❶清明　恬靜明達。❷湛一　沉靜和一。北宋・張載《正蒙・誠明》：「湛一，氣之本；攻取，氣之欲。」湛，「沉」的古字。深沉。❸慮　思想；意念。❹沉警　沉著機警。❺剛大　剛直正大。❻凝重　沉穩莊重。❼器　度量；胸懷。《論語・八佾》：「管仲之器小哉。」❽寬裕　寬大；寬容。❾嚴冷　嚴肅而冷峻。❿操　氣節操守。

【語譯】恬靜明達以保養我的精神，沉靜和一以鍛煉我的意念，沉著機警以增長我的見識，剛直不阿以培養我的正氣，果敢決斷以訓練我的才幹，沉穩莊重以修養我的氣度，博大寬容以開闊我的胸襟，嚴肅冷峻以錘煉我的節操。

【原注】馮少墟云：凡人拈花弄月，尋山問水，便覺天趣盎然，而況存心養性，直達真源。上下古今，都在這裏，此中樂趣，更復何如？

自家有好處，要掩藏幾分，這是涵育❶以養深；別人不好處，要掩藏幾分，這是渾厚❷以養大。

【注釋】❶涵育　涵養化育。❷渾厚　淳樸敦厚。

【語譯】自己有優點，要有所掩飾，這是涵養化育而修養深沉；別人有缺點，要替他掩飾，這是淳樸敦厚以培養博大。

以虛養心❶，以德養身❷；以仁養天下萬物，以道養天下萬世❸。

【注釋】❶以虛養心　意思是以謙虛修養心性。虛，空虛無物。即謙虛、虛心、胸無成見。養心，修養心神。《孟子・盡心下》：「養心莫善於寡欲。」❷養身　保養身體；修煉自身。❸以道養天下萬世　謂以天道倫常教育天下萬世。養，教育；熏陶。《禮記・文王世子》：「立太傅、少傅以養之，欲使其知父子君臣也。」鄭玄注：「養者，教也。」

【語譯】以謙虛修養心性，以美德涵養自身；以仁愛培育天下萬物，以道義倫常教育熏陶天下萬世。

涵養沖虛❶，便是身世❷學問；省除煩惱，何等心性安和。

【注釋】❶沖虛　謙抑；虛心。❷身世　一生；終身。文中亦有人生境遇、待人處事之意。

【語譯】涵養虛心，便是修身處世的學問；去除煩惱，心性多麼安詳平和。

【原　注】劉念臺云：涵養全得一緩字，凡語言動作皆是。

劉直齋云：存心養性，須要耐煩、耐苦、耐驚、耐怕，方得純熟。

世人遇不如意事，動輒煩惱，而煩惱無補於事，徒自增苦。惟有耐心料理，勿更添此一重纏縛。

顏子四勿❶，要收入來，閑存工夫❷，制外以養中❸也；孟子四端❹，要擴充去，格致❺工夫，推近以暨遠❻也。

【注　釋】❶顏子四勿　指顏淵躬行克己復禮的「四勿」。南宋・朱熹〈齋居敢興〉詩之十二：「顏生躬四勿，曾子日三省。」顏淵（西元前五二一～前四九〇年），春秋末魯國人，字子淵，故又稱顏淵。孔子學生。家貧，居陋巷，簞食瓢飲，大家都為之憂愁，顏回卻不改其讀書求道之樂。孔子稱讚他「不遷怒，不貳過」，「其心三月不違仁。」早卒，孔子極為悲痛。後被尊為「復聖」。四勿，《論語・顏淵》載：「顏淵問仁。子曰：『克己復禮為仁。』顏淵曰：『請問其目。』子曰：『非禮勿視，非禮勿聽，非禮勿言，非禮勿動。』」❷閑存工夫　閑存，即「閑邪存誠」的省稱。語出《易・乾》：「閑邪存其誠。」孔穎達疏：「言防閑邪惡，當自存其誠實也。」後以「閑邪存誠」指防止邪惡，保持誠敬篤實。閑，防止；限制。工夫，指花費時間和精力後所獲得的造詣本領。❸制外以養中　謂克制外在的誘惑、干擾，以修養內在的心性。養中，涵養中和之心。❹孟子四端　指孟子所說的仁、義、禮、智四種德性的開端、萌芽。《孟子・公孫丑上》：「惻隱之心，仁之端也；羞惡之心，義之端也；辭讓之心，禮之端也；是非之心，智之端也。

人之有是四端也，猶其有四體也。」❺格致　「格物致知」的略語。謂研究事物原理而獲得知識。是中國古代認識論的重要命題之一。語出《禮記・大學》：「欲誠其意者，先致其知，致知在格物，物格而後知至。」❻推近以暨遠　謂由近及遠，推己及人。暨，至；到。

【語　譯】顏淵躬行克己復禮的「四勿」，要牢記在心，下工夫防止邪惡，保持誠敬篤實，克制外在的誘惑干擾，修養內在的心性德行；孟子所說仁、義、禮、智四種德性的萌芽，要盡力擴充，下工夫研究事物原理，獲得知識，並從自己做起，由近向遠，推己及人。

喜怒哀樂而曰未發❶，是從人心直溯道心❷，要他存養❸；未發而曰喜怒哀樂，是從道心指出人心，要他省察❹。

【注　釋】❶未發　尚未發生；沒有表現出來。❷道心　指天理、義理。語出《書・大禹謨》：「人心惟危，道心惟微。」❸存養　存心養性。❹省察　檢察、內省。

【語　譯】有喜怒哀樂之情而不表現出來，這是從人心直接上溯天理，要他存心養性；雖未表現出來卻有喜怒哀樂之情，這是由天理指出人心的缺陷，要他檢察反省。

存養宜沖粹❶，近春溫❷；省察宜謹嚴❸，近秋肅❹。

【注　釋】❶存養宜沖粹　言存心養性應當淡泊專一。沖粹，亦作「粹沖」。淡泊專一。沖，淡泊；直朝某一方向去。粹，純美；純潔。❷春溫　如春天般溫暖和煦。❸省察宜謹嚴　意思是檢討反省應當慎重嚴肅。謹嚴，慎重嚴肅；一絲不苟。❹秋肅　如秋季般陰冷肅瑟。肅，蕭瑟；嚴肅。

【語　譯】存心養性應當淡泊專一，如同春天般舒緩溫和；檢討反省應當慎重嚴肅，如同秋天般冷峻肅瑟。

就性情上理會❶，則曰涵養；就念慮上提撕❷，則曰省察；就氣質上銷鎔❸，則曰克治❹。

【注　釋】❶就性情上理會　意思是從人的本性、稟賦上去理解領會。性情，人的稟性和氣質。《易・乾》：「利貞者，性情也。」孔穎達疏：「性者，天生之質，正而不邪；情者，性之欲也。」理會，理解領會。❷就念慮上提撕　謂注意並提醒每一個思慮、念頭。念慮，思慮；心思。提撕，本意為提攜、拉扯。語本《詩・大雅・抑》：「匪（非但）面命之，言提其耳。」鄭玄箋：「我非但對面語之，親提撕其耳。」後引申為教導、提醒、振作。❸就氣質上銷鎔　意為從氣質上克制、化解各種不良習氣。銷鎔，亦作「銷熔」。熔化；熔解。文中指化解浮躁、虛驕等不良之氣。❹克治　克制；抵禦。文中指克制私欲邪念。

【語　譯】就人的本性、稟賦上去理解領會，稱之為涵養；注意、提醒每一個思慮、念頭，稱之為省察；從氣質上克制化解各種不良習氣，稱之為克治。

【原　注】省克得輕安，即是涵養；涵養得分明，即是省克，其實一也，皆不是落後著事。涵養與克治，是人心雙輪。入門之始，克治力居多；進步之後，涵養力居多。及至車輕路熟時，不知是一是二。

先儒每言存養省察，畢竟工夫以省察入。若不能省察，說甚存養。

真文忠云：治心如治病然。省察者，切脈而知疾也；克治者，用藥以去疾也；存養者，則又保護元氣，以杜未形之疾者也。

一動於欲❶，欲迷則昏；一任乎氣❷，氣偏則戾❸。

【注　釋】❶一動於欲　一旦為欲念所牽動。❷一任乎氣　完全聽憑情緒指揮。任，聽憑；任憑。氣，精神；情緒。《莊子・庚桑楚》：「欲靜則平氣。」文中即就此立論，欲動則昏，有氣則戾。❸戾　乖張；暴戾。引申為違反。

【語　譯】一旦為欲念所牽動，就會迷亂昏庸；完全聽憑情緒指揮，就會偏執暴戾。

【原　注】人於初起念時，即便回心一想，其是非固自較然，非者去之，是者存之。克己工夫，即從此初念克起，行善工夫，即從此初念行起。

人心如穀種，滿腔都是生意❶，物欲錮之❷而滯矣，然而生意未嘗不在也，疏❸之而已耳；人心如明鏡，全體❹渾❺是光明，習染❻熏之而暗也，然而明體未嘗不存也，拭之而已耳。

【注 釋】❶生意 生機；生命力。三國魏・阮籍〈達生論〉：「故疾瘨萌則生意盡，禍亂作則萬物殘矣。」❷物欲錮之 被物質欲望所禁錮。❸疏 開通；洗滌；清除。❹全體 整體；全部。❺渾 全；整個。❻習染 受某種習氣所感染。文中指壞習慣或者壞的風氣。

【語 譯】人心好像穀物的種子一樣，充滿了勃勃生機，一旦被物質欲望禁錮就呆滯了，然而生命力並非不存在，疏浚開通它而已；人心如同明鏡一樣，處處熠熠生輝，一旦受壞習氣汙染就暗淡了，然而光輝並非不存在，清洗擦拭它而已。

【原 注】惟有內起之賊、從意根受者不易除，加之氣拘物蔽，則表裏夾攻，更無生意可留，明體可覿矣。是謂喪心之人。君子惓惓於謹獨，以此。

果決❶人似忙，心中常有餘閒；因循❷人似閒，心中常有餘忙。

【注 釋】❶果決 果敢堅決；果斷。❷因循 沿襲；保守。

【語譯】辦事果斷的人看起來好像很忙，實際上心中常有餘暇；因循保守的人看起來似乎很閒適，實際上心中常有牽掛。

【原注】應事接物，常覺得心中有從容閒暇時，纔見涵養。若應酬時勞擾，不應酬時牽掛，極是喫累的。

寡欲故靜，有主則虛❶。

【注釋】❶有主則虛　謂有主見則可虛心接納。主，主意；主見。虛，虛心；謙虛。

【語譯】欲念少就能心靜氣和，有主見則可虛心接納。

【原注】不為外物所動之謂靜，不為外物所實之謂虛。

呂新吾云：心要如天平然，任物之去來，只是靜虛中正，何等自在。

無欲之謂聖，寡欲之謂賢，多欲之謂凡❶，徇欲❷之謂狂❸。

【注釋】❶凡　凡人；凡夫俗子。❷徇欲　不顧一切地順從欲望而行。徇，順從；依從。文中亦通「殉」。謂有所求而不惜其身。❸狂　狂妄無知的人。

【語譯】沒有私欲者稱作聖人，欲念很少者稱作賢人，多欲多求者是凡人，放縱私欲者是狂人。

【原注】用力寡之，斯寡矣，其治本在敬；不用力寡之，則必至於徇，其病本在怠。

周石藩云：寡欲極是難事，蓋必見理親切，將義命二字守得牢固，則心地自然明白，魂夢自然受用，而欲乃不得而入之。若心上打掃不清，則窮通得喪，當喫緊之際，未有不潛移而默奪者，此素位不願外之所以難也。

人之心胸，多欲則窄，寡欲則寬；人之心境，多欲則忙，寡欲則閒；人之心術❶，多欲則險❷，寡欲則平；人之心事，多欲則憂，寡欲則樂；人之心氣❸，多欲則餒❹，寡欲則剛❺。

【注釋】❶心術　內心；心計。❷險　陰險；邪惡。❸心氣　志氣；正氣。❹餒　喪失勇氣；害怕。《孟子．公孫丑上》：「行有不慊於心，則餒也。」❺剛　剛直正大。

【語譯】人的心胸，私欲多則狹窄，私欲少則寬廣；人的心境，私欲多則忙亂，私欲少則寧靜；人的心術，私欲多則邪惡，私欲少則平和；人的心事，私欲多則憂愁，私欲少則快樂；人的心氣，私欲多則膽怯，私欲少則剛強。

【原　注】須把心頭打疊乾淨，渾如樓閣在空中，何等瀟灑自在。故孟子云：養心莫善於寡欲。

宜靜默，宜從容，宜謹嚴❶，宜儉約❷，四者切己❸良箴❹；忌❺多欲，忌妄動，忌坐馳❻，忌旁騖❼，四者切己大病。

【注　釋】❶謹嚴　即嚴謹。❷儉約　儉省；節約。南宋・羅大經《鶴林玉露》卷一一：「奢則芒取苟求，志氣卑辱，一從儉約，則於人無求，於己無愧，是可以養氣也。」句含此意。❸切己　與自己關係密切重大。❹良箴　良好的規勸儆戒。箴，規諫；告戒。❺忌　憎惡；戒除。❻坐馳　謂身雖不動而心馳於外。即心猿意馬，雜念不息。《莊子・人間世》：「瞻彼闋者，虛室生白，吉祥止止。夫且不止，是之謂坐馳。」成玄英疏：「苟不能形同槁木，心若死灰，則雖儀容端拱，而精神馳騖，可謂形坐而心馳者也。」❼旁騖　別有追求而不專心；非分之想。

【語　譯】人應當保持靜默、從容、嚴謹、儉約，這四者是對自身十分有益的規勸儆戒；人必須戒除多欲、妄動、坐馳、旁騖，這四者是對自己十分有害的缺陷禍患。

【原　注】時時遵此脩持，則心自凝。

常操常存❶，得一恆❷字訣；勿忘勿助❸，得一漸❹字訣。

【注　釋】❶常操常存　經常實踐，永遠保持。操，操練；實踐。❷恆　恆心；持之以恆。❸勿忘勿助　不要忘記，也不急於求成。語本《孟子．公孫丑上》。參見本書〈學問類〉中「勿助勿忘，為學當如流水」句的注釋。助，「拔苗助長」之意。❹漸　逐漸；循序漸進。

【語　譯】經常實踐並永遠保持美德善行，能夠體會到「恆」這個字的秘訣；不要忘記，也不急於求成，能夠體悟出「漸」這個字的秘訣。

敬守此心❶，則心定；斂抑其氣❷，則氣平。

【注　釋】❶敬守此心　意思是謹慎守護自己的本性。敬守，慎重保持；守護。敬，慎重；謹慎。心，本性；性情。❷斂抑其氣　謂約束抑制自己的情緒。斂抑，約束抑制。斂，約束；節制；收斂。氣，精神；情緒。

【語　譯】謹慎守護自己的本性，則心靈安定；約束抑制自己的情緒，則心氣平和。

人性中不曾缺一物，人性上不可添一物。

【語　譯】人性中不曾欠缺所應當有的一切，人性上不可添加任何多餘的東西。

君子之心不勝其小❶，而氣量涵蓋一世；小人之心不勝其大❷，而志意❸拘守一隅。

【注 釋】❶君子之心不勝其小　謂君子襟懷坦蕩，無所私欲，故言其心小。❷小人之心不勝其大　意思是小人貪欲恣肆，無度無涯，故言其心大。❸志意　思想；精神。《荀子・修身》：「志意修則驕富貴，道義重則輕王公。」

【語 譯】君子無所欲念，其心甚小，而氣勢度量宏闊博大，涵蓋一切；小人欲念恣肆，貪心無度，而精神志向拘謹狹隘。

怒是猛虎，欲是深淵。

【語 譯】憤怒如猛虎，容易傷己傷人；欲望是深淵，一旦墜入就難逃。

忿如火，不遏❶則燎原❷；欲如水，不遏則滔天❸。

【注 釋】❶遏　阻止；抑制。❷燎原　大火延燒原野。比喻勢態不可阻擋。❸滔天　大水瀰漫天際。比喻水勢極大。引申以之比喻罪惡、災禍或權勢等極大。

【語　譯】憤怒如野火，不遏制會蔓延成災；貪欲如洪水，不阻擋則淹沒一切。

【原　注】故君子立身，其大要在乎懲忿窒欲。

懲忿❶如摧山❷，窒欲❸如填壑❹；懲忿如救火，窒欲如防水。

【注　釋】❶懲忿　克制憤怒。語出《易・損》：「君子以懲忿窒欲。」孔穎達疏：「君子以法此損道懲止忿怒，窒塞情欲……懲者，息其既往；窒者，閉其將來。」懲，克制；制止。❷摧山　摧毀山陵。形容其艱難。❸窒欲　杜塞情欲。語出《易・損》。詳見❶。❹填壑　填平溝壑。案：本節前兩句言儘管懲忿、窒欲極為艱難，仍應百折不撓；後二句言懲忿、窒欲要像救火、防水一樣急切、徹底。

【語　譯】克制怒氣、杜塞欲望，如同摧毀大山、填平溝壑一樣艱難，必須百折不撓；戒止憤怒、抑制貪欲要像滅火救災、防治水患一樣急迫，刻不容緩。

【原　注】《集古錄》云：學者之懲忿窒欲，即使八戰八克，終懼冷灰之復然。倘其七縱七擒，必至狂瀾之橫決，直須一刀兩斷，方可澈底澄清。

心一鬆散❶，萬事不可收拾；心一疏忽，萬事不入耳目❷；心一執著❸，萬事不得自然❹。

【注釋】❶鬆散　懈怠；放鬆。清·黃輔辰《戴經堂日抄》：「都是鬆散，不肯上前。」❷不入耳目　不關心；不注意。❸執著　亦作「執着」。原為佛教語。指對某一事物堅持不放，不能超脫。後用以泛指固執或拘泥，亦指對某種事物追求不捨。文中用作貶義。❹不得自然　謂不能順其自然，不能合乎情理。

【語譯】心志一旦懈怠放鬆，什麼事情都難以做好；心情一旦淡漠疏忽，凡事都不會注意關心；心意一旦拘泥固執，什麼事情都不能順其情理。

一念疏忽，是錯起頭；一念決裂❶，是錯到底。

【注釋】❶決裂　異常堅決；十分肯定。《朱子語類》卷六：「義之在心，乃是決裂果斷者也。」文中有固執己見、倔強、頑梗不化之意。

【語譯】一念之差的疏忽大意，是錯誤的開始；固執己見、頑梗不化，是錯誤到底。

古之學者在心上做工夫❶，故發❷之容貌❸，則為盛德之符❹；今之學者在容貌上做工夫，故反之於心，則為實德之病❺。

【注釋】❶在心上做工夫　在內心修養上下工夫。心，指內心、精神、品德、節操等。做工夫，用功；下工夫。❷發　顯現；表現。❸容貌　外貌；儀容風度。文中的後一「容貌」則指表面、外表。❹盛德之

符　品德高尚的標誌。盛德，品德高尚；高尚的品德。《易．繫辭上》：「日新之謂盛德。」符，標誌。

❺實德之病　實際德行的缺乏。實德，實際的品德、德行。病，缺點；缺陷。

【語　譯】古時的學者在內心修養上下工夫，故而顯現在儀容風度上是美德的象徵；現在的學者只在外表上下工夫，所以反觀其內心，便是實際德行的缺乏。

【原　注】陳榕門云：誠於中，自然形於外；制乎外，所以養其中。

只是心不放肆❶，便無過差❷；只是心不怠忽❸，便無逸志❹。

【注　釋】❶放肆　放縱；不加約束。❷過差　過失；差錯。❸怠忽　怠惰玩忽。怠，懈怠；懶惰。❹逸志　縱欲放蕩之志。明．邵璨《香囊記．講學》：「詩以道性情，善者可以感發人之善心，惡者可以懲創人之逸志。」逸，放縱；淫荒。

【語　譯】只要意志不放縱無束，就不會有過錯；只要精神不怠惰玩忽，就不會有縱欲放蕩之念。

處逆境心，須用開拓❶法；處順境心，要用收斂❷法。

【注　釋】❶開拓　開創。❷收斂　檢點行為，約束身心。

【語　譯】處逆境時，要有開拓的志氣，並為之努力；處順境時，要謹慎檢點，約束身心。

【原　注】智慧如鏡，富貴福澤，其翳之者也，困苦艱難，其磨之者也。徐曙菴云：最妙是一箇逆字。今人處順境，現成受享，有何意味！惟逆，則艱難險阻中，陶鍊得幾許事業。故逆來順受四字，隨在當有自得處。

薛文清云：國以逸欲而亡，家以逸欲而敗，身以逸欲而為昏愚，為戕賊，患無不至。蓋憂患是天理之行，震動驚醒，心膽變換之地；安樂是人欲之窟，般樂怠傲，志溺魂銷之地。故孟子云：生於憂患，死於安樂。古語云：富貴不與驕奢期，而驕奢至；驕奢不與死亡期，而死亡至。處順境者，可以知所警矣。

世路風霜❶，吾人鍊心之境❷也；世情冷煖❸，吾人忍性❹之地也；世事顛倒❺，吾人脩行之資❻也。

【注　釋】❶世路風霜　言人生道路曲折，歷經許多磨難。世路，世情；世道。也指人一生處世行事的歷程。《後漢書・張衡傳》：「君子性德體道，篤性安仁，約己博藝，無堅不鑽，以思世路，斯何遠矣。」句含此意。風霜，風和霜。比喻艱難辛苦。❷鍊心之境　指修煉心性的處所。鍊心，修煉心性。鍊，同「煉」。修煉；鍛煉。境，處所；地方。❸世情冷煖　謂社會風氣勢利，趨炎附勢，在別人得勢時親熱，在別人失意時冷淡。世情，世態人情。❹忍性　堅忍其性；克制性情。《孟子・告子下》：「所以動心忍性，曾益其所不能。」趙岐注：「所以動驚其心，堅忍其性，使不違仁。」句用此意。❺世事顛倒　謂世上之事是非顛倒，善惡不分。❻脩行之資　意思是修養德行的憑藉。脩行，修養德行。資，憑藉；依靠。

【語　譯】人生道路曲折艱難，正是修煉心性的處所；世態炎涼，風氣勢利，就是堅忍性情，不背仁義的地方；世事顛倒，善惡不分時，便是修養德行的憑藉。

青天白日的節義❶，自暗室屋漏❷中培來；旋乾轉坤的經綸❸，自臨深履薄❹處得力。

【注　釋】❶青天白日的節義　指高尚正大的氣節操守。青天白日，青天和白日。比喻光明正大，襟懷坦蕩。節義，節操和義行。節，節操；志向。❷暗室屋漏　指別人看不見的地方；隱私之室。《續資治通鑑・宋理宗紹定四年》：「以暗室屋漏為尊嚴之區，而必敬必戒；以恆舞酣歌為亂亡之宅，而不淫不佚。」暗室，沒有光亮的屋子。屋漏，屋子漏雨處只有主人知道。故以此喻。❸旋乾轉坤的經綸　指能夠轉危為安、定亂平叛的治國才能。旋乾轉坤，指能夠處理國家重大事件，根本扭轉局面，轉危為安。《宋史・游似傳》：「人主一念之烈，是以旋乾轉坤。」經綸，整理絲縷、理出絲緒叫經；編絲成繩，叫綸，統稱經綸。引申為籌劃治理國家大事或治理國家、天下的抱負和才能。❹臨深履薄　面臨深淵，腳踏薄冰。語出《詩・小雅・小旻》：「戰戰兢兢，如臨深淵，如履薄冰。」因深淵、薄冰皆極其危險之處，後以之喻萬分謹慎戒懼。履，踩；踏。

【語　譯】高尚正大的氣節操守，是從無人知曉處仍然嚴以律己而培養出來的；能夠轉危為安、定亂平叛的治國才能，是從臨深履薄的謹慎戒懼中鍛煉出來的。

名譽自屈辱中彰❶，德量自隱忍❷中大。

【注　釋】❶彰　顯揚；昭示。❷隱忍　克制忍耐。

【語　譯】聲名美譽在屈辱中顯揚，德行雅量在隱忍中張大。

【原　注】尹和靖云：莫大之禍，皆起於須臾之不能忍，不可不謹。

薛文清云：必能忍人不能忍之觸忤，斯能為人不能為之事功。又云：自古大智大勇，必能忍小恥小忿，皆是享福德處。

顏光衷云：每任天下事，則是非交集，非受垢受不祥，火氣都盡，未有能休休有容、沉默濟世者也。故世間手眼人，每以忍辱為第一精進。

謙退❶是保身❷第一法，安詳是處事第一法，涵容❸是待人第一法，灑脫❹是養心❺第一法。

【注　釋】❶謙退　謙讓。《史記・樂書》：「君子以謙退為禮，以損減為樂，樂其如此也。」❷保身　保全自身。❸涵容　包涵寬容。❹灑脫　瀟灑脫俗；自然不拘束。南宋・葉紹翁《四朝聞見錄・胡紘李沐》：「沐詩文灑脫，晚著《易》頗契奧旨。」❺養心　修養心性。

【語　譯】謙虛退讓是自我保護的最好方法，安靜平和是應付世事的最好方法，寬厚包容是對待別人的最好方法，寧靜淡泊是修養心性的最好方法。

喜來時，一檢點❶；怒來時，一檢點；怠惰時，一檢點；放肆時，一檢點。

【注　釋】❶檢點　整飭；反省；自我約束。

【語　譯】心情喜悅時，要自我反省；憤怒暴躁時，要自我反省；懈怠懶惰時，要自我反省；放縱無束時，要自我反省。

【原　注】劉念臺云：易喜易怒，輕言輕動，只是一種浮氣用事，此病根最不小。如今要將此種浮氣，覓箇銷歸安頓處。

平時養得定了，自然發而中節。

自處超然❶，處人藹然❷，無事澄然❸，有事斬然❹，得意淡然❺，失意泰然❻。

【注釋】❶自處超然　意思是對待自己要離塵脫俗，超然世外。自處，安置自己；對待自己；自持。處，對待。《禮記・檀弓下》：「〔顏淵〕謂子路曰：『何以處我？』」超然，超脫世俗；離塵脫俗。❷處人藹然　意為對待他人應親切和藹，體貼周到。處人，對待他人；與他人相處。藹然，溫和、和善貌。❸澄然　清靜安寧；恬然自得。東漢・徐幹《中論・譴交》：「故無交遊之事，無請托端，心澄體靜，恬然自得。」澄，清靜；安定。❹斬然　毅然果決貌。❺淡然　淡泊；不趨名利。❻失意泰然　謂挫折頗多，身世坎坷時，神情自若，不以為意。失意，不如意；不得志。泰然，安然。形容心情安定，含有不以為意之意。

【語譯】對待自己要離塵脫俗，超然世外；對待他人應親切和藹，體貼周到。沒有事時清靜安定，恬然自得；遇到問題毅然決然，堅定果斷。一帆風順、志得意滿時淡泊名利，不要驕傲；挫折頗多，身世坎坷時，神情自若，不以為意。

【原注】非有盛養者，不能。

靜能制動，沉能制浮❶，寬能制褊❷，緩能制急。

【注釋】❶沉能制浮　言安靜可以克制躁動。沉，沉著；深沉。浮，浮躁；輕浮。❷寬能制褊　謂寬宏大量可以克服淺薄狹隘。褊，本意是衣服狹小。引申為心胸、氣量、見聞等狹隘。亦指性情急躁。《楚辭・七諫・初放》：「淺智褊能兮聞見又寡。」

【語　譯】安靜可以克制躁動，沉著可以克制輕浮，寬宏大量可以克服淺薄狹隘，舒緩平靜可以克服急躁冒進。

天地間真滋味❶，惟靜者能嘗得出；天地間真機括❷，惟靜者能看得透。

【注　釋】❶滋味　味道。引申為苦樂感受。文中有真諦、本質之意。❷機括　弩（古代武器）上發矢（箭）的機件。後以之比喻治事的權柄或事物的關鍵。

【語　譯】天地間萬事萬物的真諦，惟有寧靜無欲者能夠體味感悟；天地間萬事萬物的玄妙，惟有寧靜無欲者能夠領會掌握。

【原　注】燈動則不能照物，水動則不能鑑物，性亦然。動則萬理皆昏，靜則萬理皆澈。

靜之一字，十二時離了一刻不得，纔離便亂了。門盡日開闔，樞常靜；妍媸盡日往來，鏡常靜；人盡日應酬，心常靜。惟靜也，故能主張得動，若逐動而去，應事定不分曉。便是睡時，此念不靜，做箇夢兒也胡亂。

人心至活，倏忽之間，起滅萬狀，未有無所事事，而能懸空守之者。初入靜者，不知攝持之法，必須涵泳聖賢之言，使義理津津悅心，方得天機流暢，斷不可空持硬守也。

有才而性緩，定屬大才；有智而氣和，斯❶為大智。

【注釋】❶斯　盡；皆；這。

【語譯】有才幹而又性情舒緩，必定屬於雄才大略；有智慧而又心平氣和，這才稱得上大智大謀。

氣忌盛❶，心忌滿，才忌露。

【注釋】❶氣忌盛　氣勢切忌過盛。氣，脾氣；氣勢。盛，強盛。

【語譯】氣勢切忌過盛，心志切忌自滿，才華切忌顯露。

有作用❶者，器宇❷定是不凡；有智慧者，才情❸決然不露。

【注釋】❶作用　作為。即有所成就。❷器宇　氣度；氣量；胸襟。❸才情　才思；才華。

【語譯】有作為的人，氣度必定不凡；有智慧的人，才華決不顯露。

【原注】口頭有一句語，定要說出；胸中有一毫才，決要露出，只是量窄。然因其無量，即以卜其無福。

意粗性躁，一事無成；心平氣和，千祥駢集❶。

【注釋】❶駢集　彙集；聚會。駢，聚集。

【語譯】心意粗疏，性情暴躁，則將一事無成；心情安寧，氣度雍容，各種祥瑞定然彙集。

【原注】衝繁地，頑鈍人，拂逆時，紛雜事，此中最好養心。若決裂憤激，不但無益，而事卒以僨，人卒以怨，我卒以無成，是謂至愚。耐得過時，便有無限受用處。

人性褊急，則氣盛，氣盛則心粗，心粗則神昏。其處事也，不能再思；其與人也，不能三反；其治家也，不能百忍，乖舛謬戾，可勝言哉。

呂新吾云：天下之物，紓徐柔和者多長，迫切急躁者多短。人生壽夭禍福，無不皆然。褊急者可以思矣。

呂新吾云：心平氣和四字，非有涵養者不能做，工夫只在箇定火。火定則百物兼照，萬事得理。若一動火，則神昏氣亂，便種種都不濟了。又云：涵養不定底，惡言到耳，先思馭氣，氣平再沒錯著。

陳榕門云：定火工夫，不外以理制欲，理勝則氣自平矣。

世俗煩惱處，要耐得下；世事紛擾處，要閒得下；胸懷牽纏❶處，要割得下❷；境地濃艷❸處，要淡得下；意氣❹忿怒處，要降得下。

【注　釋】❶胸懷牽纏　謂心中有牽掛煩擾之事。❷割得下　指能夠割捨、拋棄。❸境地濃豔　指高官厚祿、大富大貴時。❹意氣　情緒。

【語　譯】面對世俗煩惱時要能忍耐，身處世事紛擾中要能安閒，心裡牽掛的事要能夠拋開，功名利祿面前要能淡然處之，憤怒激動時要能夠壓抑克制。

以和氣迎人，則乖沴❶滅；以正氣接物❷，則妖氣❸消；以浩氣臨事❹，則疑畏釋❺；以靜氣養身，則夢寐恬❻。

【注　釋】❶乖沴　不和之氣；邪氣。乖，背離；邪惡。沴，舊謂天地四時之氣不和而生的災害。《漢書・

五行志中之上》：「氣相傷，謂之沴。沴猶臨莅，不和意也。」引申為相害、相傷。❷以正氣接物　謂以至大至剛之氣接觸外物。正氣，充塞天地之間的至大至剛之氣。體現於人則為浩然的氣概，剛正的氣節。接物，接觸外物。❸妖氣　妖異之氣；不祥的雲氣。多以之比喻指凶災、禍亂。❹以浩氣臨事　以浩然正大之氣處理事務。浩氣，正大剛直之氣。臨事，指遇事或處事。《晏子春秋・雜下十二》：「臨事守職，不勝其任，則過之。」❺釋　消除；解除。❻恬　安寧；舒適。

【語　譯】以平和安詳之氣對待別人，則邪惡災害遠離；以剛正不阿之氣接觸外物，則妖孽怪異消失；以浩然正直之氣處理事務，則疑慮畏懼消除；以寧靜恬淡之氣修養身心，則睡夢安穩舒適。

【原　注】非生平有養氣工夫者，不克語此。

觀操存❶，在利害❷時；觀精力，在飢疲時；觀度量，在喜怒時；觀鎮定，在震驚時。

【注　釋】❶操存　執持心志，不使喪失。語出《孟子・告子上》：「孔子曰：『操則存，捨則亡，出入無時，莫知其鄉，惟心之謂與。』」❷利害　利益與禍害。

【語　譯】觀察一個人的心志操守，在他面對利益、災禍時；觀察一個人的精力強弱，在他飢餓疲勞時；觀察一個人的氣度胸襟，在他喜怒哀樂時，觀察一個人是否沉著堅強，在他遭遇事變驚嚇時。

大事難事看擔當❶，逆境順境看襟度❷，臨喜臨怒看涵養，群行群止❸看識見❹。

【注釋】❶擔當　敢於承擔責任，有魄力。❷襟度　襟懷與氣度。❸群行群止　群體一起行動，一起停止。文中有眾口一詞之意。❹識見　見識；見解。

【語譯】處理大事、難事時，可以看出一個人的責任感與魄力；身處逆境、順境時，可以看出一個人的襟懷與氣度；遭遇喜怒哀樂時，可以看出一個人的修養與涵容；群行群止、眾口一詞時，可以看出一個人的見識與才華。

輕❶當矯之以重❷，浮當矯之以實，褊❸當矯之以寬，執❹當矯之以圓❺，傲當矯之以謙，肆❻當矯之以謹，奢當矯之以儉，忍❼當矯之以慈，貪當矯之以廉，私當矯之以公。放言❽當矯之以緘默，好動當矯之以鎮靜，粗率當矯之以細密，躁急當矯之以和緩，怠惰當矯之以精勤❾，剛暴當矯之以溫柔，淺露❿當矯之以沉潛，谿刻⓫當矯之以渾厚。

【注釋】❶輕　輕浮；輕佻。❷重　穩重；沉穩。❸褊　心胸氣量狹隘。❹執　固執；偏執。❺圓　靈活。❻肆　恣意；狂放；不受約束。❼忍　殘忍；狠心。❽放言　放縱其言；毫無顧忌地大發議論。❾精勤　專心勤勉。❿淺露　膚淺直露。指學識、修養等狹隘、缺乏深度，又好到處賣弄。⓫谿刻　苛刻；刻薄。

【語譯】輕佻應當以穩重來糾正，浮躁應當以踏實來糾正，褊狹應當以寬宏來糾正，固執應當以靈活來糾正，狂傲應當以謙虛來糾正，放肆應當以謹慎來糾正，奢侈應當以儉約來糾正，殘忍應當以慈愛來糾正，貪婪應當以廉潔來糾正，自私應當以公心來糾正。放言高論應當以緘默來糾正，坐立不定應當以鎮靜來糾正，粗疏草率應當以細致嚴密來糾正，心氣急躁應當以舒緩平和來糾正，懈怠懶惰應當以專心勤勉來糾正，剛烈暴戾應當以溫柔耐心來糾正，膚淺直露應當以沉穩含蓄來糾正，刻薄應當以寬厚來糾正。

【原　注】此變化氣質工夫也。

持躬類

聰明睿知❶，守❷之以愚；功被天下❸，守之以讓；勇力振世，守之以怯；富有四海❹，守之以謙。

【注釋】❶睿知　亦作「睿智」。聰明；明智。睿，通達；明智。❷守　守護；保持。❸功被天下　又作「功蓋天下」。功勞天下第一。被，覆蓋。❹富有四海　謂擁有大量財產、物資。即極為富足。

【語譯】聰明睿智，以愚鈍的外表來守護；天下無雙的功勞，以退讓來保持；震驚世人的勇力，以怯懦的外表來守持；富有四海，以謙遜來維持。

不與居積人❶爭富，不與進取人❷爭貴，不與矜飾人❸爭名，不與少年人爭英俊❹，不與盛氣❺人爭是非。

【注釋】❶居積人　囤積居奇的人。即商人。案：中國傳統文化以農耕為本，重農抑商，商列四民（士、農、工、商）之末，常視為奸猾。故以「居積人」稱之。居積，囤積；囤積居奇。居，積儲。❷進取人　指追求功名利祿的人。進取，求取；追逐。多指求取利祿、功名之類。❸矜飾人　貪圖虛名的人。矜飾，誇耀修飾。矜，自誇；自恃。❹英俊　容貌俊秀而精神。❺盛氣　氣勢洶洶；怒氣沖天。

【語　譯】不與囤積居奇的人爭財富，不與追逐功名的人爭顯貴，不與自大矯飾的人爭名譽，不與青春年少的人爭容貌，不與怒氣沖天的人爭是非。

【原　注】陳榕門云：皆退一步想。

《談古錄》云：新吾先生五不爭，其一曰不與盛氣人爭是非。竊謂，是非亦不可不爭，但彼以盛氣加之，我以和氣應之可也。程明道與王安石論新法，不合，安石勃然發怒。明道霽色語之曰：天下事，非一人之私議，願公平心以聽之。安石為之屈服。此與盛氣人爭是非之法也。

富貴，怨之府❶也；才能，身之災也；聲名，謗之媒也❷；歡樂，悲之漸❸也。

【注　釋】❶怨之府　謂怨恨的匯聚之處。府，聚集的場所；彙集之處。❷聲名二句　謂名譽是招致毀謗的媒介。聲名，名譽；名聲。謗之媒，誹謗的媒介。媒，媒介；誘因。❸悲之漸　悲哀的開始。喻樂極生悲之意。漸，開端；起始；前提。

【語　譯】富貴是匯聚怨恨的場所，才能是傷害自身的災禍，名譽是招致毀謗的媒介，歡樂是產生悲哀的起點。

【原　注】只是常有懼心，退一步做，見益而思損，持滿而思溢，則免於禍。

濃於聲色❶，生虛怯❷病；濃於貨利❸，生貪饕❹病；濃於功業，生造作❺病；濃於名譽，生矯激❻病。

【注　釋】❶濃於聲色　指縱情於聲色。濃，程度深。文中可作縱情、看重、熱中等解。聲色，指歌舞、淫聲與女色。《書・仲虺之誥》：「惟王不邇聲色，不殖貨利。」❷虛怯　膽怯；心悸。❸貨利　貨物財利。❹貪饕　貪得無厭。《戰國策・燕策三》：「今秦有貪饕之心，而欲不可足也。」饕，饕餮。古代傳說中一種貪殘的怪物。以之比喻極貪婪、貪殘。❺造作　虛偽做作。❻矯激　矯揉造作，奇異偏激。矯，虛偽。激，偏激。

【語　譯】縱情聲色，生虛怯病；迷戀財貨，生貪婪病；熱中功名，生虛偽做作病；嗜好名譽，生矯情偏激病。

【原　注】萬病之毒，皆生於濃。吾以一味解之，曰淡。夫魚見餌不見鉤，虎見羊不見阱，猩猩見酒不見人。非不見也，迷於其中，而不暇顧也。此心一淡，則艷冶之物不能移，熱鬧之境不能動。夫能知困窮抑鬱、貧賤轗軻之為祥，則可與言道矣。

想自己身心❶，到後日❷置之何處❸；顧❹本來面目❺，在古時像箇甚人❻。

【注　釋】❶身心　身體和精神。文中有為人、品行等意思。❷後日　日後。指自己死後。❸置之何處　放在什麼地方。文中有後人評說時把自己歸入哪一類人的意思。❹顧　看；反省。❺面目　面貌。文中有人品、德行之意。❻甚人　什麼樣的人。甚，什麼。

【語　譯】想想自己的為人、品格，死後將被他人如何評說；審視自己的德行性情，在古代屬於哪種類型的人。

【原　注】方恪敏公云：人之為人有幾等，總要為不可少之人。若庸庸碌碌，可有可無，是謂醉生夢死，汙穢天壤，雖富貴，不足齒數也。幸生其間者，不可不知有生之樂，亦不可不懷虛生之憂。

莫輕視此身❶，三才在此六尺❷；莫輕視此生❸，千古❹在此一日。

【注　釋】❶此身　自身；自己。❷三才在此六尺　意思是天、地、人的精華都蘊藏在這個身體中。三才，指天、地、人。語出《易．說卦》：「是以立天之道曰陰與陽，立地之道曰柔與剛，立人之道曰仁與義。兼三才而兩之，故《易》六畫而成卦。」六尺，指身軀。中國古代成年男子的身長約當古尺六尺或七尺，故常以「六尺」或「七尺」代稱。南朝梁・沈約〈齊太尉往儉碑銘〉：「傾方寸以奉國，忘七尺以事君。」唐・李山甫〈下第獻所知〉詩：「虛教六尺受辛苦，枉把一身憂是非。」❸此生　今生。文中有人生在世的每一日之意。❹千古　久遠的年代。文中指千古不朽、永垂史冊的功業。

【語　譯】不要把自身不當回事，天、地、人的精華都蘊藏在這個身體中；不要輕視今生的每一刻，建立千古功業的關鍵就在每一天的努力。

【原　注】古語云：此身不向今生度，更向何生度此身？蓋同此日也，以之作惡，則無窮之禍基於此日；以之為善，則不朽之業亦基於此日。苟不棄時，而此心快足，雖夕死何恨。不然，即百歲亦幸生爾。

醉酒飽肉，浪笑恣談❶，卻❷不錯過了一日？妄動❸胡言，昧理❹從欲❺，卻不作孽❻了一日？

【注　釋】❶醉酒飽肉二句　謂花天酒地，放浪形骸。浪，放縱；淫蕩。恣談，肆無忌憚地談笑胡說。恣，放肆；任意。❷卻　豈；難道。表示反詰。❸妄動　輕率行動；任意而為。❹昧理　不懂得道理；違背道德禮儀。昧，違背；喪失。❺從欲　縱欲。從，「縱」的古字。放縱。❻作孽　製造災難。《書・太甲中》：「天作孽，猶可違；自作孽，不可逭。」

【語　譯】花天酒地，放浪形骸，豈不是白白浪費了一天？妄動胡言，背理縱欲，難道不是給自己製造災難？

【原　注】無論造孽結怨，而把彌天蓋地的力量、積慶垂庥的日子，忙過錯過，豈不可惜？

不讓❶古人，是謂有志；不讓今人，是謂無量❷。

【注　釋】❶不讓　作不亞於、不次於解。後一句的「不讓」作不謙遜、不推讓解。❷無量　沒有氣量；沒有度量。

【語　譯】敢於向古人的成就挑戰，這稱為有志氣；在今人的成績面前不虛心，這叫做無度量。

一能勝予❶，君子不可無此小心❷；吾何畏彼❸，丈夫❹不可無此大志。

【注　釋】❶予　我。❷小心　謹慎；留神。❸彼　他。❹丈夫　猶言大丈夫。指有志氣、有節操、有作為的男子。《孟子・滕文公上》：「富貴不能淫，貧賤不能移，威武不能屈，此之謂大丈夫。」

【語　譯】天下人才眾多，總有一個人能夠超過我，君子不能沒有這樣的戒懼之心；我為什麼要害怕他呢，大丈夫不能沒有這樣的豪情壯志。

怪小人之顛倒豪杰❶，不知慣❷顛倒方為小人；惜❸君子之受世折磨，不知惟折磨乃見君子。

【注　釋】❶怪小人之顛倒豪杰　意思是人們責怪小人使豪傑之士傾覆敗亡。怪，責備；抱怨。顛倒，使傾覆；使敗亡。❷慣　習慣；經常。❸惜　可惜；惋惜。文中有感嘆、遺憾之意。

【語　譯】世間常責怪卑鄙小人使豪傑之士傾覆敗亡，豈不知正因為慣於傾覆敗亡別人的惡行才顯現出他就是小人；人們常感嘆正人君子遭受世間的各種折磨苦難，卻不知正是在折磨苦難中才顯示出君子的本色。

【原　注】或問：人遭患難，是不幸事？曰：患難亦是不經事人良藥，明心鍊性，通權達變，正在此處得力。人生最不幸處，是偶一失言而禍不及，偶一失謀而事倖成，偶一恣行而獲小利，後乃視為故常，恬不為意，則敗行喪檢，莫大之患，由此生矣。

71　類躬持

經一番挫折，長一番識見❶；容一番橫逆❷，增一番器度；省一分經營❸，多一分道義；學一分退讓，討一分便宜❹；去一分奢侈，少一分罪過；加一分體貼❺，知一分物情❻。

【注釋】❶識見　即見識。❷橫逆　橫暴無理的行為。《孟子・離婁下》：「有人於此，其待我以橫逆，則君子必自反也。」趙岐注：「橫逆者，以暴虐之道來加我也。」❸經營　籌劃營造。引申為謀劃、計謀、算計。❹便宜　好處；優勢。❺體貼　細心體會。《朱子全書》卷五五：「乃知明道先生所謂『天理』二字，卻是自家體貼出來者。」❻物情　世情；民心。三國魏・嵇康〈釋私論〉：「情不繫於所欲，故能審貴賤而通物情。」句含此意。

【語譯】經受一番挫折，增長一些見識；寬容一次橫暴，開闊一番氣度；減少一些算計，多得一分道義；學會有所退讓，得到一點優勢；去除一分奢侈，減少一些罪過；多加一點細心體會，多知道一些世情物理。

不自重❶者取辱，不自畏❷者招禍，不自滿者受益，不自是❸者博聞。

【注釋】❶自重　謹言慎行，尊重自己的人格。❷自畏　自我畏懼。即心懷戒懼，小心謹慎。❸自是　自以為是。《老子》：「自見者不明，自是者不彰。」

【語譯】不自重的人自取其辱，不自畏的人招災惹禍，不自滿的人受益無窮，不自是的人博學多識。

有真才者，必不矜才❶；有實學❷者，必不誇學。

【注釋】❶矜才　以才能自負；誇耀才能。❷實學　切實有用的學問。文中指真才實學、大學問。

【語譯】有真才能者，必定不以才能自負；有大學問者，必定不會誇耀學問。

蓋世功勞❶，當❷不得一箇矜❸字；彌天❹罪惡，最難得一箇悔字。

【注釋】❶蓋世功勞　天下無雙的功勞。蓋世，謂才能、功績等高出當代人知識。蓋，同「葢」。超過；勝過。❷當　承受；擔當。❸矜　自誇；自恃。《書・大禹謨》：「汝惟不矜，天下莫與汝爭能；汝惟不伐，天下莫與汝爭功。」本文反用其意。❹彌天　滿天。極言其大。彌，遍；滿。

【語譯】蓋世功勞，承受不起居功自傲的過失；彌天大罪，最難得的是有悔改之心。

諉罪掠功❶，此小人事；掩罪誇功，此眾人事；讓美歸功❷，此君子事；分怨共過❸，此盛德事。

【注釋】❶諉罪掠功　意思是把罪責推給別人，奪取他人的功勞歸為己有。諉罪，把罪責推給別人。諉，推託；推委。掠功，奪人之功勞而為己有。掠，搶奪；奪取。❷讓美歸功　把好處讓給別人，功勞歸於他人。美，指成就、好處、利益等。❸分怨共過　謂與人分憂，共擔過失。怨，責怪；悲傷；哀怨。

【語譯】推諉罪責而奪人功勞，這是小人的行為；文過飾非、自誇其功，這是凡夫俗子的行為；推讓利益、歸功於人，這是君子的行為；與人分憂、共擔過失，這是德行高尚者的行為。

【原注】陳榕門云：讓美歸功，功自易集；分怨共過，過亦何傷？此惟明於大體而存心公恕者，能之。

毋毀眾人之名，以成一己之善；毋沒天下之理❶，以護一己之過。

【注釋】❶沒天下之理 謂泯滅、曲解天下所有的道理。文中指歪曲狡辯。沒，泯滅；埋沒。

【語譯】不要敗壞眾人的聲譽，以成就自己的美名；不要泯滅天下的公理，來掩飾自己的過錯。

【原注】世之人常把好事讓與他人做，而甘居己於不肖，又要掠箇好名兒在身上，而詆他人為不肖。悲夫！是益其不肖也。

今人有過，只在文飾彌縫上做工夫，費盡了無限巧回護，成就了一箇真小人。

大著肚皮❶容物，立定腳跟做人。

【注　釋】❶大著肚皮　放開肚皮。即寬宏大量。大，擴大；張大。用作動詞。

【語　譯】寬宏大量，容納天下之物；站穩腳跟，實實在在做人。

實處著腳❶，穩處下手❷。

【注　釋】❶著腳　立足；涉足。❷穩處下手　意為於穩妥之處動手做事。穩處，穩妥恰當而有把握的地方。下手，動手做事。

【語　譯】於著實之處涉足，於穩妥之處下手。

讀書有四箇字最要緊，曰闕疑❶好問；做人有四箇字最要緊，曰務實耐久❷。

【注　釋】❶闕疑　遇有疑難未解的問題暫時空著，不作主觀推測，或妄加評論。《論語・為政》：「多聞闕疑，慎言其餘，則寡尤。」句含此意。❷務實耐久　講究實際，持之以恆。

【語　譯】讀書有四個字最重要，即闕疑好問，也就是不妄猜測，勤學好問；做人有四個字最重要，即務實耐久，也就是講究實際，持之以恆。

事當快意❶處須轉，言到快意時須住。

【注　釋】❶快意　稱心如意；得意順心。案：本節此二句言物極必反，所以凡事都要適可而止。

【語　譯】事情做到稱心如意時必須見好就收，說話說到興高采烈時就要及時停止。

【原　注】殃咎之來，未有不始於快心者。故君子得意而憂，逢喜而懼。

物忌❶全勝，事忌全美，人忌全盛。

【注　釋】❶忌　禁忌；忌諱。案：本節此三句亦是強調物極必反，盛極必衰，故而應當忌諱、戒懼。

【語　譯】事物忌諱完美無缺，做事忌諱過於順利，人生忌諱達到鼎盛。

儘❶前行者地步❷窄，向後看者眼界寬。

【注　釋】❶儘　一味；總是。❷地步　境地；迴旋餘地。

【語　譯】一味往前走，卻不思考反省的人，越走路途越窄；經常向後看，總結得失成敗的人，眼界越來越寬廣。

留有餘不盡之巧❶，以還造化❷；留有餘不盡之祿❸，以還朝廷；留有餘不盡之財，以還百姓；留有餘不盡之福，以貽❹子孫。

【注　釋】❶巧　聰明；靈巧；技巧。❷造化　自然界的創造者。亦指大自然。❸祿　俸祿；祿位。❹貽　給予；遺留。案：本節主要言凡事都有其源頭，飲水思源，故而都應當適可而止。聰明靈巧來自天賦，所以要留一點還給大自然；俸祿由君主、國家頒發，所以要留一點回饋國家；財富取之於民，所以要留一些報答百姓；福分是祖宗積德而來，所以要遺留一些給子孫。

【語　譯】留一些用不完的靈巧，把它還給大自然；留一些用不了的俸祿，將它回饋給國家；留一些用不盡的財富，以之報答黎民百姓，留一些享不盡的福澤，以造福於子孫後代。

四海和平之福，只是隨緣❶；一生牽惹之勞❷，總因好事。

【注　釋】❶隨緣　順應機緣；任其自然。❷牽惹之勞　煩惱牽掛的勞累。牽惹，招引；牽扯。文中指因好事而惹來的麻煩、煩惱。

【語　譯】天下祥和平安的福澤，只是順應機緣、任其自然的結果；一生煩擾牽掛的勞累，都因愛興事端、多嘴多舌而招來。

花繁柳密處撥得開❶，方見手段❷；風狂雨驟時❸立得定，纔是腳跟❹。

【注　釋】❶花繁柳密處撥得開　謂能夠擺脫花團錦簇、燈紅酒綠的各種誘惑。花繁柳密處，花團錦簇、五彩繽紛的場所。文中喻燈紅酒綠、令人眼花繚亂的各種誘惑。❷手段　本領；技巧。文中有才德高尚之意。❸風狂雨驟時　文中喻遭受重大挫折、變故，或處在險惡的環境下。❹腳跟　腳後跟。文中比喻立場、意志堅定，巋然不動。

【語　譯】能夠擺脫花團錦簇、燈紅酒綠的各種誘惑，方顯出德行高潔；在環境險惡、遭逢變故時能夠巋然不動，才算是意志堅定。

【原　注】不見可欲，人人都是君子；一見可欲，不是滑了腳跟，便是擺動念頭。苟非中存有主，將自己的身家性命體貼一番，鮮有不墮入魔障者。先輩詩云：世上無如人欲險，幾人到此誤生平。沉溺者可以驚心回首矣。

人當變故之來，只宜靜守，不宜躁動。即使萬無解救，而志正守確，雖事不可為，而心終可白。否則必至身敗，而名亦不保，非所以處變之道。

步步占先者，必有人以擠❶之；事事爭勝者，必有人以挫❷之。

【注釋】❶擠　排擠；陷害。❷挫　摧折；使失敗。

【語譯】凡事都要搶先者，必定遭人排擠陷害；凡事都要爭勝者，必定遭受打擊挫敗。

能改過，則天地不怒；能安分，則鬼神無權❶。

【注釋】❶鬼神無權　謂鬼神也無計可施，奈何不得。

【語譯】能夠改過自新，天地就不會發怒；能夠安分守己，鬼神亦奈何不得。

【原注】王文成公云：人果能一旦洗滌舊染，雖昔為寇盜，今日亦不害為君子。袁了凡云：從前種種，譬如昨日死；從後種種，譬如今日生，可為悔過者法。人能置身靜穩中，即鬼神造化，亦奈何他不得。先輩詩云：守分身無辱，知幾心自閒。

言行擬❶之古人，則德進；功名付之天命❷，則心閒；報應❸念及子孫，則事平；受享❹慮及疾病，則用儉。

【注釋】❶擬　效法；摹擬。❷功名付之天命　謂功名聽憑天命。付，交給；託付。天命，上天的意志；由上天主宰的命運。《書・盤庚上》：「先王有服，恪謹天命。」❸報應　指佛教教義「因果報應」。佛教依據未作不起，已作不失的理論，認為事物有起因必有結果，種什麼因，結什麼果。即夙世種善因，今生得善果；為惡則有惡報。❹受享　即享受。

【語　譯】言行效法古人，則德行進步；功名聽憑天命，則心神安閒；想到報應會殃及子孫，則處事公平；享受時考慮到會招惹疾病，則用度儉省。

安莫安於知足，危莫危於多言，貴莫貴於無求，賤莫賤於多欲，樂莫樂於好善，苦莫苦於多貪，長❶莫長於博識❷，短莫短於自恃❸，明❹莫明於體物❺，暗❻莫暗於昧幾❼。

【注　釋】❶長　長處；優點。下文「短」指缺點、短處。❷博識　學識廣博。❸自恃　自負；自高自大。❹明　明白；通曉；瞭解。❺體物　體會審察天道物理。❻暗　糊塗；愚昧。❼昧幾　愚昧無知，對事物的細微變化或變化的徵兆毫無覺察。昧，愚昧；糊塗。幾，隱微。多指事物變化的跡象、先兆。《易・繫辭下》：「幾者，動之微，吉凶之先見者也。」

【語　譯】沒有比知足更能使人安寧了，沒有比多嘴多舌更危險的了；任何富貴都比不上無求，最低賤的就是私欲過多；樂善好施帶來最大的快樂，貪得無厭招致最深的痛苦；博學多識是最佳長處，自高自大是最糟的缺點；體會領悟天道物理是最大的通曉明白，木然不覺事物變化是最大的愚昧糊塗。

81 類躬持

能知足者，天不能貧；能忍辱者，天不能禍；能無求者，天不能賤；能外形骸❶者，天不能病；能不貪生者，天不能死；能隨遇而安❷者，天不能困；能造就人材者，天不能孤❸；能以身任天下後世❹者，天不能絕❺。

【注釋】❶外形骸　將身體置之度外。形骸，身體；軀體。❷隨遇而安　謂能安於所處的各種境遇。《孟子・盡心下》「若將終身焉」句，朱熹《集注》：「言聖人之心，不以貧賤而有慕於外，不以富貴而有動於中，隨遇而安，無預於己，所性分定故也。」句含此意。❸孤　孤立；單獨。《論語・里仁》：「德不孤，必有鄰。」❹以身任天下後世　能夠擔當治國平天下的重任，造福於後世。❺絕　滅絕；毀滅。

【語譯】能知足的人，上天不能使他貧窮；能忍辱的人，上天不能降禍於他；無所求的人，上天不能令他低賤；將身體置之度外的人，上天不能讓他生病；無所畏懼、不貪生怕死的人，上天不會使他早死；能夠隨遇而安的人，上天不會讓他困窘；能夠造就人才的人，上天不能使他孤單；能夠擔當治國平天下重任的人，上天不能使他毀滅。

天薄我以福❶，吾厚吾德以迓❷之；天勞我以形❸，吾逸❹吾心以補之；天厄我以遇❺，吾亨吾道以通之❻；天苦我以境，吾樂吾神❼以暢❽之。

【注　釋】❶天薄我以福　謂上天賜我的福澤很少。薄，使微薄。❷迓　迎接。❸天勞我以形　上天使我的身體辛勤勞作。形，身體。❹逸　放鬆；安樂；閒適。❺天厄我以遇　意思是上天使我命運坎坷，難有機遇。厄，使遭災受苦。遇，得志；機遇；恩遇。❻吾亨吾道以通之　言我遵行道義以使人生之路暢通。亨，通達；順暢。唐・元稹〈思樂歸〉詩：「我心終不死，金石貫以誠。此誠患不立，雖困道亦亨。」句含此意。❼神　精神。❽暢　舒暢；歡快。

【語　譯】上天給我的福澤很少，我修養我的德行以迎福；上天使我的身體辛勤勞作，我放鬆我的心靈來彌補；上天讓我遭遇坎坷，多災多難，我遵行道義使人生之路暢通；上天使我處境困苦，我保持精神愉悅以舒暢。

吉凶禍福，是天主張❶；毀譽予奪❷，是人主張；立身行己❸，是我主張。

【注　釋】❶天主張　天意；上天的安排。❷毀譽予奪　指詆毀、讚譽、賜予和剝奪。毀譽，詆毀和讚譽。《莊子・德充符》：「四生存亡、窮達貧富、賢與不肖、毀譽、飢渴、寒暑，是事之變、命之行也。」予奪，賜予和剝奪。引申為賞罰。《周禮・天官・大宰》的「八柄」中有予、奪、生、誅（責備）等權力。後因以「予奪」、「予奪生殺」泛指帝王掌握的賞罰、生死大權。❸立身行己　為人處世。立身，處世；為人。行己，謂立身行事。《論語・公冶長》：「子謂子產有君子之道四焉：其行己也恭，其事上也敬，其養民也惠，其使民也厚。」

【語　譯】吉凶禍福是上天的安排，毀譽賞罰由他人操縱，立身行事則完全靠自己。

【原　注】陳榕門云：在我者，勉之；在人者，聽之；在天者，順以受之而已。

要得富貴福澤，天主張，由不得我；要做賢人君子，我主張，由不得天。

【語　譯】能否得到富貴福澤，取決於天意，由不得自己；要想做個賢人君子，完全靠自己，不由天意安排。

富以能施❶為德，貧以無求❷為德，貴以下人❸為德，賤以忘勢❹為德。

【注釋】❶施　給予；施捨；恩惠。❷無求　無所欲求。❸下人　對人謙讓；居於人之後。《易・繫辭上》：「勞而不伐，有功而不德，厚之至也，語以其功下人者也。」孔穎達疏：「能以有功卑下於人也。」下，居人之下；謙讓。❹忘勢　不考慮權勢；藐視權貴。有甘於淡泊，與世無爭之意。忘，遺棄；不顧念。

【語譯】富有者以捨得布施窮人為德行，貧窮者以無所欲求為德行，尊貴者以屈己謙讓為德行，低賤者以忘卻權勢為德行。

【原注】陳榕門云：四語合來，無非要人重仁義而輕勢利。

護體面，不如重廉恥；求醫藥，不如養性情；立黨羽❶，不如昭信義❷；作威福，不如篤至誠❸；多言說，不如慎隱微❹；博❺名聲，不如正心術❻；恣豪華，不如樂名教❼；廣田宅❽，不如教義方❾。

【注釋】❶黨羽　黨徒。多指惡勢力集團中的附從者。❷昭信義　彰顯信用和道義。昭，顯揚；顯示。信義，信用和道義。❸篤至誠　謹守真摯誠懇。篤，專一；忠實地。至誠，極真誠；極其真摯誠懇的心意。❹隱微　指別人看不見的細小事情。❺博　獲取；得到。❻心術　內心；居心。亦指思想品質。❼樂名教　以名教為樂。名教，以正名定分為主的禮教（禮儀教化）。晉・袁宏《後漢紀・獻帝紀》：「夫君臣父子，名教之本也。」❽廣田宅　廣置田宅。廣，擴充；積聚。❾義方　行事應該遵守的規範和道理。語本《左傳・隱公三年》：「石碏諫曰：『臣聞：愛子，教之以義方，弗納於邪。』」後多指教子的正道，或曰家教。

【語　譯】維護體面不如注重廉恥，求醫問藥不如修養性情，結交黨羽不如彰顯信義，作威作福不如真誠篤實，迭迭不休不如謹慎細行，博取名聲不如端正心念，縱情享受不如樂於綱常名教，積聚田宅不如教子正道義方。

行己恭，責躬厚❶，接眾和❷，立心❸正，進道❹勇。擇友以求益，改過以全身❺。

【注　釋】❶責躬厚　謂嚴格要求自己。責躬，反躬自責。《後漢書・郭太傳》：「蘧瑗、顏回尚不能無過，況其餘乎？慎勿恚恨，責躬而已。」❷接眾和　與人交往和藹可親。接，交往；會合。❸立心　立意；立論。❹進道　進德修業。北宋・梅堯臣〈師候生日因以詩贈〉詩：「進道期日隆，無愧金馬下。」❺全身　保全生命或名節；使自身完滿。《詩・王風・君子陽陽序》：「君子遭亂，相招為祿仕，全身遠害而已。」全，用作動詞。

【語　譯】立身行事端莊恭敬，反躬自責深切嚴格，與人交往和藹可親，立意存心公平正直，進德修業一往無前。選擇良友以有益於自身，改正錯誤以求不斷完善。

【原　注】劉念臺云：改過一法，是聖賢獨步工夫，層層剝換，不登巔造極不已。常人恥聞過，卒歸下流。悲夫！

敬為千聖❶授受真源❷，慎乃百年❸提撕緊鑰❹。

【注釋】❶千聖　千年以來的聖賢。千，虛數。指自古以來。❷真源　謂本源、本性。文中有真諦之意。❸百年　一百年。指人的一生。❹提撕緊鑰　時時提醒的關鍵所在。提撕，本意是拉扯、提攜。引申為教導、提醒。北齊・顏之推《顏氏家訓・序致》：「吾今所以復為此者，非敢軌物範世也，業以整齊門內，提撕子孫。」緊鑰，重要的鑰匙。即關鍵、根本。緊，重要；緊要。

【語譯】恭敬是自古以來聖人賢者一脈相傳的真諦，謹慎是人在一生中必須時刻提醒自己的關鍵之處。

度量如海涵春育❶，應接如流水行雲❷，操存如青天白日❸，威儀❹如丹鳳祥麟❺，言論如敲金戛石❻，持身如玉潔冰清❼，襟抱如光風霽月❽，氣概如喬嶽❾泰山。

【注釋】❶海涵春育　海納百川，春育萬物。比喻大度包容，無所偏私。語見《藝文類聚》卷四六引南朝梁・王僧孺〈為臨川王讓太尉表〉：「陛下海涵春育，日鏡雲升，追大道之無私。」❷應接如流水行雲　意為待人接物如行雲流水般自然純真。應接，待人接物。流水行雲，亦作「行雲流水」。如天上流動的雲彩、地上奔騰的江河一般純任自然，毫無拘束。❸操存如青天白日　意思是心志節操如青天白日般光明正大。操存，執持心志，不使喪失。語出《孟子．告子上》：「孔子曰：『操則存，捨則亡，出入無時，莫知其鄉，惟心之謂與！』」青天白日，藍天和白日。比喻清明、光明正大。❹威儀　莊重的儀容舉止。《書．顧命》：「思夫人自亂於威儀。」孔傳：「有威可畏，有儀可象。」❺丹鳳祥麟　皆古人所稱的祥瑞之獸。丹鳳，頭和翅膀上的羽毛為紅色的鳳鳥。常作為吉祥、威儀的象徵。或比喻才傑、傑出。祥麟，指瑞獸麒麟。麒麟，古代傳說中的一種動物，形狀像鹿，頭上有角，全身有鱗甲，尾像牛尾。古人認為是仁獸、瑞獸，以之象徵祥瑞，或比喻才能傑出的人。❻敲金戛石　亦作「敲金擊玉」、「敲金擊石」。敲鐘擊磬。比喻聲調鏗鏘動聽，清晰明瞭。戛，敲擊。❼持身如玉潔冰清　意思是操守如同玉和冰一般純潔清白。持身，立身；修身。西漢．劉向《說苑．雜言》：「怵於待祿，慎於持身。」玉潔冰清，像玉和冰一樣純潔清白。比喻節操高潔。❽襟抱如光風霽月　謂襟懷抱負如光風霽月般明淨坦蕩。襟抱，襟懷抱負。光風霽月，雨過天晴時的明淨景象。常比喻人品高潔、胸襟開闊。光風，雨止日出時的和風。霽月，明月。霽，雨止天晴；明朗。❾喬嶽　亦作「喬岳」。高山。本指泰山，後用作泛稱。《詩．周頌．時邁》：「懷柔百神，及河喬嶽。」毛傳：「喬，高也。高嶽，岱宗也。」

【語　譯】度量胸襟要宏闊，如同海納百川，春育萬物；待人接物要真摯，如同行雲流水，自然純樸；心志節操要坦誠，如同青天白日，光明正大；儀容舉止要端莊，如同丹鳳朝陽，麒麟呈祥；言語論說要明晰，如同敲金戛石，鏗鏘動聽；修身操守要嚴謹，如同美玉寒冰，純潔清白；人品襟懷要高潔，如同光風霽月，明淨坦蕩；氣概抱負要豪邁，如同泰山喬嶽，亘古屹立。

海闊從魚躍，天空任鳥飛❶，非大丈夫不能有此度量；振衣千仞岡❷，濯足萬里流❸，非大丈夫不能有此氣節；珠藏澤自媚，玉韞山含輝❹，非大丈夫不能有此蘊藉❺；月到梧桐上，風來楊柳邊，非大丈夫不能有此襟懷❻。

【注釋】❶海闊從魚躍二句　語本《詩話總龜》前集卷三〇引《古今詩話》：「〔大曆末禪僧元覽〕題詩於竹曰：『大海從魚躍，長空任鳥飛。』」後因以「海闊天空」形容空間廣闊，氣度恢弘。從，任憑；聽憑。空，廣闊；高遠。❷振衣千仞岡　謂在千丈高山上抖去衣衫灰塵。形容志向高遠，氣概豪邁。振衣，抖落衣衫上的灰塵；整理衣著。千仞，常用以形容極高或極深。仞，古代長度單位。據考證，一仞周制八尺，漢制七尺。東漢末五尺六寸。❸濯足萬里流　言在萬里長河中洗腳。形容志向、氣概高遠豪邁。濯足，語出《孟子・離婁上》：「滄浪之水清兮，可以濯我纓；滄浪之水濁兮，可以濯我足。」本謂洗去腳汙。後以比喻清除世塵，保持高潔。文中二意皆有。❹珠藏澤自媚二句　意思是珍珠深埋於水中仍然會明媚，美玉蘊藏在深山依舊有光輝。以此比喻君子應當涵養深厚，懷才不露。媚，豔麗；美好。玉韞，即「韞玉」。把美玉收藏起來。語本《論語・子罕》：「有美玉於斯，韞匵而藏諸？求善賈而沽諸。」後因以「韞匵」、「韞玉」等比喻掩藏才智或懷才待用。韞，藏；蘊藏。❺蘊藉　亦作「蘊籍」。寬厚而有涵養；含蓄而不顯露。❻月到梧桐上三句　意為梧桐樹上明月朗朗，楊柳枝旁清風依依，只有大丈夫才能有這樣的襟懷。案：本句有天人合一、自然瀟灑的涵義，而這需要有很高的修養、境界才能達到，所以說「非大丈夫不能有此襟懷」。襟懷，胸懷；懷抱。

【語　譯】海闊從魚躍，天空任鳥飛，不是大丈夫不能有如此寬廣恢弘的度量；振衣千仞岡，濯足萬里流，不是大丈夫不能有如此豪邁高遠的氣節；珠藏澤自媚，玉韞山含輝，不是大丈夫不能有如此深沉寬厚的涵養；月到梧桐上，風來楊柳邊，不是大丈夫不能有如此瀟灑自然的襟懷。

處草野❶之日，不可將此身看得小❷；居廊廟❸之日，不可將此身看得大。

【注　釋】❶草野　鄉野；民間。與「朝廷」相對。東漢・王充《論衡・書解》：「知屋滿者在宇下，知失政者在草野，知經課者在諸子。」❷不可將此身看得小　不可以小視自己。即不要自暴自棄。與下句「不可將此身看得大」（即不要自命不凡）相對。❸廊廟　王宮中殿下屋和太廟。常以之指朝廷。《國語・越語下》：「謀之廊廟，失之中原，其可乎？王姑勿許也。」

【語　譯】身處草野、鬱鬱不得志時，不要自暴自棄；任職朝廷、高官厚祿時，不可自命不凡。

只一箇俗念頭❶，錯做了一生人；只一雙俗眼睛❷，錯認了一生人。

【注　釋】❶俗念頭　世俗的念頭。指功名富貴、高官厚祿等。文中指一輩子鑽營於此，而沒有做有利於國計民生的事，所以，「錯做了一生人」。❷俗眼睛　淺薄勢利的世俗人的眼睛。即用淺薄勢利的眼光看待一切。

【語　譯】只因為有一個貪圖功名利祿的俗念，結果一生為人處事都錯了；只因為用淺薄勢利的眼光觀人，結果一生沒有分清君子與小人。

【原　注】陳榕門云：語云：凡病皆可醫，惟俗不可醫。正謂此也。

心不妄念❶，身不妄動❷，口不妄言❸，君子所以存誠❹；內不欺己，外不欺人，上不欺天，君子所以慎獨❺。不愧父母，不愧兄弟，不愧妻子，君子所以宜家❻；不負國家，不負生民❼，不負所學，君子所以用世❽。

【注　釋】❶妄念　指不切實際或不正當的念頭。明・王守仁《傳習錄》卷中：「心之本體無起無不起，雖妄念之發，而良知未嘗不在。」❷妄動　輕舉妄動；隨意行動。北宋・周密《齊東野語・誅韓本末》：「任情妄動，自取誅僇。」❸妄言　胡說；謬論。《管子・山至數》：「不通於輕重，謂之妄言。」❹存誠　謂心懷坦誠。語本《易・乾》：「庸言之信，庸行之謹，閑邪存其誠。」孔穎達疏：「言防閑邪惡，當自存其誠實也。」句含此意。❺慎獨　在獨處中仍謹慎不苟。語出《禮記・大學》：「此謂誠於中，形於外，故君子必慎其獨也。」❻宜家　使家庭和睦。語本《詩・周南・桃夭》：「桃之夭夭，灼灼其華。之子于歸，宜其室家。」朱熹《集傳》：「宜者，和順之意。室者，夫婦所居；家，謂一門之內。」後因以「宜室」、「宜家」稱家庭和睦。❼生民　人民。《書・畢命》：「道洽政治，澤潤生民。」句用此意。即為官要做有益於人民的事，不辜負百姓的期望。❽用世　見用於世；為世所用。文中指出任官職，有所作為。

【語　譯】內心不存邪念，行為不輕舉妄動，口中不胡言亂語，君子所以能夠心懷坦誠；不欺騙自己，不欺辱別人，不欺瞞上天，君子故而慎獨不苟；不愧對父母，不愧對兄弟，不愧對妻子兒女，君子由此使家庭和睦；不辜負國家，不辜負百姓，不辜負自己所學，君子因以擔當起社會責任。

以性分❶言，無論父子兄弟，即天地萬物，皆一體耳❷，何物非我？於此信得及❸，則心體廓然❹矣；以外物❺言，無論功名富貴，即四肢百骸❻，亦軀殼耳，何物是我？於此信得及，則世味淡然❼矣。

【注　釋】❶性分　天性；本性。❷天地萬物二句　謂天地萬物都是和諧一致的整體。參見本書〈學問類〉「萬物一體」句及其注釋。一體，謂關係密切或協調一致，猶如一個整體。《儀禮・喪服》：「父子，一體也；夫婦，一體也；昆弟，一體也。」❸信得及　能夠相信。文中有能夠領悟，達到這一境界的意思。得，用在動詞後，表示能夠。❹心體廓然　心胸寬廣；精神宏大。心體，指思想、意念。明・王守仁《傳習錄》卷下：「先生嘗語學者曰：心體上着不得一念留滯，就如眼着不得些子塵沙。」廓然，遠大貌；空曠貌。❺外物　身外之物。多指利欲功名之類。南朝梁・沈約〈述僧中食論〉：「心神所以昏惑，由於外物擾之。擾之大者，其事有三：一則勢利榮名，二則妖妍靡曼，三則甘脂肥濃。」❻百骸　指人的各種骨骼或全身。《莊子・齊物論》：「百骸、九竅、六藏（臟），賅而存焉，吾誰與為親。」成玄英疏：「百骸，百骨節也。」骸，骨。❼世味淡然　謂對功名利祿的欲念淡泊。世味，世俗人情；亦指對功名利祿的欲念。淡然，淡泊；不趨名利。

【語　譯】就本性而言，不用說父子弟兄，就是天地間萬物，都是和諧一致的整體，我與萬物合一，萬物中哪一個不是我？能夠達到這一境界，則心胸、精神自然寬廣宏大；就身外之物而言，別說功名富貴，即便是自己的四肢骨骼，也不過是軀殼罷了，有哪一項是真正的我？真正能夠領悟這些，則對功名利祿的欲念必定淡泊。

有補❶於天地曰功，有關於世教❷曰名，有學問曰富，有廉恥曰貴，是謂功名富貴；無為❸曰道，無欲曰德，無習於鄙陋❹曰文，無近於曖昧❺曰章，是謂道德文章。

【注　釋】❶有補　有所裨益；有助於。❷世教　指當世的正統思想、正統禮教。即孔孟之道、聖賢之訓。三國魏・嵇康〈與山巨源絕交書〉：「又每非湯、武而薄周、孔，在人間不止，此事會顯，世教所不容。」❸無為　道家以清淨虛無、順應自然為「無為」。❹無習於鄙陋　不做庸俗卑鄙的事。習，學習；做。鄙陋，庸俗淺薄；醜惡。❺無近於曖昧　謂遠離曖昧不明的事或人。曖昧，不光明的；不便公之於眾的。

【語　譯】於天地有所裨益的就叫做「功」，有關孔孟之道、聖賢教誨者就稱作「名」，有學問便是「富」，有廉恥謂之「貴」，這些就是「功名富貴」；清淨無為、順應自然叫做「道」，心無所求、安詳寧靜稱作「德」，不做庸俗卑鄙的事便是「文」，遠離曖昧不明的人謂之「章」，這些就是「道德文章」。

困辱❶非憂，取困辱為憂；榮利❷非樂，忘榮利為樂。

【注　釋】❶困辱　困窘和侮辱。《戰國策・秦策三》：「大夫種事越王，主離困窘，悉忠而不解。」❷榮利　功名利祿。《呂氏春秋・用民》：「為民綱紀者何也？欲也，惡也。何欲何惡？欲榮利，惡辱害。」

【語　譯】困窘侮辱不值得憂慮，自取困辱才令人擔憂；功名利祿算不上快樂，忘卻利祿才會有真正的歡樂。

【原　注】自君子觀之，人欲是極苦的，天理是極甜的，小人反是。故從欲則如附羶，從理則若嚼蠟。

熱鬧榮華之境，一過輒❶生淒涼；清真❷冷淡❸之為，歷久愈有意味❹。

【注　釋】❶輒　即；就。❷清真　純真樸素；真實自然。南朝宋・劉義慶《世說新語・賞譽》：「清真寡欲，萬物不能移也。」句含此意。❸冷淡　淡泊清淨。❹意味　意境趣味。

【語　譯】熱鬧喧譁、榮華富貴的境遇，一旦過去，便會產生淒涼之感；真實自然、淡泊清淨的行為，時光越久，越有其意境趣味。

【原　注】潘少白云：至理所在，入其中則樂見。若外飾之事，初見絢然，入其中則索然。真見道之言也。

心志❶要苦，意趣❷要樂，氣度要宏，言動❸要謹。

【注　釋】❶心志　意志；志氣。《孟子・告子下》：「天將降大任於斯人也，必先苦其心志，勞其筋骨，餓其體膚，空乏其身，行拂亂其所為，所以動心忍性，曾益其所不能。」句含此意。❷意趣　意味情趣。❸言動　言行。

【語　譯】人的意志要經受艱難困苦的磨練，情趣要快樂舒暢，氣度要恢弘闊大，言行舉止要謹慎小心。

心術以光明篤實❶為第一，容貌以正大老成❷為第一，言語以簡重真切❸為第一。

【注　釋】❶篤實　純厚樸實；忠誠老實。《易・大畜》：「大畜剛健，篤實輝光，日新其德。」❷正大老成　端莊得體，老成持重。正大，端正不邪；端莊。老成，穩重；規矩。❸簡重真切　簡潔持重，真誠懇切。

【語　譯】內心以光明磊落、純厚樸實為最重要，容貌以端莊得體、穩重規矩為最重要，言語以簡潔持重、真誠懇切為最重要。

【原　注】陳榕門云：三者工夫，原是一串，其效驗亦是一串，絲毫假借不得。

勿吐❶無益身心之語，勿為無益身心之事，勿近無益身心之人，勿入無益身心之境❷，勿展❸無益身心之書。

【注　釋】❶吐　說。❷境　環境。❸展　打開。

【語　譯】不說無益於身心的話，不做無益於身心的事，不接近無益於身心的人，不進入無益於身心的環境，不讀無益於身心的書。

【原　注】田靜持云：凡看理學之書與養生之說，皆有切於日用，有助於性靈，不可作等閒看過。若冗屑書帙，無益性靈，徒損心目，不若閒觀山水之為得也。

此生不學一可惜，此日閒過❶二可惜，此身一敗❷三可惜。

【注　釋】❶此日閒過　指虛度光陰、浪費時間。❷此身一敗　指自己的名聲敗壞於一旦，身敗名裂。

【語　譯】人生有三件事最為可惜：第一是不努力學習，第二是虛度光陰，第三是身敗名裂。

【原　注】少年不努力，老大徒悲傷，良可浩歎。

呂新吾云：只竟夕檢點，今日說得幾句話，關係身心；行得幾件事，有益世道。自慊自愧，自恍然獨覺矣。人能內反至此，決不虛度一生。

呂新吾云：少年要想我現在幹得甚麼事，到頭成箇甚麼人，便有許多恨心，許多愧汗，如何放得自家過？

君子胸中所常體❶，不是人情❷是天理❸；君子口中所常道，不是人倫❹是世教；君子身中所常行，不是規矩❺是準繩❻。

【注　釋】❶體　體會；體察；思考。❷人情　情面；交情；人際交往。❸天理　天道；自然法則。亦指道義、綱常倫理。南宋．朱熹〈答何叔京〉之二八：「天理只是仁、義、禮、智之總名，仁、義、禮、智便是天理之件數。」文中二意皆有。❹人倫　傳統禮教所規定的人與人的關係。常特指尊卑長幼之間的等級關係。❺規矩　規和矩。校正圓形和方形的兩種工具。引申為禮法、法度，或一定的標準、成規。《史記．禮書》：「人道經緯萬端，規矩無所不貫，誘進以仁義，束縛以刑罰。」❻準繩　測定平直的器具。準，測定平面的水準器。繩，量直線的墨線。二者引申為標準、準則。文中與上文所稱具體的、尋常的「規矩」相對，指根本的、終極的原則。

【語　譯】君子心中經常體察的不是世俗人情，而是天理道義；君子口中經常談論的不是人倫私誼，而是聖賢之道；君子日常身體力行的不是具體的、尋常的規矩，而是根本的、終極的準則。

【原　注】且莫論身體力行，只聽隨在聚談間，曾有幾箇說天下國家，身心性命，正經道理？終日嘵嘵剌剌，滿口都是閒談亂語。吾輩試一猛省，士君子在天地間，可否如此度日？一入儒者之門，自當從言規行矩始。

休諉罪於氣化❶，一切責之人事❷；休過望❸於世間，一切求之我身。

【注　釋】❶休諉罪於氣化　意思是不要把過錯罪行歸咎於天道、命運。諉罪，把罪責、過失推給他人。氣化，中國古代哲學術語。指陰陽之氣化生萬物。北宋．張載《正蒙．太和》：「由太虛，有天之名；由氣化，有道之名。」文中泛指自然、天道、命運。❷責之人事　謂應從人的行為中查找原因。責，查找；責備。人事，人之所為；人力所能及之事。《南史．虞寄傳》：「匪獨天時，亦由人事。」❸望　期待；期望。

【語　譯】不要把過錯罪行歸咎於天道、命運，一切都應從人的行為中查找原因；不要過分期盼別人的幫助，一切都應求助於自己的努力。

【原　注】陳榕門云：亟亟於所當盡，而不役役於所不可知也。

自責❶之外，無勝人之術；自強之外，無上人❷之術。

【注　釋】❶自責　自我要求；自我努力。責，要求；期望；求取。❷上人　超過別人；在他人之上。

【語　譯】除了自我努力，沒有戰勝別人的方法；除了奮發圖強，沒有超過別人的技巧。

【原　注】其勝人、上人之本領，正於其自責、自強處見之。

書有未曾經我讀，事無不可對人言❶。

【注　釋】❶事無不可對人言　意思是自己平生所做的事情沒有不可以對別人說的。語本《宋史．司馬光傳》。司馬光曾對人說：「吾無過人者，但生平所為，未嘗有不可對人言者耳。」寓襟懷坦蕩，為人正派之意。

【語　譯】世上的書籍的確有我未曾讀過的，自己的事情卻沒有不可以對別人說的。

【原　注】平生無一事可瞞人，此是大快樂。

閨門之事可傳❶，而後知君子之家法❷矣；近習之人起敬❸，而後知君子之身法❹矣。

【注　釋】❶閨門之事可傳　謂家庭中的私事可以傳揚。寓沒有不可告人的事之意。閨門，宮苑、內室的門。借指宮廷、家庭。文中用後一意。《禮記・樂記》：「在閨門之內，父子兄弟同聽之則莫不和親。」傳，傳揚；流傳；傳播。❷家法　治家的禮法。❸近習之人起敬　意為能夠讓熟悉親近的人產生敬慕之心。近習之人，親近、熟悉的人。近習，親近。起敬，產生敬慕之心；更加恭敬。❹身法　修身之法。文中亦有以身作則的意思。

【語　譯】家庭中的私事可以傳揚，而後可知君子治家嚴謹有方；能夠讓熟悉親近的人產生敬慕之心，由此可知君子修身一絲不苟。

【原　注】其作用處，只是毋不敬。

門內罕聞❶嬉笑怒罵，其家範❷可知；座右徧書名論格言❸，其志趣❹可想。

【注釋】❶罕聞　很少聽到。❷家範　治家的規範、法度、風教。《舊唐書・崔珙傳》：「禮樂二事，以身為文；仁義五常，自成家範。」❸座右偏書名論格言　謂座位的右邊放置著各種典籍名著、格言警句。座右，座位的右邊。古人常把所珍視的書、文、字、畫放置於此。偏，普遍；全部。現多作「遍」。名論，指高明或有名的言論。文中有典籍、名著之意。❹志趣　志向和情趣；意向。

【語譯】家內很少聽到嬉笑怒罵的聲音，便能知道這個家庭的家規、風範；座位的右邊放置著各種典籍名著和格言警句，可以想見這個人的志向情趣。

【原注】朱子云：聖賢之言，常將眼頭過，口頭轉，心頭運。

袁了凡云：凡人居家，几案上須有勸善書，或先賢格言一冊，俾朝夕翻閱。可以收攝身心，擴充善念，獲益不淺，而於教子弟輩，尤為要緊。

程子云：古時之人，自能食、能言而教之。是故大學之法，以豫為先。蓋幼年心性未定，卻以先入之言為主，為父兄師長者，則當以格言至論，日陳於前，與之朝夕而講論之，日復一日，盈耳充腹。久之，義理浹洽浸灌，不知不覺，入於聖賢之路矣。若為之不豫，偏好之見生於內，嗜欲之緣接於外，欲其不染於習俗也，難矣。

愼言動❶於妻子僕隸之間，檢身心❷於食息❸起居之際。

【注　釋】❶愼言動　指謹愼自己的言語行為。言動，言行。《隋書・儒林傳・劉炫》：「整緗素於鳳池，記言動於麟閣。」❷檢身心　謂檢點約束自身。檢，約束；檢點。身心，身體和精神。❸食息　飲食和休息。

【語　譯】與妻子兒女或是僕人隨從相處，也要謹愼一言一行；在飲食起居或日常休息之時，亦當檢點約束自身。

【原　注】陳榕門云：二者皆人所易忽，於此處亦有操持，則無或敢忽。故觀人每於所忽。

語言間儘❶可積德，妻子間亦是修身。

【注　釋】❶儘　完全；就。

【語　譯】與人說話時謙和大度就可以積德，與妻兒相處合乎倫常便是修身。

晝驗❶之妻子，以觀其行之篤❷與否也；夜考❸之夢寐，以卜其志之定與否❹也。

【注　釋】❶驗　檢驗；考查。❷篤　厚道；誠信。❸考　省察；查考。❹卜其志之定與否　意思是推斷她的志向是否堅定不移。卜，推斷；預測。定，堅定。

【語　譯】白天觀察妻子，以判斷她的行為是否厚道誠信；夜晚考查其睡夢，以推斷她的志向是否堅定不移。

欲理會❶七尺❷，先理會方寸❸；欲理會六合❹，先理會一腔❺。

【注　釋】❶理會　瞭解；領悟。文中第二個「理會」，亦有料理、處理之意。❷七尺　指身軀。中國古代成年男子的身長約當古尺六尺或七尺，故常以「六尺」或「七尺」代稱。唐・李頎〈古意〉詩：「賭勝馬蹄下，由來輕七尺。」❸方寸　指心。心處胸中方寸間，故稱。戰國時已有此語。晉・葛洪《抱朴子・嘉遯》：「方寸之心，制之在我，不可放之於流遁也。」❹六合　天地四方；整個宇宙。《莊子・齊物論》：「六合之外，聖人存而不論；六合之內，聖人論而不議。」亦指天下、人世間。唐・李白〈古風〉之三：「秦王掃六合，虎視何雄哉！」文中二意皆有。❺一腔　指一身。即自身。

【語　譯】要瞭解一個人，首先要瞭解他的心；想領悟宇宙、天下之事，先要知道自身。

世人以七尺為性命❶，君子以性命為七尺。

【注　釋】❶性命　主要指生命，含有至高無上之意。下句之「性命」指萬物的天賦和稟受。是中國古代哲學名詞。《易・乾》：「乾道變化，各正性命。」孔穎達疏：「性者，天生之質，若剛柔遲速之別；命者，人所稟受，若貴賤夭壽之屬也。」朱熹《本義》：「物所受為性，天所賦為命。」宋明以來理學家專意研究性命之學，因而也以指理學。

【語　譯】世俗之人只知道珍惜自身，把血肉之軀看成至高無上；君子則注重倫理德行，視其為自己的生命。

氣象❶要高曠❷，不可疏狂❸；心思要縝密❹，不可瑣屑❺；趣味❻要沖淡❼，不可枯寂❽；操守❾要嚴明❿，不可激烈⓫。

【注　釋】❶氣象　指人的氣度、氣概。《新唐書・王丘傳》：「〔王丘〕氣象清古，行脩絜，於詞賦尤高。」❷高曠　豁達開朗。清・王士禎《池北偶談・談藝一二》載：「嘗在京師，夜與友人談華山之勝。晨起，即襆被往游，其高曠如此。」❸疏狂　亦作「疎狂」、「踈狂」。豪放、狂妄，不受拘束。唐・白居易〈代書詩寄微之〉：「疏狂屬年少，閑散為官卑。」❹縝密　細致；周密；謹慎。《南史・孔休源傳》：「累居顯職，性縝密，未嘗言禁中事。」❺瑣屑　煩瑣；細碎；卑微。❻趣味　情趣；意旨。南宋・葉適〈水心題跋・跋劉克遜詩〉：「怪偉伏平易之中，趣味在言語之外。」❼沖淡　謂人的胸懷沖和淡泊。《晉書・杜夷傳》：「夷清虛沖淡，與俗異軌。」沖，謙和；淡，淡泊。❽枯寂　枯燥乏味；無趣。❾操守　平素的品行志節。《新唐書・裴度傳》：「度退然纔中人，而神觀邁爽，操守堅正。」❿嚴明　嚴格明確。⓫激烈偏激；急進。謂言論、行為等超過一定的限度。激，偏激。《荀子・不苟》：「辯而不爭，察而不激。」

【語　譯】氣度要豁達開朗，但不可狂妄不拘；心思要周密謹慎，但不可瑣屑細碎；情趣要謙和淡泊，但不可枯乏無趣；品行志節要嚴明高遠，但不可偏激急進。

聰明者戒❶太察❷，剛強者戒太暴❸，溫良❹者戒無斷❺。

【注　釋】❶戒　防備；去除。《論語・季氏》：「孔子曰：『君子有三戒。少之時，血氣未定，戒之在色；及其壯也，血氣方剛，戒之在鬥；及其老也，血氣既衰，戒之在得。』」❷察　清高。《大戴禮記・子張問入官》：「水至清則無魚，人至察則無徒。」文中亦可作「苛察、苛求」解。《呂氏春秋・貴公》：「處大官者，不欲小察。」高誘注：「察，苛也。」❸暴　急躁；蠻橫。❹溫良　溫和善良。❺無斷　優柔寡斷。

【語　譯】聰明的人要防止過分清高、明察秋毫，剛強的人要防止過分急躁、剛烈蠻橫，溫良的人要防止遇事優柔不定、沒有決斷。

【原　注】古人云：當斷不斷，反受其亂。

勿施小惠❶傷大體❷，毋借公道❸遂私情❹。

【注　釋】❶施小惠　謂施捨微小的恩惠。施，施捨。小惠，微小的恩惠。《論語・衛靈公》：「群居終日，言不及義，好行小惠，難矣哉。」有些注《論語》者認為：小惠，小聰明。若按此，前半句也可解釋為「不要因為耍小聰明而傷害立身行事的根本」。❷傷大體　指損害立身行事的根本義理。傷，損害。大體，重要的義理；有關大局的道理。❸公道　公正的道理。《管子・明法》：「是故官之失其治也，是主以譽為賞，以毀為罰也。然則喜賞惡罰之人，離公道而行私術也。」❹遂私情　培植私人間的情誼或情感；滿足私人意願。遂，培植；滿足；順從。私情，私人間的情誼或情感；私人意願。《管子・八觀》：「私情行而公法毀。」

【語　譯】不要因為施捨微小的恩惠而損害立身行事的根本義理，不要假借公正的道理來滿足私人的情意。

以情恕❶人，以理❷律己❸。

【注　釋】❶恕　寬宥；原諒；推己及人。西漢・賈誼《新書・道術》：「以己度人謂之恕；反恕為荒。」❷理　指天道、綱常倫理等立身行事的根本道理。❸律己　約束自己。律，約束；要求。

【語　譯】以情感、常情寬恕別人，以天道、倫常約束白己。

以恕己❶之心恕人，則全交❷；以責❸人之心責己，則寡過❹。

【注釋】❶恕己　寬宥自己。《楚辭・離騷》：「羌內恕己以量人兮，各興心而嫉妒。」❷全交　與所有的人交往。❸責　要求；期望。❹寡過　少犯錯誤。北宋・蘇軾〈擬進士對御試策〉：「苟無知人之明，則循規蹈矩繩墨，以求寡過。」過，過失；錯誤。

【語譯】以寬宥自己的心去寬宥他人，則可以與所有的人交往；以要求、期望他人的準則來要求自己，則少犯錯誤。

力有所不能，聖人不以無可奈何者責人；心有所當盡，聖人不以無可奈何者自諉❶。

【注釋】❶自諉　推卸自己的責任；為自己開脫。諉，推託；推委。

【語譯】盡力去做，但總有做不到的地方，聖人不會因為這種無可奈何的狀況責備他人；應當盡心而未能盡心做得更好，聖人不會以無可奈何作為託辭，推委自己的責任。

【原注】陳榕門云：此即躬自厚而薄責於人也。人每相反出之，故終其身，惟見人之不如己意，不見己之不如人意。

張子所云：以責人之心責己，以恕己之心恕人，則盡道矣。

眾惡必察❶，眾好必察，易；自惡必察，自好必察，難。

【注　釋】❶必察　都覺察；都能瞭解清楚。必，通「畢」。盡；都。《戰國策・秦策四》：「齊王入朝，四國必從。」察，覺察；知道；明辨。西漢・賈誼《新書・道本》：「纖微皆審謂之察。」

【語　譯】眾人的缺陷優點很容易全都瞭解清楚，自己的缺點長處則難以完全覺察到。

【原　注】陳榕門云：察於眾好、眾惡者，不肯輕信人言；察於自好、自惡者，不肯偏執己見。二者合，而好惡乃得其真矣。

見人不是，諸惡之根；見己不是，萬善之門❶。

【注　釋】❶門　事物的起點；關鍵。《易・繫辭下》：「乾坤，其《易》之門邪。」孔穎達疏：「《易》之變化，從乾坤而起，猶人之興動從門而出，故乾坤是《易》之門邪。」

【語　譯】只看到別人的缺點，這是萬惡之所以產生的根源；能明察自己的不足，這是實行各種善舉的起點與關鍵。

【原　注】唐荊川與弟書云：居常但見人過，不見己過，此學者公共病痛，亦學者切骨病痛。自後讀書做人，須要刻刻檢點自家病痛。蓋所惡於人許多病痛處，若真知反己，則色色有之也。

不為過❶三字，昧卻❷多少良心；沒奈何❸三字，抹卻❹多少體面❺。

【注釋】❶不為過　不是過失；算不上缺點錯誤。❷昧卻　喪失；埋沒。❸沒奈何　無可奈何；沒有辦法；不得已。❹抹卻　塗掉；除去。❺體面　聲望；名譽。

【語譯】不知有多少人以「不為過」這三個字埋沒了自己的良心；不知有多少人以「沒奈何」這三個字塗髒了自己的名聲。

【原注】四語義味無窮，非老於世務者不知。

品詣❶常看勝如我者，則愧恥自增；享用常看不如我者，則怨尤❷自泯❸。

【注釋】❶品詣　品行、品德及學術造詣。❷怨尤　埋怨責怪。《呂氏春秋・誣徒》：「人之情，惡異於己者，此師徒相與造怨尤也。」❸泯　消失；消除。《詩・大雅・桑柔》：「亂生不夷，靡國不泯。」

【語譯】學業、品德要經常與超過自己的人相比較，自然會增添慚愧羞恥之心；生活、享受要經常與不如自己的人相比較，自然會減少抱怨責怪之心。

家坐無聊，亦念食力擔夫❶，紅塵❷赤日；官階不達，尚有高才秀士❸，白首青衿❹。

【注　釋】❶食力擔夫　以出賣勞力為生的挑夫苦力。食力，靠勞動生活。《國語・晉語四》：「庶人食力。」也指靠勞動生活的人。❷紅塵　車馬奔馳揚起的飛塵。東漢・班固〈西都賦〉：「紅塵四合，煙雲相連。」文中有風塵僕僕的意思。❸秀士　德行才藝出眾的人。《禮記・王制》：「命鄉論秀士，升之司徒，曰選士。」鄭玄注：「秀士，鄉大夫所考，有德行道藝者。」❹青衿　亦作「青襟」。青色交領的長衫。古代學子和明清時期秀才的常服。語出《詩・鄭風・子衿》：「青青子衿，悠悠我心。」毛傳：「青衿，青領也。學子之所服。」因以借指讀書人。

【語　譯】在家閒坐無聊，不妨想想那些靠出賣勞力為生的挑夫苦力，正頂頂烈日，風塵僕僕地勞作；抱怨升官太慢，不能飛黃騰達，應當看到眾多德行才藝傑出的讀書人，直到鬚髮斑白，仍然只是青衿秀才。

【原　注】退一步想大有味，惟知足者能之。先輩云：欲除煩惱先忘我，各有因緣莫羨人。真得自在之樂。

將❶啼飢❷者比，則得飽自樂❸；將號寒❹者比，則得煖自樂；將勞役者比，則優閒自樂；將疾病者比，則康健自樂；將禍患者比，則平安自樂；將死亡者比，則生存自樂。

【注　釋】❶將　與。介詞。❷啼飢　因飢餓無食而哭泣。❸自樂　自得其樂；自己感到滿意、舒適。❹號寒　因寒冷無衣而號哭。啼飢號寒，形容貧困之極。語出唐・韓愈〈進學解〉：「冬暖而兒號寒，年豐而妻啼飢。」

【語　譯】與飢餓無食而哭泣的人相比，能夠吃飽就應當感到快樂滿足；與寒冷無衣而號哭的人相比，能夠穿暖就應當感到快樂滿足；與整天勞作的人相比，能有閒暇就應當感到快樂滿足；與罹患疾病的人相比，身體健康就應當感到快樂滿足；與遭遇災禍的人相比，平安無事就應當感到快樂滿足；與已經去世的人相比，能夠生存就應當感到快樂滿足。

【原　注】此養心自在法門也。

常思終天抱恨❶，自不得不盡孝心；常思度日❷艱難，自不得不節費用；常思人命脆薄，自不得不惜精神❸；常思世態炎涼，自不得不奮❹志氣；常思法網難漏，自不得不戒非為❺；常思身命易傾❻，自不得不存善念。

【注　釋】❶終天抱恨　終身心懷悔恨。終天，終身。一般用於死喪永別等不幸的時候。也指久遠，謂如天之久遠無窮。晉・潘安仁「今奈何兮一舉，邈終天兮不返」。抱恨，心中存有悔恨之事。案：本句隱含中國傳統文化中一再強調的「祭而豐不如養之厚，悔之晚何若謹於前」以及「愛日以承歡，莫待丁蘭刻木祀；椎牛而祭墓，不如雞豚逮親存」等孝道精神，意思是與其父母去世後予以豐盛的祭祀，不如當他們健在時盡心侍奉；與其當子孫欲贍養而雙親已經不在時，才追悔莫及，哪能比得上恭敬孝順於生前。❷度日　過日子。❸惜精神　珍惜、保養自己的精氣、元神。惜，愛惜；珍惜。精神，指人的精氣、元神。相對於形骸而言。《呂氏春秋・盡數》：「聖人察陰陽之宜，辨萬物之利，以便生。故精神安乎形，而年壽得長焉。」句含此意。❹奮　發揚；振奮。《詩・大雅・常武》：「王奮厥武，如震如怒。」❺非為　邪惡的行為；不合道德倫理的事情。❻身命易傾　謂生命脆弱、榮耀易覆。身命，指生命。《漢書・鄭崇傳》：「臣願以身命當國咎。」也指身分。唐・韓愈〈贈族侄〉詩：「歲時易遷次，身命多厄窮。」文中二意兼有。易傾，容易傾覆；容易崩塌。比喻生命或榮耀的脆弱易失。

【語　譯】經常想到一旦雙親逝去、無法贍養將遺恨終生時，就應當在父母生前盡心孝敬；經常想到生活的艱難，就不得不儉省費用；經常想到生命的脆弱，就不得不珍惜精氣、元神；經常想到人情冷暖、世態炎涼，就不得不發憤自強；經常想到天網恢恢、疏而不漏，就不得不戒除警惕邪惡的行為；經常想到人生易老、榮耀易覆，就不得不保持良善的心念與行為。

以媚字奉親❶，以淡字交友❷，以苟字省費❸，以拙字免勞❹，以聾字止謗❺，以盲字遠色❻，以吝字防口❼，以病字醫淫❽，以貪字讀書❾，以疑字窮理❿，以刻字責己⓫，以迂字守禮⓬，以狠字立志⓭，以傲字植骨⓮，以癡字救貧⓯，以空字解憂⓰，以弱字御侮⓱，以悔字改過⓲，以懶字抑奔競風⓳，以惰字屏塵俗事⓴。

【注釋】❶以媚字奉親　謂以逢迎取悅的方式奉養雙親。媚，逢迎取悅；討好。《孟子・盡心下》：「閹然媚於世也者，是鄉原也。」奉親，贍養父母；侍奉雙親。奉，供養；侍奉。❷以淡字交友　言以淡泊為交友之道。即君子之交淡如水。淡，淡泊；閒適。《莊子・應帝王》：「汝游心於淡，合氣於漠，順物自然而無容私焉，而天下治焉。」❸以苟字省費　言生活隨意簡便以節省費用。苟，隨便；馬虎；敷衍了事。❹以拙字免勞　謂行為質樸自然，以減免勞苦。拙，笨拙；遲鈍；質樸自然。《老子》：「大直若屈，大巧若拙，大辯若訥。」❺以聾字止謗　意為以裝聾作啞的方式止息誹謗。❻以盲字遠色　謂以視而不見的辦法遠離女色。❼以吝字防口　意思是處處謹言慎語以防止禍從口出。吝，吝嗇（言語）。即少言寡語，說話謹慎。防口，制止批評。語出《國語・周語上》：「防民之口，甚於防川。」本句意思是防止禍從口出。即自我克制。❽以病字醫淫　意思是以恐懼感染疾病之心醫治淫欲。❾以貪字讀書　言以貪得無厭的方式讀書。❿以疑字窮理　謂以質疑的態度探求事理。疑，質疑；有疑問。窮理，深入探究天地萬物之理。語出《易・說卦》：「窮理盡性，以至於命。」孔穎達疏：「窮極萬物深妙之理，究盡生靈所稟之性。」

窮，徹底推究；深入鑽研。⓫以刻字責己　意思是以苛刻的準則嚴格要求自己。刻，嚴格要求。《韓非子．安危》：「人主不自刻以堯，而責人臣以子胥，是幸殷人之盡如比干。」責，要求；期望。《論語．衛靈公》：「躬自厚，而薄責於人，則遠怨矣。」何晏《集解》引孔安國曰：「責己厚，責人薄，所以遠怨咎。」⓬以迂字守禮　意思是以固執不變的方法堅守禮儀。迂，迂腐執著，拘泥於舊準則，不知變通。本文用作褒義，指堅守禮儀規範，毫不更改。⓭以狠字立志　謂以頑強執拗之心樹立志向。狠，指頑強、極大的決心。也通「很」。⓮以傲字植骨　言以傲岸之氣培植風骨。傲，傲岸；高傲；輕視世人。植，培養；培育。骨，風骨；氣質。⓯以癡字救貧　謂以沉迷愛憐之情救助窮人。癡，迷戀；沉迷。⓰以空字解憂　意思是以萬物皆空的心態排遣憂愁。空，佛教語。謂萬物從因緣生，沒有固定，虛幻不實。《維摩經．入不二法門品》：「色即是空，非色滅空，色性自空。」⓱以弱字御侮　意為以柔弱居下的態度抵禦侮辱。弱，柔弱；自居其下。含不爭競、不露鋒芒之意。《列子．湯問》：「柔心而弱骨，不驕不忌。」⓲以悔字改過　言以悔恨之心改正錯誤。悔，悔恨；引以為憾。⓳以懶字抑奔競風　意思是以慵懶抵制爭名奪利的風氣。懶，怠惰；沒有興趣。抑，遏止；克制。奔競風，追逐名利的風氣。奔競，奔走競爭。多指對名利的追求。晉．干寶《晉紀總論》：「悠悠風塵，皆奔競之士；列官千百，無讓賢之舉。」⓴以惰字屏塵俗事　謂以懈怠摒棄世俗瑣事的干擾。惰，懈怠；懶惰。屏，摒棄；放逐。《論語．堯曰》：「尊五美，屏四惡，斯可以從政矣。」塵俗事，塵俗之事；煩瑣庸俗之事。

案：本節中用作處世方式的二十個詞，如「媚」、「苟」、「吝」、「貪」、「懶」、「傲」等，在中文中多半含有貶義，但作者把它們用作特定的事件下的特定行為，便化貶損為高明。當然，這是在中國傳統文化背景中的運用，不具有普世的意義。如歐洲人主張競爭，就不一定能夠理解為什麼不是努力奮鬥、頑強抵抗，而要「以弱字御侮」。

【語　譯】以逢迎取悅的方式奉養雙親，以淡泊如水的形式作接交朋友，生活隨意簡便以節省費用，行為質樸自然以減免勞苦，以裝聾作啞的方式止息誹謗，以視而不見的辦法遠離女色，處處謹言慎語防止禍從口出，以恐懼染病之心醫治淫欲，以貪得無厭的方式讀書問道，以質疑的態度探求事理，以苛刻的準則嚴格要求自己，以固執不變的方法堅守禮儀，以頑強執拗之心樹立志向，以傲岸自負之氣培植風骨，以沉迷愛憐之情救助窮人，以萬物皆空的心態排遣憂愁，以柔弱居下之態抵禦侮辱，以後悔痛恨之心改正錯誤，以慵懶抵制爭名奪利的風氣，以怠惰摒棄世俗瑣事的干擾。

【原　注】此二十字，皆人所深惡之者。今乃假鴆毒為參朮，變臭壞為金丹，直覺老大受用，討盡便宜。

對失意❶人，莫談得意事；處得意日❷，莫忘失意時。

【注　釋】❶失意　不遂心；不得志。❷處得意日　謂身處春風得意之時。得意，事事順遂；稱心如意。處，居於；處在。

【語　譯】在失意人的面前，不要談論得意、成功的事情；諸事順遂春風得意時，不要忘記還會有傷心失意的時候。

貧賤是苦境，能善處者自樂❶；富貴是樂境，不善處者更苦。

【注　釋】❶能善處者自樂　謂能夠正確認識並妥善安排的人，則自得其樂。善，妥善；善於；正確。《左傳・成公二年》：「無德以及遠方，莫如惠恤其民而善用之。」自樂，自得其樂；自有其快樂之處。

【語　譯】貧賤是困苦的境遇，能夠正確認識並妥善安排的人，則自有其快樂之處；富貴是快樂所在，不能正確對待，則樂中生悲，比貧賤者更苦。

恩裡由來生害❶，故快意❷時須蚤❸回頭；敗後或反成功，故拂心❹處莫便放手。

【注　釋】❶恩裡由來生害　意思是從恩寵中得來的東西往往生出禍害。由來，自某處而來；來由。❷快意　稱心如意；心情爽快舒適。《史記・李斯列傳》：「快意當前，適觀而已矣。」❸蚤　通「早」。指時間在先的。與「遲」相對。❹拂心　違逆心意；不順心。拂，逆；違背。

【語　譯】從恩寵中得來的東西往往生出禍害，所以春風得意、飛黃騰達時必須及早回頭；失敗是成功之母，故而遭受挫折、違逆心意的時候不要立即放棄努力。

深沉厚重❶，是第一等資質❷；磊落雄豪❸，是第二等資質；聰明才辯❹，是第三等資質。

【注　釋】❶厚重　敦厚持重。東漢・荀悅《漢紀・高祖紀》：「周勃厚重少文，然安劉氏者，必勃也。」❷資質　稟性；質素。《漢書・梅福傳》：「故京兆尹天章資質忠直，敢面引廷爭。」❸磊落雄豪　襟懷坦蕩，豪邁雄壯。磊落，亦作「礧落」、「磊犖」。形容胸懷坦蕩。東漢・阮瑀〈箏賦〉：「慷慨磊落，卓礫盤紆，壯士之節也。」雄豪，亦作「豪雄」。豪邁雄壯。北周・王褒〈關山篇〉：「好勇自秦中，意氣多豪雄。」❹才辯　亦作「才辨」。才智機辯。《後漢書・列女傳・蔡琰》：「〔琰〕博學有才辯，又妙與音律。」

【語　譯】老成持重、敦厚忠誠，是第一等的資質；襟懷坦蕩、豪邁雄壯，是第二等的資質；聰穎明慧、才智機辯，是第三等的資質。

上士忘名❶，中士❷立名❸，下士❹竊名❺。

【注　釋】❶上士忘名　意思是道德高尚的人不慕聲譽。上士，道德高尚的人。《老子》：「上士聞道，勤而行之。」忘名，不慕聲譽；置名聲於度外。❷中士　中等德行的人。《老子》：「中士聞道，若存若亡。」亦指一般的士人、平凡的士人。❸立名　樹立名聲。《史記・伯夷列傳》：「閭巷之人，欲砥行立名者，非附青雲之士，惡能施於後世哉？」❹下士　才德差的人。《老子》：「下士聞道，大笑之。」❺竊名　以不正當的手段獲得名聲。《逸周書・官人》：「規諫而不類，道行而不平，曰竊名者也。」

【語　譯】道德高尚的人置名聲於度外，中等德行的人力求樹立名聲，卑鄙小人則以不正當的手段竊取名聲。

【原　注】忘名者，體道合德，享鬼神之福佑，非所以求名也；立名者，修身慎行，懼性氏之湮沒，非所以攘名也；竊名者，厚貌深情，千浮華之虛稱，非所以得名也。

上士閉心❶，中士閉口❷，下士閉門❸。

【注　釋】❶閉心　謂思想、心靈自守甚嚴，無求於外。《楚辭・九章・橘頌》：「閉心自慎，終不失過兮。」王逸注：「言己閉心捐欲，勑慎自守，終不敢有過失兮。」❷閉口　沉默；緘默。《史記・張儀列傳》：「楚王曰：『願陳子閉口毋復言，以待寡人得地。』」❸閉門　閉門不出，以免招惹禍患。

【語　譯】道德高尚的人心無雜念，無需刻意防備；中等德行的人沉默不語，以求潔身自保；才德差的人閉門不出，避免招災惹禍。

好訐人者身必危，自甘為愚，適成其保身之智❶；好自誇者人多笑，自舞其智，適見其欺人之愚❷。

【注　釋】❶好訐人者身必危三句　意思是喜好揭發攻擊他人隱私、過錯的人，必然給自己招來災禍，裝愚守拙，恰是能夠保全自身的智慧。訐，揭發他人的隱私；攻擊他人的過錯或短處。自甘為愚，裝愚守拙；甘願裝傻。甘，情願；樂趣。《詩・齊風・雞鳴》：「蟲飛薨薨，甘與子同夢。」適，恰好；正好。副詞。成，成為；形成。動詞。❷好自誇者人多笑三句　言喜歡自我誇耀的人常會遭到別人的譏諷嘲笑，到處炫耀智慧才能，正好顯現出自欺欺人的愚陋無知。自舞其智，炫耀自己的智慧才能；自逞其能。舞，擺弄；做。文中有炫耀、張揚之意。見，「現」的古字。顯現；顯露。《易・乾》：「九二，見龍在田。」高亨注：「是即今之現字，出現也，對上文潛字而言。」欺人，矇騙他人。欺，欺騙；矇騙。《論語・子罕》：「吾誰欺？欺天乎？」

【語　譯】喜好揭發攻擊他人隱私、過錯的人，必然給自己招來災禍，裝愚守拙，恰恰成為保全自身的智慧；喜歡自我誇耀的人常會遭到別人的譏諷嘲笑，到處炫耀自己的智慧才能，正好顯露出自欺欺人的愚陋無知。

閒暇出於精勤❶，恬適❷出於祇懼❸，無思出於能慮❹，大膽出於小心❺。

【注　釋】❶精勤　專心勤勉。《後漢書・馮勤傳》：「以圖議軍糧，在事精勤，遂見親識。」❷恬適　恬靜安適。❸祇懼　敬慎戒懼；小心謹慎。《書・泰誓上》：「予小子夙夜祇懼。」祇，敬。❹無思出於能慮　言沒有哀愁出自於能夠周密思考。思，悲傷；哀愁。《禮記・樂記》：「亡國之音哀以思，其民困。」❺大膽出於小心　意思是行事膽大出自於謹慎小心。小心，謹慎；留神。

【語　譯】閒暇輕鬆從專心勤勉中得來，恬靜安適從敬慎戒懼中得來，沒有憂愁是因為能夠周密思考，行事膽大出自於謹慎小心。

平康之中，有險阻焉❶；衽席之內，有鴆毒焉❷；衣食之間，有禍敗焉❸。

【注　釋】❶平康之中二句　謂平安康泰之中隱藏著艱難困苦。平康，平安。《書・洪範》：「平康正直，彊弗友剛克，燮友柔克。」孔傳：「世平安用正直治之。」另一說，平康指中正平和，不剛不柔。險阻，本意是險要阻塞之地，常以之比喻艱難困苦。《左傳・僖公二十八年》：「晉侯在外十九年，而得晉國，險阻艱難，備嘗之矣。」❷衽席之內二句　意思是太平安樂之內隱藏著危險禍害。衽席，亦作「袵席」。床褥和莞簟（蒲席與竹席）。借指太平安樂的生活。《大戴禮記・主言》：「是故明主之守也，必折衝乎千里之外；其征也，衽席之上還師。」衽，臥席。指床褥。鴆毒，毒酒；毒藥。引申為毒害、危險。❸衣食之間二句　意為日常衣食之間隱藏著災難失敗。衣食，衣服和食物。泛指基本生活所需。禍敗，災禍與失敗。《國語・晉語八》：「民志不厭，禍敗無已。」案：《莊子・達生》：「人之所取畏者，衽席之上，飲食之間；而不知為之戒者，過也。」本則即用此意。也即「福兮禍所依」。

【語　譯】平安康泰之中隱藏著艱難困苦，太平安樂裡面潛伏著危險禍害，日常衣食之間包含著災難失敗。

【原　注】禍患之伏，不在於經意處，正在於大意處。明哲之士，只在意外做工夫，故每萬全而無弊。

居安慮危❶，處治思亂❷。

【注　釋】❶居安慮危　同「居安思危」。謂處於安寧平和的環境中，要想到可能出現的禍患危險。《新唐書・楊虞卿傳》：「自古天子居安思危之心同，而居安慮危之心異，故不得皆為聖明也。」❷處治思亂　意思是身處太平盛世應當考慮到或許會有的動盪亂世。治，指政治清明，社會安定。與「亂」相對。《易・繫辭下》：「君子安而不忘危，存而不忘亡，治而不忘亂。」句含此意。

【語　譯】身處安寧平和的環境中，要想到可能出現的禍患危險；生活於太平盛世應當考慮到或許會有的動盪亂世。

【原　注】錢志騶〈君子懷刑題文開講〉云：凡自恕之人，皆日蹈於刑而不知憂，日幸免於刑而不知愧。又收束二小比，人方有欲自肆，幾疑朝夕補救之迂，而孰知惟此制心之可保；人至無地自容，始悟名教從容之樂，而豈若先乎慮患之為安。

學問有得之語，當從戰兢惕厲中來，真有功世道之文也。

天下之勢，以漸而成❶；天下之事，以積而固❷。

【注釋】❶天下之勢二句　謂天下各種力量消亡增長的態勢都是逐漸形成的。勢，形勢；態勢。以，憑藉；由於。表示動作行為的前提或憑藉。猶言根據、憑。❷天下之事二句　天下任何事情的成敗得失都是日積月累而確立的。固，穩定；鞏固。

【語譯】天下各種力量的消長態勢都是逐漸形成的，天下任何事情的成敗得失都是日積月累而確立的。

【原注】自古天下、國家、身之敗亡，不出積漸二字。積之微，漸之始，可為寒心哉。是以君子重小損，矜細行，防微蔽。

呂新吾云：人情之所易忽者，莫如漸；天下之大可畏者，亦莫如漸。周鄭交質，若出於驟然，天子雖孱懦甚，亦必有恚心；諸侯雖豪橫極，豈敢萌此念。迨積漸所成，其流不覺至是。故步視千里為遠，前步視後步為近，千里者，步步之積也。是以驟者舉世所驚，漸者聖人獨懼。明以燭之，堅以守之，毫髮不以假借，此慎漸之道也。

禍到休愁（徒愁何益），也要會救（救得一分是一分）；福來休喜，也要會受❶（空喜則福可為災；能受則福且未艾）。

【注釋】❶會受　會不會承受；能不能承受。受，接受；承受。

【語譯】遇到禍患時不必擔憂，要看會不會挽救；福分到來時不必歡喜，要看能不能承受。

天欲禍人，先以微福驕之❶；天欲福人，先以微禍儆之❷。

【注釋】❶天欲禍人二句　意思是上天想要降禍於人，必定會先給一點微小的福分讓他得意忘形。禍人，害人；使人受禍。驕之，使人驕縱；使人得意忘形。❷天欲福人二句　意為上天想賜福於人，必定會先給一點微小的災難以警告他。福人，賜福於人；使人得到福分。儆之，警告他。儆，警戒；警告。

【語譯】上天想要降禍於人，必定會先給一點微小的福分讓他得意忘形；上天想要賜福於人，必定會先給一點微小的災難以警告他。

傲慢之人驟得通顯，天將重刑之也❶；疏放之人艱於進取，天將曲赦之也❷。

【注　釋】❶傲慢之人驟得通顯二句　意為驕傲怠慢的人，突然獲得高官大名，上天必將對他嚴加處罰。傲慢，驕傲怠慢。驟，突然。通顯，通達顯貴。謂官位高，名聲大。《後漢書・應劭傳》：「自是諸子宦學，並有才名，至瑒七世通顯。」重刑，嚴加懲罰；重重地處罰。刑，懲罰；處罰。動詞。❷疏放之人艱於進取二句　意思是放達不羈的人，不容易建功立業，上天將會寬恕赦免他。疏放，亦作「踈放」。放縱；疏忽；放達不羈。艱，困難；不容易。進取，努力上進；立志有所作為。《論語・子路》：「狂者進取，狷者有所不為也。」曲赦，猶特赦。特別赦免；特予免除；寬恕。

【語　譯】驕傲怠慢的人，突然獲得高官大名，上天必將對他嚴加處罰；放達不羈的人，不容易建功立業，上天將會寬恕赦免他。

小人亦有坦蕩蕩處，無忌憚是已❶；君子亦有長戚戚處，終身之憂是已❷。

【注　釋】❶小人亦有坦蕩蕩處二句　意思是卑鄙小人也有「坦蕩蕩」的方面，那就是他肆無忌憚地作惡犯罪。坦蕩蕩，語出《論語・述而》：「君子坦蕩蕩，小人長戚戚。」何晏《集解》引鄭玄曰：「坦蕩蕩，寬廣貌。」後以「坦蕩」、「坦蕩蕩」形容胸襟開朗，心地純潔。本句反用其意，強調小人肆無忌憚地作惡，而沒有任何道德良心的約束。忌憚，顧慮畏懼。《禮記・中庸》：「君子之中庸也，君子而時中；小人之中庸也，小人而無忌憚也。」❷君子亦有長戚戚處二句　謂正人君子也有「長戚戚」的方面，那就是他終身的憂國憂民之心。長戚戚，長久的憂愁悲哀。戚戚，憂懼貌；憂傷貌。語出《論語・述而》。何晏《集解》引鄭玄曰：「長戚戚，多憂懼。」本句反用其意。突出君子悲天憫人、憂國憂民的博大情懷終身不變。戚，憂愁；悲傷。《詩・小雅・小明》：「心之憂矣，自詒伊戚。」

【語　譯】卑鄙小人也有「坦蕩蕩」的方面，那就是他肆無忌憚地做作惡犯罪；正人君子也有「長戚戚」的方面，那就是他終身的憂國憂民之心。

【原　注】陳榕門云：迹相似而實不相同，人禽之分在此。

水，君子也。其性沖，其質白，其味淡❶。其為用也，可以澣❷不潔者而使潔，即沸湯中投以油，亦自分別而不相混，誠❸哉君子也。油，小人也。其性滑，其質膩，其味濃❹。其為用也，可以污❺潔者而使不潔，倘❻滾油中投以水，必至激搏❼而不相容，誠哉小人也。

【注　釋】❶水君子也五句　謂君子如同水。水的性情平和，質地透明，味道清淡。沖，亦作「冲」。淡泊；謙和。《梁書・王僧辯傳》：「居高能降，處貴思沖。」作者以此強調君子如水，看似平和透明，沒有任何特殊之處。但在貪婪鑽營盛行的俗世中，卻顯出了水與油永不相混、出淤泥而不染的風骨氣節。❷澣　「浣」的異體字。洗滌。《詩・周南・葛覃》：「薄汙我私，薄澣我衣。」❸誠　真實；確實。《孟子・梁惠王上》：「挾太山以超北海，語人曰：『我不能。』是誠不能也。」❹油小人也五句　意思是小人就像油一樣。油的性情浮滑，質地膩人，滋味濃厚。作者以之比喻小人貌似熱情、實際奸猾無恥的品格。並強調如同油與水永不相混一樣，君子與小人也永遠合不到一起。❺污　弄髒；汙染。❻倘　假如；如果。❼激搏　亦作「激薄」。接觸；撞擊。東漢・王充《論衡・龍虛》：「太陽火也，雲雨水也，水火激薄，則鳴而為雷。」

【語　譯】水就像君子。水的性情平和，本質潔白，味清淡。水的用處是可以洗滌汙穢的東西，使之清潔；即使在沸水中倒入油，水、油依然二分，絕不混淆。水確實是君子。油就像小人。油的性情浮滑，質地膩人，滋味濃厚。油的用處是汙染原本清潔的東西，使其汙濁；如果在滾燙的油中加入水，必然彼此搏擊而不相容。油的確是小人。

【原　注】形容盡致，推勘入微。明此，可以立身，可以觀人。

凡陽必剛❶，剛必明，明則易知；凡陰必柔❷，柔必暗，暗則難測。

【注　釋】❶凡陽必剛　謂凡是陽性的事物必定剛正。陽，本意是太陽、向陽的一面，轉意為正面、外面、光明、顯露、剛強、男性等等。❷凡陰必柔　意為凡是陰性的事物必定柔弱。陰，本意是不見陽光的地方，轉意為背面、陰影、幽暗、陰險、柔弱、女性等等。

【語　譯】凡是陽性的事物必定剛正，剛正必然光明，光明則容易知曉；凡是陰性的事物必定柔弱，柔弱必定幽暗，幽暗則難以預測。

【原　注】人心寬平則光明，狹險則幽暗，君子小人相反，只在陽明陰暗之間。故聖人衍《易》，以陽為君子，以陰為小人。嘗觀天下之人，其光明正大，疏暢明達，磊磊落落，無纖芥可疑者，必君子也；而其依阿淟涊，回互隱伏，閃爍狡獪，不可方物者，必小人也。

稱人以顏子，無不悅者，忘其貧賤而夭❶；指人以盜蹠，無不怒者，忘其富貴而壽❷。

【注　釋】❶稱人以顏子三句　意思是稱呼別人為顏子，被稱者沒有不高興的，忘記了顏回一生貧賤而且早夭。顏子，顏回（西元前五二一～前四九〇年）。春秋末魯國人，字子淵，故又稱顏淵。孔子學生。家貧，居陋巷，簞食瓢飲，大家都為之憂愁，顏回卻不改其讀書求道之樂。《論語・雍也》：「賢哉回也！一簞食，一瓢飲，在陋巷，人不堪其憂，回也不改其樂。」）孔子稱讚他「不遷怒，不貳過」，「其心三月不違仁。」年僅三十而卒，孔子極為悲痛。後被尊為「復聖」。夭，短命；早死。❷指人以盜蹠三句　謂指斥別人為盜蹠，那人必然憤怒，忘記了盜蹠享盡榮華富貴而且長壽。盜蹠，春秋戰國之際的著名大盜。名蹠，一作「跖」。《莊子・盜跖》說他率「從卒九千人，橫行天下，侵暴諸侯，穴室樞戶，驅人牛馬，取人婦女，貪得忘親，不顧父母兄弟，不祭先祖。所過之邑，大國守城，小國入保，萬民苦之」。據說他活了七十餘歲，且富可敵國。壽，長壽；活得歲數大。《書・洪範》：「五福：一曰壽，二曰富，三曰康寧，四曰攸好德，五曰考終命。」孔穎達疏：「『一曰壽』，年得長也。」

【語　譯】稱呼別人為顏子，被稱者沒有不高興的，忘記了顏回一生貧賤而且早夭；指斥別人為盜蹠，那人必然憤怒，忘記了盜蹠享盡榮華富貴而且長壽。

【原注】人心好善惡惡之同然如此，而作人卻與盜蹠同歸，何惡其名而好其實耶？

事事難上難，舉足常虞失墜❶；件件想一想，渾身都是過差❷。

【注釋】❶舉足常虞失墜　謂抬腳走路要常常防備失足墜落。比喻做任何事情都要小心謹慎。虞，憂慮；防範。《孫子・謀攻》：「以虞待不虞者，勝。」❷過差　差錯；過失。

【語譯】做任何事情都有許多困難，自始至終應當小心謹慎，防止出現問題；仔細想想自己的言行，渾身上下到處都有差錯。

怒宜❶實力❷消融，過❸要細心檢點❹。

【注釋】❶宜　應該；應當。❷實力　切實用力；著力。❸過　過失；錯誤。❹檢點　查點；約束。

【語譯】怒氣應當努力消除化解，過錯則要細心檢查改正。

探理宜柔，優游涵泳，始可以自得❶；決欲宜剛，勇猛奮迅，始可以自新❷。

【注　釋】❶探理宜柔三句　意思是探究事理應當和緩耐心，從容細致，深入領會，才能有心得體會。探理，探索事物的本源、根本。優游，從容耐心地致力於某事。唐・楊炯〈王勃集序〉：「君又以幽贊神明，非杼軸於人事；經營訓導，迺優游於聖作。」涵泳，沉浸；深入領會。自得，自己有心得體會。《孟子・離婁下》：「君子深造之以道，欲其自得之也。自得之則居之安，居之安則資之深，資之深則取之左右逢其源。故君子欲其自得之也。」句用此意。❷決欲宜剛三句　謂斷絕欲念要嚴厲果敢，精神振奮，勇猛迅速，才能改正錯誤，重新做人。決欲，斷絕欲念。決，斷絕；決斷。奮迅，精神振奮，行動迅速。自新，自己改正錯誤，重新做人。

【語　譯】探究事理應當和緩耐心，從容細致，深入領會，才能有心得體會；斷絕欲念要嚴厲果敢，振奮精神，勇猛迅速，才能改正錯誤，重新做人。

懲忿窒欲，其象為損，得力在一忍字❶；遷善改過，其象為益，得力在一悔字❷。

【注　釋】❶懲忿窒欲三句　謂懲忿窒欲，它的卦象是《易經》中〈損卦〉，要做到克制憤怒，杜絕情欲，其關鍵在忍。懲忿窒欲，克制憤怒，杜絕情欲。語出《易・損》：「君子以懲忿窒欲。」孔穎達疏：「君子以法此損道懲止憤怒，窒塞情欲……懲者，息其既往；窒者，閉其將來。懲窒互文而相足也。」懲，克制；制止。其象為損，意為它的卦象是損。《易・損》：「象曰：山下有澤，損。君子以懲忿窒欲。」象，《易經》的專用語，謂解釋卦象的意義；亦指卦象。損，指《易經》中六十四卦之一的〈損卦〉。下兌（澤）上艮（山）。該卦的象辭謂：「損，損下益上，其道上行。損而有孚、元吉、旡咎、可貞，利有攸往。……」意思是〈損卦〉是減損下體的陽剛去增益上體的陰柔，是陽剛之道逐漸上升。減損時能心懷誠信，就會大吉、無災，可以占筮，前往有利。本句即用此意。得力，得其助力；得益於。❷遷善改過三句　意思是遷善改過，它的卦象是《易經》中〈益卦〉，要做到改正過失而向善，其關鍵在悔。遷善改過，改正過失而向善。語本《易・益》：「君子以見善則遷，有過則改。」遷，歸向；跟從。其象為益，意為它的卦象是益。《易・益》：「象曰：風雷，益。君子以見善則遷，有過則改。」意思是風馳雷鳴，就是〈益卦〉的象徵。君子有鑑於此象，見到善行就像風一樣追隨嚮往，有過錯則像炸雷一樣迅速果斷地改正。本句即含此意。

【語　譯】懲忿窒欲，它的卦象是《易經》中〈損卦〉，要做到克制憤怒，杜絕情欲，其關鍵在忍；遷善改過，它的卦象是《易經》中〈益卦〉，要做到改正過失，努力向善，其關鍵在悔。

【原　注】能懲能窒，即是改過；改之又改，以至於寡，即是遷善；寡之又寡，以至於無，即是止於至善。

富貴如傳舍❶，惟謹慎可得久居；貧賤如敝衣❷，惟勤儉可以脫卸。

【注　釋】❶傳舍　古時供行人休息住宿的處所。《戰國策・魏策四》：「令鼻之入秦之傳舍，舍不足以舍之。」❷敝衣　破舊衣服。亦指穿戴破舊。敝，破爛；破舊。

【語　譯】富貴就像客舍旅店，只有小心謹慎才能久住；貧賤如同破舊衣服，只有勤勞節儉才能脫除。

【原　注】英銳者，造物得而折之；謹慎者，鬼神不得而乘之。謹慎二字，聖賢大學問在此，豪傑大作用亦在此。

朱柏盧云：勤與儉，治生之道也，不勤則寡入，不儉則妄費。寡入而妄費，則財匱，財匱則苟取，愚者為寡廉鮮恥之事，黠者入行險徼倖之途。生平形止，於此而喪；祖宗家聲，於此而墜，生理絕矣。又況一家之中，有妻有子，不能以勤儉表率，而使相趨於奢惰，則自絕其生理，而又絕妻、子之生理矣。以此思勤，安得不勤；以此思儉，安得不儉。

儉則約❶，約則百善俱興❷；侈則肆❸，肆則百惡俱縱❹。

【注　釋】❶儉則約　意思是勤儉則會有所約束。約，約束；檢點。《論語・雍也》：「君子博學於文，約之以禮。」❷百善俱興　謂各種善行都會興起。興，產生。《易・歸妹》：「天地不交而萬物不興。」高亨注：「興，猶生也。」❸侈則肆　謂奢侈則導致放縱。肆，不受約束；縱恣；放肆。《左傳・昭公十二年》：「昔穆王欲肆其心，周心天下。」❹縱　放縱；聽任。

【語　譯】勤儉就會約束自己的行為，有所約束則百善俱興；奢侈則將導致放縱，恣意放縱必定罪惡氾濫。

奢者富不足，儉則貧有餘；奢者心常貧，儉則心常富。

【語　譯】奢侈的人雖然富有卻總嫌不足，勤儉的人儘管貧窮卻有所節餘；奢侈的人內心常空虛貧乏，勤儉的人內心常充實富足。

【原　注】奢儉之有關心境也如此。

貪饕❶以招辱，不若儉而守廉❷；干請以犯義❸，不若儉而全節❹；侵牟以聚怨❺，不若儉而養心；放肆以遂欲❻，不若儉而安性❼。

【注　釋】❶貪饕　貪得無厭。《戰國策・燕策》：「今秦有貪饕之心，而欲不可足也。」饕，饕餮。古代傳說中一種貪殘的怪物。以之比喻極貪婪、貪殘。❷守廉　保持廉潔。❸干請以犯義　謂請託求取而違背道義。干請，請託。《後漢書・清河孝王慶傳》：「及今口目尚能言視，冒昧干請。」干，求；請，請求。犯義，違背節操。犯，違背；違反。❹全節　保全節操。全，保全。用作動詞。《孫子・謀攻》：「凡用兵之法，全國為上，破國次之。」節，氣節；節操。❺侵牟以聚怨　意思是侵害掠奪致使眾人的怨恨積聚。

侵牟，亦作「侵蛑」、「侵侔」。侵害掠奪。《漢書・景帝紀》：「漁奪百姓，侵牟萬民。」聚怨，積聚怨憤。❻遂欲　滿足欲望。《晏子春秋・諫下》：「遂欲滿求，不顧細民，非存之道。」❼安性　安守心性。

【語　譯】與其貪得無厭招致侮辱，不如勤儉以保持廉潔；與其請託求取違背道義，不如勤儉以保全節操；與其侵害掠奪積聚眾怨，不如勤儉以修身養心；與其恣意放縱滿足欲望，不如勤儉以安守心性。

靜坐，然後知平日之氣浮❶；守默❷，然後知平日之言躁❸；省事，然後知平日之心忙❹；閉戶❺，然後知平日之交濫❻；寡欲，然後知平日之病❼多；近情❽，然後知平日之念刻❾。

【注　釋】❶氣浮　精神情緒浮躁。氣，精神狀態；情緒。浮，浮躁；淺薄。❷守默　保持玄寂（靜默）。語本《老子》：「知其白，守其黑，為天下式。」河上公注：「白以喻昭昭，黑以喻默默，人雖自知昭昭明白，當復守之以默默如闇闇無所見。」❸言躁　多言；說話多而快。躁，急切；浮躁。❹心忙　心急；操心的事多。❺閉戶　指人不預外事，刻苦讀書。南朝梁・任昉〈天監三年策秀才文〉：「閉戶自精，開卷獨得。」❻交濫　交友太濫。❼病　指缺點、缺陷。❽近情　合乎情理；合乎人情。清・朱伯韓〈續蘇明允諫論〉：「賞罰莫若近情，近情則可行。」❾念刻　心念想法過於苛刻。刻，苛刻；嚴厲。

【語　譯】定心靜坐，然後才能知道平時情緒浮躁；默然沉思，然後才能知道平日話語太多；

減省瑣事，然後才能知道平日交友太濫；清心寡欲，然後才能知道平日缺點很多；按照情理待人接物，然後才能知道平日心念過於苛刻。

無病之身，不知其樂也，病生，始知無病之樂；無事之家，不知其福也，事至，始知無事之福。

【語　譯】身體健康時，不知道這是一種快樂；罹患疾病後，才體會到無病的快樂。平安無事的家庭，不知道這是一種福分；遭遇災禍後，才知道闔家相安的幸福。

欲心正熾❶時，一念著病，興似寒冰❷；利心❸正熾時，一想到死，味同嚼蠟。

【注　釋】❶欲心正熾　謂貪欲強烈。欲心，貪心。《尉繚子・治本》：「民相輕佻，則欲心興，爭奪之患起。」熾，火旺盛。比喻欲念多而強烈。❷興似寒冰　指熾熱的貪欲就像嚴冬的寒冰一樣冷卻下來。❸利心　利欲之心。南宋・朱熹《近思錄》卷七：「不獨財利之利，凡有利心便不可。如作一事，須尋自家穩便處，皆利心也。」

【語　譯】欲念旺盛時，一旦想到病痛，熾熱的貪欲就像嚴冬寒冰，迅速冷卻；利心膨脹時，一旦想到死亡，誘人的高官厚祿便似嚼蠟，索然無味。

有一樂境界，即有一不樂者相對待❶；有一好光景❷，便有一不好底相乘除❸。

【注　釋】❶對待　對立；對抗。《朱子語類》卷七六：「是兩物相對待在這裡，故有文；若相離去不相干，便不成文矣。」❷光景　猶言日子。指生命和生活。也可理解為情況、景況。❸乘除　抵消。唐・韓愈〈三星行〉：「名聲相乘除，得失少有餘。」常以之比喻人事的消長盛衰。南宋・陸游〈遣興〉：「寄語鶯花休入夢，世間萬事有乘除。」

【語　譯】有一個快樂的境界，就會有一個痛苦的境界相對而存在；有一個美好的光景，就會有一個不好的光景在抵消前者。

【原　注】只是尋常茶飯，實地風光，纔是安樂窩。

胡文定公云：人家最不要事事足意，常有些不足處方好；纔事事足意，便有不好事出來，歷試歷驗。

事不可做盡❶，言不可道盡，勢不可倚盡❷，福不可享盡。

【注釋】❶事不可做盡　意思是做任何事情都要留有餘地，不可做絕。❷勢不可倚盡　謂權勢要有所收斂，不可仗勢妄為。倚，憑藉；仗恃。

【語譯】做事要留餘地，說話要有分寸，權勢應當收斂，福分不可享盡。

【原注】邵康節詩云：美酒飲教微醉後，好花看到半開時。最為親切有味。

不可喫盡，不可穿盡，不可說盡；又要懂得，又要做得❶，又要耐得❷。

【注釋】❶做得　身體力行。❷耐得　忍受；禁得起。

【語譯】美食不能吃盡，華衣不能穿盡，話語不能說盡；既要洞察事理，又要身體力行，還要耐得挫折。

【原注】粗淺語，卻不容易做到。

難消之味❶休食，難得之物休蓄❷，難酧之恩❸休受，難久之友休交，難再之時休失，難守之財休積，難雪❹之謗休辯，難釋之忿❺休較。

【注釋】❶難消之味　難以消化的食物。❷蓄　積蓄；積儲；收藏。❸難酧之恩　難以報答的恩惠。酧，同「酬」。❹雪　洗刷；澄清。《韓非子・難二》：「管仲雪桓公之恥於小人，而生桓公之恥於君子矣。」❺難釋之忿　難以化解的怨忿。釋，消融；化解。

【語譯】難以消化的食物不要吃，難以得到的物品不要積蓄，難以報答的恩惠不可接受，難以長久的朋友不要結交，難以再現的時機不要失去，難以保住的財產不必存儲，難以澄清的誹謗不必辯駁，難以化解的怨忿不必計較。

飯休不嚼便咽，路休不看便走，話休不想便說，事休不思便做，衣休不慎便脫，財休不審❶便取，氣休不忍便動，友休不擇便交。

【注釋】❶審　詳究；細查；明白。

【語譯】飯不可不嚼就咽，路不可不看就走，話不可不考慮就說，事不可不思索就做，衣服不可不依氣候便穿脫，錢財不可不查清就收取，怒氣不可不忍耐就發作，朋友不可不選擇就濫交。

為善如負重登山，志雖已確，而力猶恐不及；為惡如乘駿走坂❶，鞭雖不加，而足不禁其前。

【注釋】❶乘駿走坂　騎馬在山坡上走。坂，斜坡；山坡。

【語譯】做善事如同背負重物登山，志向雖已確立，但總有些擔心力不從心；幹壞事就像騎馬走下坡路，雖然不加一鞭，卻是馬不停蹄難以止步。

防欲如挽逆水之舟❶，纔歇手，便下流❷；力善❸如緣❹無枝之樹，纔住腳，便下墜。

【注釋】❶挽逆水之舟　謂拉逆水上行的船。挽，拉；牽引。❷下流　往下流去。文中指倒退。❸力善　努力行善；致力於行善。❹緣　攀援。

【語譯】防範欲念就像拉逆水上行的船，稍一停下，便會倒退；努力行善如同爬沒有枝椏的樹，稍一止步，就要墜落。

【原　注】君子之心，無時而不敬畏者，以此。

膽欲大（見義勇為），心欲小❶（文理密察）；智欲圓❷（應物無滯），行欲方❸（截然有執）。

【注　釋】❶心欲小　思慮應當周密。心，思慮；謀劃。欲，須要；應當。小，細。引申為精細、周密。❷圓　謂運轉無礙。引申為委婉靈活，不固執。其貶義則謂處世圓滑。漢・桓寬《鹽鐵論・論儒》：「孔子能方不能圓。」❸行欲方　行為應當方正。方，方正；剛直。《管子・霸言》：「夫王者之心，方而不最。」案：此為唐・孫思邈對盧照鄰語。見唐・劉肅《大唐新語・隱逸》：「〔孫思邈〕又曰：『膽欲大而心欲小，智欲圓而行欲方。』」孫思邈語又本《淮南子・主術訓》：「凡人之論，心欲小而志欲大，智欲圓而行欲方，能欲多而事欲鮮。」今多簡化作「膽大心細」。

【語　譯】任事要勇敢，思慮應當仔細周密；智慧要圓融，行為應當方正剛直。

真聖賢，決非迂腐；真豪傑，斷❶不粗疏。

【注　釋】❶斷　絕對；必定；斷乎。只用於否定式。南朝梁・陶弘景《冥通記》卷一：「二者斷不食肉。」

【語　譯】真正的聖賢，絕不是迂腐不化；真正的豪傑，絕不會粗魯疏漏。

龍吟虎嘯❶，鳳翥鸞翔❷，大丈夫之氣象❸；蠶繭蛛絲❹，蟻封蚓結❺，兒女子之經營❻。

【注　釋】❶龍吟虎嘯　龍虎叫嘯。因其氣勢宏大、驚天動地，常以之比喻英雄豪傑叱咤風雲的氣概。❷鳳翥鸞翔　鸞鳳飛舞。形容姿態非凡或奮發有為。亦常用作「鸞翔鳳翥」、「翥鳳翔鸞」等。晉・陸機〈浮雲賦〉：「鸞翔鳳翥，鴻驚鶴奮。」鳳翥，鳳飛。翥，鳥飛貌。鸞，傳說中鳳凰一類的神鳥、瑞鳥。❸氣象　氣概；氣度。《新唐書・王丘傳》：「〔丘〕氣象清古，行脩潔，於詞賦尤高。」❹蠶繭蛛絲　蠶兒結繭、蜘蛛吐絲。較之「龍吟虎嘯」、「鳳翥鸞翔」，其規模氣勢都微不足道，故作者以此比喻小家子氣。下句「蟻封蚓結」同。❺蟻封蚓結　蟻穴外的小土堆，如蚯蚓似的盤曲。蟻封，亦作「螘封」。蟻穴外隆起的小土堆。蚓結，像蚯蚓一樣屈曲。語出《禮記・月令》：「〔仲冬之月〕蚯蚓結。」❻兒女子之經營　意思是小孩女人的思謀行為。兒女子，猶言婦孺之輩。使用時多半含有輕視、不足為道之意。《史記・高祖本紀》：「此非兒女子所知也。」經營，思謀籌劃。

【語　譯】龍吟虎嘯，鳳翥鸞翔，姿態非凡，叱咤風雲，這是大丈夫的氣概；蠶繭蛛絲，蟻封蚓結，思謀籌劃，小家子氣，這是兒女子的行為。

格格不吐❶，刺刺不休❷，總是一般語病，請以鶯歌燕語療❸之；戀戀不舍❹，忽忽若忘❺，各有一種情癡❻，當以鳶飛魚躍化之❼。

【注　釋】❶格格不吐　有所拘礙，不能盡情論述。格格，扞格；互相抵觸。❷刺刺不休　話說起來像颳風，沒完沒了。意同「喋喋不休」。刺刺，象聲詞，狀風聲。❸療　醫治；治療。❹戀戀不舍　形容非常眷戀，捨不得分開。❺忽忽若忘　謂做事迷糊易忘，精神失意恍惚。忽忽，迷糊；恍惚；失意貌。❻情癡　痴情；過度沉迷於某種情感、事物。❼以鳶飛魚躍化之　意思是以鷹擊長空、魚翔淺底，萬物各得其所的道理啟發化解情痴與心病。鳶飛魚躍，指鷹擊長空、魚翔淺底。語出《詩・大雅・旱麓》：「鳶飛戾天，魚躍於淵。」孔穎達疏：「其上則鳶鳥得飛至於天以遊翔，其下則魚皆跳躍於淵中而喜樂，是道被飛潛，萬物得所，化之明察故也。」後以「鳶飛魚躍」謂萬物各得其所。鳶，鳥名。俗稱老鷹、鷂鷹。

【語　譯】言不達意，不能盡述，或者嘮嘮叨叨，沒完沒了，是人們說話常見的毛病，可以請他們多聽多學鶯歌燕語般婉轉悅耳的話語與表達方式來改正；過度眷戀，不願分開，或者神情恍惚，難以自拔，各有情感上的某些痴迷，應當以鷹擊長空、魚翔淺底，萬物各得其所的道理啟發化解他們的情痴與心病。

問消息於蓍龜❶，疑團空結；祈福祉於奧竈❷，奢想徒勞。

【注　釋】❶蓍龜　蓍草與龜甲。皆古時卜筮用具。筮用蓍草，卜用龜甲，推斷吉凶禍福，提示解決疑難的方法，因以指占卜。《易・繫辭上》：「探賾索隱，鉤深致遠，以定天下之吉凶，成天下之亹亹者莫大於蓍龜。」❷祈福祉於奧竈　謂向神靈祈求福分。奧，室內西南隅。古時祭祀設神主處或尊長居坐之處。竈，指灶神。《論語・八佾》：「與其媚於奧，寧媚於灶。」

【語譯】通過卜筮預測吉凶，疑團仍舊存在；想向神靈祈求福分，只是奢望徒勞。

【原注】慈湖先訓云：心吉則百事俱吉，古人於為善者曰吉人，是此人通體皆吉，世間凶神惡煞，如何干犯得他。真乃窺見本原之確論也。

劉念臺云：《易》教所言趨吉避凶者，蓋趨善而避惡也。今人解吉凶，都說向人事上去，大錯。

謙，美德也，過謙者懷詐❶；默❷，懿行❸也，過默者藏奸❹。

【注釋】❶過謙者懷詐　意思是過分謙虛的人心懷詭詐。❷默　靜默；不語。❸懿行　善行；美德。懿，美；美德。❹藏奸　謂骨子裡狡猾，心眼壞。

【語譯】謙虛是美德，但過分謙虛的人心懷詭詐；靜默是善行，但過分緘默的人胸藏奸偽。

【原注】謙不中禮，所損甚多。若能於禮字中求一中字，則過與不及皆非矣。

鷹立如睡，虎行如病，乃是他攫人、噬人的手段。奸惡之輩，多形此態，不可不知。

141 類躬持

直不犯禍❶，和不害義❷。

【注　釋】❶直不犯禍　謂正直坦率但不招災惹禍。犯，觸及；招致。《莊子・山木》：「吾犯此數患，親交益疏，徒友益散，何與？」❷和不害義　謂平和圓融但不違背道義。和，平和；和順。害義，損害正道、正理。《孔子家語・好生》：「小辯害義，小言破道。」

【語　譯】正直坦率但不招災惹禍，平和謙遜但不違背道義。

圓融者無詭隨之態❶，精細者無苛察❷之心，方正者無乖拂之失❸，沉默者無陰險之術❹，誠篤者無椎魯之累❺，光明者無淺露之病❻，勁直者無徑情之偏❼，執持者無拘泥之迹❽，敏煉者無輕浮之狀❾。

【注　釋】❶圓融者無詭隨之態　謂圓融靈活的人不能有不顧是非隨意附和的情狀。圓融，通達事理；處世靈活。詭隨，不顧是非而附和或迎合別人的意見。《詩・大雅・民勞》：「無縱詭隨，以謹無良。」朱熹《集傳》：「詭隨，不顧是非而妄隨人也。」態，狀態；情狀。❷苛察　以煩瑣苛刻為明察。《莊子・天下》：「君子不為苛察。」❸方正者無乖拂之失　謂正直無邪的人不能有悖謬橫暴不合情理的過失。方正，指人的品行正直、無邪。乖拂，悖謬；暴戾；不合情理。乖，違背；反常；邪惡。❹術　權術；計謀；手段。❺誠篤者無椎魯之累　謂真誠厚道的人不能有愚鈍笨拙的牽累。誠篤，真誠厚道。篤，忠實；醇厚。椎魯，愚鈍；笨拙。椎，樸直；愚拙。魯，遲鈍；笨拙。累，妨礙；牽累；過失。❻淺露之病　淺顯直露的毛病。淺露，淺顯；不含蓄。❼勁直者無徑情之偏　謂剛正率直的人不能有隨心所欲的偏差。勁直，剛強正直；剛正率直。徑情，任性；任意。《鶡冠子・著希》：「夫義，節欲而治；禮，反情而辨者也。故君子弗徑情而行也。」偏，片面；不周。❽執持者無拘泥之迹　謂執著認真的人不能有固執呆板的行為。執持，執著；有操守。《明史・唐胄傳》：「胄耿介孝友，好學多著述，立朝有執持，為嶺南人士之冠。」拘泥，固執而不知變通。泥，滯留；拘執；不變通。迹，行跡；行動。❾敏煉者無輕浮之狀　謂敏捷幹練的人不能有輕浮淺薄的形態。敏煉，敏捷幹練。狀，形狀；形態。

【語譯】圓融靈活的人不能有不顧是非隨意附和的情狀，精明仔細的人不能有煩瑣苛刻求全責備的心思，正直無邪的人不能有悖謬橫暴的過失，緘默少語的人不能有陰險狡猾的權術，真誠厚道的人不能有愚鈍笨拙的牽累，光明正大的人不能有淺顯直露的毛病，剛正率直的人不能有隨心所欲的偏差，執著認真的人不能有固執呆板的跡象，敏捷幹練的人不能有輕浮淺薄的形態。

【原注】有所長，而矯其長之失，此是全才，是善學。

陳榕門云：人有一長處，即有一病處，其病處即在所長之中。長善救失，全憑學問。

才不足則多謀，識❶不足則多事，威❷不足則多怒，信❸不足則多言，

勇不足則多勞，明❹不足則多察❺，理❻不足則多辯，情不足則多儀❼。

【注釋】❶識　知識；見解。❷威　威信；威儀。❸信　信用；誠信。❹明　聖明；明智；明晰。《孟

子·梁惠王上》：「明足以察秋毫之末。」❺察　仔細察看；苛察；詳審。❻理　道理；理由；事理。❼儀　禮儀。

【語　譯】才能不足的人往往多思謀，見識不夠的人常常無事生非，威儀不足的人則容易怨怒，誠信不足的人就要多費口舌，勇氣不足的人則有更多辛勞，眼光不足的人經常過分察究，理由不充分時常會反覆爭辯，情誼不足時禮儀會多。

私恩煦感，仁之賊也❶；直往輕擔❷，義之賊也；足恭偽態❸，禮之賊也；苛察歧疑❹，智之賊也；苟約固守，信之賊也❺。

【注　釋】❶私恩煦感二句　意思是為一己的私恩而感念不已，這是仁的禍害。私恩，私人的恩惠。《韓非子·飾邪》：「必明於公私之分，明法制，去私恩。」煦，溫暖；惠愛。引申有撫育、養育之意。賊，禍害。《韓詩外傳》卷七：「為善者天報之以福，為不善者天報之以賊。」也可用作動詞。謂敗壞、毀壞、傷害。❷直往輕擔　謂由著性子去做卻很少承擔責任。直，徑直；直接。副詞。輕擔，很少擔當；不負責。輕，著力不多；不用力。擔，擔當；承擔。❸足恭偽態　謂過度恭敬的虛假儀態。足恭，亦作「足共」。過度謙敬，以取媚於人。《論語·公冶長》：「巧言、令色、足恭，左丘明恥之，丘亦恥之。」足，過分。❹苛察歧疑　謂仔細查究而多疑。歧疑，多疑。❺苟約固守二句　意思是無所約束不能堅守諾言，是信的禍害。苟約，無所約束。苟，隨便；馬虎。約，約束；檢點。固守，堅守。信，誠信；信用。

【語　譯】為個人的恩惠而感念不已，是仁的禍害；輕率行事卻很少承擔責任，是義的禍害；過度恭敬的虛假儀態，是禮的禍害；仔細查究而且多疑，是智的禍害；無所約束不能堅守諾言，是信的禍害。

【原　注】此五賊者，破道亂政，聖門斥之。後世儒者，往往稱之以訓世，無識也夫。

有殺之為仁，生之為不仁者❶；有取之為義，與❷之為不義者；有卑❸之為禮，尊之為非禮者；有不知為智，知之為不智者；有違言為信，踐言為非信者❹。

【注　釋】❶有殺之為仁二句　意思是有殺之可以成仁，使其生存反倒陷入不仁的事情。殺之為仁，殺了他可以成仁。成仁，成就仁德。生，使其生。以下各句句式相同，都是指在某種特定的環境下，原本是罪惡的、貶義的行為，具備了美善的、值得稱道的特殊意義。❷與　給予。❸卑　輕視；賤視。❹有違言為信二句　謂有違背諾言為誠信，遵守諾言反而是失信的事情。踐言，履行諾言。《禮記．曲禮上》：「修身踐言，謂中善行。」踐，實踐；履行。

【語　譯】有時候殺之可以成就仁德，使其生存反倒陷入不仁之境；有時候自取和奪取是義舉，而給予則為不義之舉；有時候鄙視顯得有禮，尊敬反而是無禮；有時候不明白是智慧，而明瞭卻成為無智；有時候違背諾言是誠信，遵守諾言倒是失信。

【原　注】陳榕門云：以義理為權衡，則輕重大小之間，看得不爽，行得不錯。婦人之仁，匹夫之義，拘謹之禮，穿鑿之智，硜硜之信，總為不權衡於義理耳。

愚忠愚孝，實能維天地綱常，惜不遇聖人裁成，未嘗入室❶；大詐大奸，偏會建世間功業，倘非有英主駕馭，終必跳梁❷。

【注　釋】❶愚忠愚孝四句　意思是不講任何原則，愚昧地盡忠盡孝，的確能夠維繫天地綱常；只可惜沒有遇見聖賢之人予以指點教化，未能真正懂得忠孝大義。愚忠，昧於事理的忠心。《史記・酷吏列傳》：「狄山曰：『臣固愚忠，若御史大夫湯（張湯）乃詐忠。』」維，維繫。裁成，猶栽培。謂教育而成就之。入室，語出《論語・先進》：「由也升堂矣，未入於室也。」邢昺注：「言子路之學識深淺，譬如自外入內，得其門者。入室為深，顏淵是也；升堂次之，子路是也。」後因以「入室」比喻學問或技藝得到師傳，造詣高深。❷大詐大奸四句　意思是毫無道德倫常、極其奸滑狡詐的人，偏偏能夠建立世間的大功業；但如果沒有英明有為君主的有力控制，他們終究會專橫跋扈、犯上作亂。倘，假如；如果。英主，英明有為的君主。跳梁，亦作「跳踉」。跋扈；強橫。

【語　譯】不講任何原則，一味愚昧地盡忠盡孝，的確能夠維繫天地之道、綱常倫理；只可惜沒有遇見聖賢之人予以指點教化，未能真正懂得忠孝大義。毫無道德倫常、極其奸滑狡詐的人，偏偏能夠建立世間的大功業；但假如沒有英明有為君主的有力控制，他們終究會專橫跋扈、犯上作亂。

知其不可為，而遂委心任之者，達人智士之見也❶；知其不可為，而亦竭力圖❷之者，忠臣孝子之心❸也。

【注　釋】❶知其不可為三句　意思是知道事情難以成功，但順其自然去做的人，有著達人智士的見識。遂，於是；終於。副詞。委心，隨心之自然。《淮南子・精神訓》：「清目而不以視，靜耳而不以聽，鉗口而不以言，委心而不以慮。」委，隨順；順從。任，承擔；做。達人，通達事理的人。智士，聰明人。❷圖　設法對付；謀取。《左傳・隱公元年》：「無使滋蔓，蔓，無圖也。」❸心　指本性、性情。

【語　譯】知道事情難以成功，但會順其自然去做的人，有著達人智士的見識；知道事情難以成功，仍然竭盡全力設法謀取的人，有著忠臣孝子的本性。

【原　注】陳榕門云：其知可及，其愚不可及，蓋指此種。

小人❶只怕他有才，有才以濟❷之，流害無窮❸；君子只怕他無才，無才以行❹之，雖賢何補❺？

【注　釋】❶小人　人格卑鄙、見識淺狹的人。❷濟　幫助；增援。❸流害無窮　流傳的禍害。即禍害越來越大，越來越多。❹行　做；從事某種活動。❺雖賢何補　謂雖然賢良但有什麼裨益呢。補，裨益；幫助。《左傳・宣公十五年》：「狄有五罪，儁才雖多，何補焉？」

【語　譯】卑鄙小人最怕他有才能，有才能幫助他作惡，會造成無窮的禍害；君子只怕他沒有才能，沒有才能而去做事，雖然賢良但於事於世有什麼裨益呢？

攝生（附）

慎風寒❶，節飲食，是從吾身上卻病❷法；寡嗜欲❸，戒煩惱，是從吾心上卻病法。

【注　釋】❶慎風寒　小心防備風寒。風寒，風邪和寒邪。中醫謂致病的兩個因素。亦指因感受冷風寒氣而引起的疾病。❷卻病　除卻疾病；預防疾病。❸寡嗜欲　清心寡欲；減少嗜好欲望。嗜欲，嗜好與欲望。多指貪圖身體感官方面享受的欲望。

【語　譯】慎防風寒，節制飲食，這是我防備、除卻身體疾病的方法；清心寡欲，戒除煩惱，這是我防備、除卻心理疾病的方法。

【原　注】養生以養心為主，而養心又在凝神。神凝則氣聚，氣聚則形全，若日逐勞擾憂煩，神不守舍，則易至衰老，且百病從此生矣。一收視返聽，凝神於太虛，無一毫雜思妄念，神入氣中，氣與神合，則息自定，神明自來，不過片晌間耳。

少思慮以養心氣❶，寡色欲以養腎氣❷，勿妄動以養骨氣❸，戒嗔怒以養肝氣❹，薄滋味以養胃氣❺，省言語以養神氣❻，多讀書以養膽氣❼，順時令以養元氣❽。

【注　釋】❶少思慮以養心氣　謂減少思慮以養護心氣。思慮，思索考慮。文中指過多考慮各種瑣屑小事。心氣，中醫稱心的生理功能。《靈樞經・天年》：「六十歲，心氣始衰，苦憂愁，血氣懈惰，故好臥。」亦指志氣、正氣。❷寡色欲以養腎氣　言節制色欲以養護腎氣。寡，減少；節制。腎氣，中醫認為五臟各有氣。腎氣為先天之本，關係人的生長發育和壽夭。色欲過旺會損傷腎氣。❸骨氣　指氣概、志氣。從上下文看，亦含有「筋骨」之意。❹戒嗔怒以養肝氣　謂力戒發怒以保養肝氣。戒，戒除；防備；警戒。嗔怒，惱怒。嗔，發怒；抱怨；責怪。肝氣，中醫指肝臟的精氣。引申指容易發怒的心情。《素問・脉要精微論》：「肝氣盛則夢怒，肺氣盛則夢哭。」中醫認為怒傷肝，故應制怒。❺薄滋味以養胃氣　謂飲食清淡以保養脾胃。薄滋味，減少美味。即食物清淡。薄，微薄；減輕。亦指味淡。《莊子・胠篋》：「魯酒薄而邯鄲圍。」滋味，美味。《呂氏春秋・適音》：「口之情欲滋味。」胃氣，中醫指胃的生理功能及其精氣。胃氣充足，則脈搏運行正常，全身器官皆有活力。❻神氣　精神氣息。東漢・仲長統《昌言下》：「和神氣，懲思慮，避風濕，節飲食，適嗜欲，此壽考之方也。」❼膽氣　膽量和勇氣。《後漢書・光武帝傳》：「諸將既經累捷，膽氣益壯，無不一以當百。」文中含有胸襟、氣度、識見之意。❽順時令以養元氣　意思是順應季節規律以養護元氣。時令，季節。元氣，指人的精神、精氣。

【語　譯】減少思慮以養護心氣，節制色欲以養護腎氣，不輕舉妄動以養育骨氣，力戒發怒以保養肝氣，食物清淡以保養胃氣，少說廢話以養護神氣，飽讀詩書以培養膽氣，順應季節規律以養護元氣。

【原　注】凡人元氣已索，而血肉未潰，飲食起居，不甚覺也。一旦外邪襲之，溘然死矣。不怕千日怕一旦，一旦者，千日之積也；千日可為，一旦不可為矣。故慎於千日，正以防其一旦耳。

憂愁則氣結❶，忿怒則氣逆❷，恐懼則氣陷❸，拘迫❹則氣鬱❺，急遽❻則氣耗。

【注　釋】❶氣結　指人的元氣糾結不暢。❷氣逆　中醫術語。指氣上衝而不順。❸氣陷　中醫術語。指元氣不足。陷，缺少；不足。❹拘迫　束縛。文中指內心壓抑。❺氣鬱　元氣鬱結不通。鬱，阻滯；積聚。❻急遽　倉促；過於心急。遽，急。

【語　譯】憂愁使元氣糾結不暢，憤怒使元氣逆行不順，恐懼使元氣下陷不足，內心壓抑使元氣阻滯難通，倉促心急使元氣過分損耗。

【原　注】是惟心平氣和，斯為載道之器。

行欲❶徐而穩❷，立欲定而恭❸，坐欲端而正❹，聲欲低而和❺。

【注　釋】❶欲　希望；須要。含有「應當」之意。❷徐而穩　緩慢而穩重。徐，緩慢；雍容。❸定而恭　挺直而肅敬。定，安定；不搖晃。即挺拔直立。恭，肅敬；有禮貌。《論語・顏淵》：「君子敬而無失，與人恭而有禮，四海之內，皆兄弟也。」❹端而正　端莊而嚴正。❺和　平和；溫和；適中。

【語　譯】行走應當徐緩而穩重，站立應當挺直而肅敬，坐姿應當端莊而嚴正，聲音應當低沉而平和。

【原　注】善養氣者，常於動中習靜，使此身常在太和元氣中，久久自有聖賢氣象。

心神欲靜，骨力❶欲動，胸懷欲開，筋骸❷欲硬，脊梁欲直，腸胃欲淨❸，舌端欲捲❹，腳跟欲定❺，耳目欲清❻，精魂❼欲正。

【注　釋】❶骨力　肢體；筋骨。也指身體。❷筋骸　猶「筋骨」。韌帶及骨骼。亦引申指身體。❸腸胃欲淨　謂腸胃要乾淨。即少食油膩味厚的食物。❹舌端欲捲　謂收起舌頭。即少說話。舌端，舌頭；舌尖。因舌所以言，故引申為言辭、說話。捲，收；收起。❺腳跟欲定　言站穩腳跟。即立場堅定。腳跟，比喻立足點或立場。❻耳目欲清　謂耳朵、眼睛要清淨。即少聽閒言碎語，不看無益於身心的書籍或市井雜事。❼精魂　精神魂魄。

【語　譯】心神要靜，肢體要動，胸懷要廣，筋骨要硬，脊梁要直，腸胃要淨，舌頭少言，腳跟站穩，耳目清明，精神要正。

多靜坐以收心❶，寡酒色以清心❷，去嗜欲以養心，玩古訓❸以警心❹，悟至理❺以明心❻。

【注　釋】❶收心　謂約束意念，使不旁騖。❷清心　謂心地恬靜，無思無慮。文中亦有保持心靈清淨，少生欲念之意。❸玩古訓　反復研討體會古聖先賢的訓示。玩，研討；反復體會。《易·繫辭上》：「是故君子居則觀其象而玩其辭，動則觀其變而玩其占。」古訓，古代流傳下來的典籍或可以作為準繩的話。《詩·大雅·烝民》：「古訓是式，威儀是力。」❹警心　戒慎；警惕。❺至理　真理；最精深的道理。❻明心　使心思清明純正。

【語　譯】常靜坐以約束意念，少酒色以清心寡欲，去嗜欲以涵養心性，研討古訓以戒惕心靈，領悟至理以清朗明心。

寵辱不驚，肝木❶自寧；動靜以敬，心火❷自定；飲食有節，脾土不洩❸；調息❹寡言，肺金❺自全；恬淡寡欲，腎水❻自足。

【注　釋】❶肝木　即肝。古人以五行之說解釋五臟，肝屬木，故稱。以下心、脾、肺、腎等同。❷心火　中醫有心在地為火之說，故稱。明・謝肇淛《五雜俎・人部一》：「思慮多則心火上炎，火炎則腎水下涸，心腎不交，人理絕矣。」中醫學也以「心火」指人體的內熱。常表現為咽乾、口燥、五心煩熱、口舌生瘡等，即俗語所說的「上火」。❸脾土不洩　意思是不會腹瀉。脾土，即脾臟。脾屬土，故稱。脾洩，中醫學病名。指由於脾臟關係所致的疾病。❹調息　調節呼吸。❺肺金　即肺。肺屬金，故稱。❻腎水　即腎臟。腎屬水，故稱。亦指中醫學病名。東漢・張仲景《金匱要略・水氣病》：「腎水者，其腹大，臍腫，腰痛，不得溺，陰下濕如牛鼻上汗，其足逆冷，面反瘦。」文中有「腎氣」之意，指人的先天之本。

【語　譯】寵辱不驚則肝寧，動靜皆誠敬則心定，飲食有節制則脾安，調節呼吸、寡言少語則肺無病，淡泊名利、減少欲望則腎氣足。

道生於安靜❶，德生於卑退❷，福生於清儉❸，命生於和暢❹。

【注　釋】❶道生於安靜　謂只有在淡泊寧靜、持之以恆的求索中才能領悟「道」的精妙。道，宇宙萬物的本原；規律；事理。❷卑退　謙恭退讓。❸清儉　清廉儉樸。《後漢書・蔡茂傳》：「〔茂〕代戴涉為司徒，在職清儉匪懈。」❹和暢　和諧通暢；融和順暢。

【語　譯】道理從淡泊寧靜中悟得，德行於謙恭退讓中養成，福分自清廉儉樸中積累，命運在和順通暢中生發。

天地不可一日無和氣❶，人心不可一日無喜神❷。

【注　釋】❶和氣　古人認為天地間陰氣與陽氣交合而成之氣，萬物即由此「和氣」而生。《老子》：「萬物負陰而抱陽，沖氣以為和。」❷喜神　吉祥之神。

【語　譯】天地間不能一日沒有和氣，人心中不能一日沒有喜神。

【原　注】人常和悅，則心氣恬而五臟安，昔人所謂養歡喜神。何文端公時，曾有鄉人過百歲，公叩其術。答曰：予鄉村人，無所知，但一生只是喜歡，從不知憂惱。此真得養生要訣者。

每日胸中一團太和元氣，病從何生？

拙❶字可以寡過❷，緩字可以免悔，退字可以遠禍，苟❸字可以養福，靜字可以益壽。

【注　釋】❶拙　笨拙；遲鈍。《老子》：「大直若屈，大巧若拙，大辯若訥。」句用此意。❷寡過　少犯錯誤。《論語・憲問》：「蘧伯玉使人於孔子。孔子與之坐而問焉，曰：『夫子何為？』對曰：『夫子欲寡其過而未能也。』」寡，使減少。❸苟　隨意；不苛求。

【語　譯】以「拙」字自勉可以減少過失，以「緩」字辦事可以避免後悔，以「退」字處世可以遠離災禍，以「苟」字自處可以積累福分，以「靜」字養身可以延年益壽。

【原　注】昔人論致壽之道有四，曰慈，曰儉，曰和，曰靜。

毋以妄心戕真心❶，毋以客氣❷傷元氣。

【注　釋】❶毋以妄心戕真心　意思是不要以虛妄荒謬的心念想法摧殘自己的本真之心。妄心，佛教語。謂妄生分別之心。《大乘起信論》：「一切眾生，以有妄心，念念分別。」文中亦有虛罔不實的想法、荒謬的念頭之意。妄，虛罔；不實。戕，傷害；毀壞。真心，佛教語。謂真實無妄之心。北宋・契嵩〈壇經贊〉：「心有真心，有妄心，皆所以別其正心也。」文中亦有原本之心、實在之心的意思。❷客氣　一時的意氣；偏激的情緒。

【語　譯】不要以虛妄荒謬的念頭、想法摧殘自己的本真之心，不要因一時的偏激情緒損傷自己的精神元氣。

拂意❶處要遣❷得過，清苦日要守得過，非理來要受得過，忿怒時要耐得過，嗜欲生要忍得過。

【注　釋】❶拂意　不如意。拂，逆；違背。《詩・大雅・皇矣》：「是伐是肆，是絕是忽，四方無以拂。」

❷遣　排遣；排除。

【語　譯】不如意的境遇要能排遣，清苦的日子要能安守，無端的責難要能承受，激動憤怒時要能忍耐，欲望萌生時要能克制。

【原　注】無故而以非理相加，其中必有所恃。小不忍，禍立至矣。

銷鑠人莫如忿與欲。欲動水滲，怒甚火炎，故須忍耐，則心火下降，腎水上滋，此吾儒坎離交濟功法，何必仙家。

言語知節❶，則愆尤❷少；舉動知節，則悔吝❸少；愛慕知節，則營求❹少；歡樂知節，則禍敗少；飲食知節，則疾病少。

【注　釋】❶節　節制；約束。《易・未濟》：「飲酒濡首，亦不知節也。」文中指說話有分寸。❷愆尤　過失；罪咎。東漢・張衡〈東京賦〉：「卒無補於風規，祇以昭其愆尤。」❸悔吝　悔恨。亦謂「災禍」。《易・繫辭上》：「悔吝者，憂虞之象也。」文中二意皆有。❹營求　謀求；追求。《魏書・李崇傳》：「性好財貨，販肆聚斂，家資巨萬，營求不息。」

【語　譯】說話有分寸則少得罪人，行為有約束則少悔恨，愛慕有節制則少欲求，歡樂有度則少災禍，飲食定量則少疾病。

【原　注】王龍圖食物至精細，食不盡一器，年八旬，頤頰白膩如少年。嘗語人云：食取補氣，不飢即已，飽則生眾疾，至用藥物消化，尤傷和也。

人知言語足以彰❶吾德，而不知慎言語乃所以養吾德；人知飲食足以養吾身，而不知節飲食乃所以養吾身。

【注　釋】❶彰　顯揚；昭示。

【語　譯】人們都知道四處宣揚可以昭顯自己的美德，卻不知少言慎語才是培育德行的所在；人們都知道吃飽喝足能夠維持生命，卻不知節制飲食才是養護健康的法寶。

鬧時煉心❶，靜時養心，坐時守心❷，行時驗心❸，言時省心❹，動時制心❺。

【注　釋】❶煉心　修煉心性。煉，修煉；鍛煉。❷守心　堅守節操之心。《左傳・昭公二十八年》：「戊之為人也，遠不亡君，近不偪同，居利思義，在約思純，有守心而無淫行。」❸驗心　檢驗、考察心性。驗，驗證；考察。❹省心　內心自省。省，反省；檢查。《論語・學而》：「曾子曰：『吾日三省吾身，為人謀而不忠乎，與朋友交而不信乎，傳不習乎。』」❺制心　控制心情。制，控制。

【語　譯】熱鬧喧譁處鍛煉心意，清靜冷寂中修養心性，獨自安坐時堅守節操之心，行動中考察檢驗心志，說話時反省檢查內心，處世辦事時控制心情。

榮枯倚伏❶，寸田自開惠逆❷，何須歷問❸塞翁❹；修短參差❺，四體❻自造彭殤❼，似難專咎❽司命❾。

【注　釋】❶榮枯倚伏　謂人生的盛衰窮達相互倚存，相互轉化。榮枯，本意為草木的茂盛與枯萎，常以之比喻人世的盛衰、窮達。倚伏，語本《老子》：「禍兮福所倚，福兮禍所伏。」倚，依託。伏，隱藏。意謂禍福相因，互相依存，互相轉化。❷寸田自開惠逆　意思是人生的禍福順逆皆由自己內心的善惡決定。寸田，即心、心田。心位於胸中方寸之地，而佛教認為心藏善惡種子，隨緣滋長，如田地生長五穀荑稗，故稱心田。南朝·梁·簡文帝〈上大法頌表〉：「澤雨無偏，心田受潤。」惠逆，指禍福、順逆。❸歷問　多次詢問。歷，多；曾經多次。❹塞翁　指忘身物外，樂天知命，不以得失為懷的人。典出《淮南子·人間訓》所載「塞翁失馬」的故事。❺修短參差　長短不齊。修短，長短。文中指人的壽命。《漢書·谷永傳》：「加以功德有厚薄，期質有修短，時世有中季，天道有盛衰。」❻四體　四肢。《論語·微子》：「四體不勤，五穀不分。」引申指整個身體、身軀。❼彭殤　猶言壽夭。語本《莊子·齊物論》：「莫壽於殤子，而彭祖為夭。」彭，彭祖。傳說中的人物，因封於彭，故稱。相傳他善於養生，常食桂芝，有導引之術，活了八百餘歲，歷經夏、殷兩朝。見西漢·劉向《列仙傳·彭祖》。殤，未成年而死。❽專咎一味責怪。咎，責怪；追究責任。❾司命　神名。文中指掌管生命的神。《莊子・至樂》：「吾使司命復生子形，為子骨肉肌膚。」

【語　譯】人生的盛衰窮達相互倚存，相互轉化，本心善惡決定了自己的禍福順逆，何必反覆詢問忘身物外、樂天知命者；人的壽命有長有短，參差不齊，每個人的體質與養生方法決定了自己是長壽或是短命，似乎很難完全歸罪於掌管生命的神靈。

節欲以驅二豎❶，修身以屈❷三彭❸，安貧以聽五鬼❹，息機❺以弭六賊❻。

【注　釋】❶二豎　即病魔。語出《左傳・成公十年》：「公疾病，求醫於秦，秦伯使醫緩為之，未至。公夢疾為二豎子，曰：『彼良醫也，懼傷我，焉逃之？』其一曰：『居肓之上，膏之下，若我何？』醫至，曰：『疾不可為也，在肓之上，膏之下，攻之不可，達之不及，藥不至焉，不可為也。』」後因稱病魔為二豎，病至不可救藥為病入膏肓。❷屈　使屈服；屈服；折服。《詩・魯頌・泮水》：「順彼長道，屈此群醜。」❸三彭　即三尸神。道教稱人體內作祟的神，傳說三尸神姓彭。唐・張讀《宣室志》卷一：「夫彭者，三尸之姓。常居人身中，伺察功罪，每至庚申日，籍於上帝。故凡學仙者，當先絕其三尸，如是則神仙可得。不然，雖苦其心無補也。」南宋・陸游〈病中數辱〉詩：「凡藥豈能驅二豎，清心幸足制三尸。」❹五鬼　唐・韓愈作〈送窮文〉，稱智窮、學窮、文窮、命窮、交窮是使人困厄不達的五個窮鬼，「凡此五鬼，為吾五患」，遂三揖而送之。後常以「五鬼」、「五窮」比喻厄運。❺息機　息滅機心（巧詐功利之心）。

《楞嚴經》卷六：「息機歸寂然，諸幻成無性。」❻六賊　佛教語。即色、聲、香、味、觸、法六塵。謂此六塵能以眼、耳等六根為媒介，劫掠「法財」，損害善性，故稱。見《楞嚴經》卷四。也指眼、耳、鼻、舌、身、意六根，謂此六根妄逐塵境，如賊劫財。

【語譯】節制欲望以驅除病魔，修養身心以折服惡神，安於清貧以順應窮困，息滅機心以消弭六賊。

【原注】一心為主，百病皆除。

衰後罪孽，都是盛時作的；老來疾病，都是壯年招的。

【語譯】衰敗後的罪孽，都是因為強盛時不知修持而積累來的；年紀老時的疾病，都是由於壯年時不知養生而招惹下的。

敗德之事非一，而酗酒者德必敗；傷生❶之事非一，而好色者生必傷。

【注釋】❶傷生　傷害生命；傷害健康。《莊子・讓王》：「君固愁身傷生以憂戚不得也。」

【語　譯】敗壞德行的事情不止一件，而酗酒者的德行必然敗壞；傷害健康的行為並非一種，但好色者的健康必定損傷。

【原　注】薛文清云：酒色之類，使人志氣昏耗，傷生敗德，莫此為甚，何樂之有？惟心清欲寡，則氣平體胖，樂可知矣。

木有根則榮，根壞則枯；魚有水則活，水涸則死；燈有膏❶則明，膏盡則滅。人有真精❷，保之則壽，戕之則殀。

【注　釋】❶膏　脂肪。常特指燈油。❷精　精氣。文中亦有元氣之意。

【語　譯】樹木有根則繁茂，根壞腐則枯萎；魚兒有水才能活，水乾涸則死亡；燈盞有油才明亮，油燃盡則熄滅。人有真元氣，保養它能長壽，戕害它則早死。

【原　注】冬至一陽生，夏至一陰生，其氣甚微，如草木萌生，易於傷伐。倘犯色戒，則來年精神必疲憊。故色欲不節，四時皆傷人。惟二至之前後半月，尤必以絕欲為第一義也。

敦品類

欲做精金美玉❶的人品，定從烈火中鍛來；思立揭地掀天❷的事功，須向薄冰上履過❸。

【注釋】❶精金美玉　純金美玉。比喻純潔完美的人或事物。北宋・蘇軾〈答黃魯直書〉之一：「軾笑曰：『此人如精金美玉，不即人而人即之，將逃名而不可得。』」精金，精煉的金屬。亦指純金。❷揭地掀天　亦作「掀天揭地」、「掀揭」等。猶言翻天覆地。比喻聲勢浩大或本領高強。❸向薄冰上履過　從薄冰上走過。比喻身處險境，戒慎恐懼之至。履，踩踏。

【語譯】想有純金美玉那樣完美的人品，必定要經過烈火般嚴酷的鍛煉考驗；希望建立揭地掀天那樣偉大的事功，必須有如履薄冰般的謹慎戒懼。

人以品❶為重，若有一點卑污之心，便非頂天立地漢子；品以行為主，若有一點愧怍❷之事，即非泰山北斗❸品格。

【注釋】❶品　品性；品格。❷愧怍　慚愧。語出《孟子・盡心上》：「仰不愧於天，俯不怍於人。」❸泰山北斗　泰山和北斗星。比喻德高望重或有卓越成就而為人們所敬仰尊重的人。《新唐書・韓愈傳贊》：「自愈沒，其言大行，學者仰之如泰山北斗云。」

【語譯】人以品格為最重要，如果有一丁點卑鄙汙穢的心念，便不是頂天立地的男子漢；品格主要表現在行為中，如果做過一件愧對良心的事，就稱不上泰山北斗般高尚。

人爭求榮，就其求之之時，已極人間之辱；人爭恃寵❶，就其恃之之時，已極人間之賤。

【注釋】❶恃寵　依仗寵愛；憑藉寵幸。《左傳・定公四年》：「無怙富，無恃寵。」

【語譯】人們爭相求取榮華富貴，然而就在他追求之時，已經蒙受了世間最大的恥辱；人們爭相攀附權貴以求寵幸，然而就在他恃寵之時，已經表現出世間最大的下賤。

【原注】世之趨炎附勢者，大都但知攀附權貴，而其人之邪正不問焉。及事敗後，畢竟同歸於盡，真為可憐。即使幸而漏網，而以一身名節之重，不思流芳百世，乃甘受黨援之污，反致遺臭萬年哉。

劉念臺云：進取一路，誠士人所不廢，而得之不得曰有命。人情若不看破，奔走如狂，妄開徑竇，呈身之巧，有無所不至者。幸而得之，立身已敗，萬事瓦解，況求之而未必得乎？真枉做小人也。

丈夫之高華❶，只在於功名❷氣節；鄙夫❸之炫耀，但求諸服飾起居。

【注釋】❶高華　才華出眾，高貴顯要。❷功名　功業和名聲。《莊子．山木》：「削迹捐勢，不為功名。」成玄英疏：「削除聖迹，損棄權勢，豈存情於功績，以留意於名譽。」❸鄙夫　庸俗淺陋的人。《論語．子罕》：「有鄙夫問於我，空空如也。」

【語譯】大丈夫的高貴華美，只在於他的功業名聲和氣節；鄙俗小人所炫耀的，僅僅是求得服飾起居的漂亮安逸。

【原注】快書云：優人登場，有為唐明皇者，下場便不肯與諸優同坐，諸優皆笑之。世之登仕版者，時至則為之，此與逢場作戲，亦復何異。而盛修邊幅，炫耀鄉里，日岸然肩輿於親故之門，其不為諸優所竊笑者，幾希。

比擬未免近於刻，但欲為今世之縉紳先生痛下針砭，不得不借此以發其深省，其不省者，尚復何言。

呂新吾云：中高第，做美官，欲得願足，這不是了卻一生事，只是作人不端，或無過可稱，而分毫無補於世，則高第美官，反以益吾之恥者也。而世顧以此詫市井，蓋棺有餘愧矣。

劉念臺云：士人自初第以至崇階華膴，同是穿衣，同是喫飯，何曾有半點異常人處。只被閭巷一二愚鄙驚喜奉承，此人不知不覺，不能自主，遂高抬起來，究竟與自己身心上，曾有一毫增益否？可為當頭一棒。

鄒東郭云：問邑之貴，則數高位者以對；問邑之富，則數積財者以對；問邑之人物，則數修德勵行、濟世範俗者以對，而富與貴不齒焉。故肆志一時者，為軒鶴，為牢豕；尚友千古者，為景星，為喬嶽。

阿諛取容❶，男子恥為妾婦之道❷；本真不鑿❸，大人不失赤子之心❹。

【注　釋】❶取容　討好別人以求自己安身。《呂氏春秋・似順》：「夫順令以取容者，眾能之，而況鐸歟？」❷妾婦之道　謂侍妾之類人物的行為。❸本真不鑿　謂不雕琢或掩飾本性。即保持本來面目。本真，天性；本性。鑿，雕琢。❹大人不失赤子之心　意思是德行高尚、志趣遠大的人不喪失純潔善良的心地。語本《孟子・離婁下》：「大人者，不失其赤子之心者也。」大人，指德行高尚、志趣遠大的人。西漢・揚雄《法言・學行》：「大人之學也為道，小人之學也為利。」赤子之心，比喻純潔善良的心地。赤子，嬰兒。《書・康誥》：「若保赤子，惟民其康乂。」孔穎達疏：「子生赤色，故言赤子。」

【語　譯】阿諛逢迎取悅於人，男子漢恥於這類侍妾的行為；不雕琢掩飾天性本真，大丈夫依然保持純潔善良的赤子之心。

君子之事上❶也，必忠以敬，其接下❷也，必謙以和；小人之事上也，必諂以媚，其待下也，必傲以忽❸。

【注釋】❶事上　事奉尊長。東漢．陳琳〈檄吳將校部曲文〉：「事上謂之義，親親謂之仁。」事，侍奉；供奉。動詞。❷接下　對待比自己地位低的人；與地位低於自己者交往。接，交往；接觸。《禮記．表記》：「君子之接如水，小人之接如醴。」❸忽　輕視；怠慢。

【語譯】君子侍奉尊長，必定忠誠恭敬，與地位低者交往，必定謙虛和藹；小人面對尊長，必然阿諛諂媚，其對待下人，必然輕視傲慢。

【原注】小人刻刻在勢利上講求，故無常心。如此，那得不為君子所惡。

立朝❶不是好舍人❷，由居家不是好處士❸；平素❹不是好處士，由小時不是好學生。

【注釋】❶立朝　指在朝為官。北宋．曾鞏〈乞出知潁州狀〉：「伏念臣性行迂拙，立朝無所阿附。」

❷舍人　官名。《周禮・地官・舍人》：「舍人掌平宮中之政，分其財守，以灋掌其出入者也。」本宮內人之意，後世以為親近左右之官。秦、漢有太子舍人，為太子屬官，魏晉以後有中書舍人，掌傳宣詔命等。至明、清內閣中書科設中書舍人，掌書寫誥敕。文中作「官員」的泛稱。❸處士　本指有才德而隱居不仕的人，後亦泛指未做過官的士人。❹平素　平時；向來。

【語　譯】在朝為官不是好官吏，這是由於未入仕而居家時不是好士子；向來不是好士子，這是由於兒時就不是好學生。

【原　注】蒙童之教，大有關係如此。

做秀才❶，如處子❷，要怕人；既入仕，如媳婦，要養人❸；歸林下❹，如阿婆，要教人。

【注　釋】❶秀才　別稱「茂才」。原意為才能優異。漢代開始與孝廉並為舉士的科名。唐初曾與明經、進士並設為舉士科目，旋停廢。後唐、宋間凡應舉者皆稱秀才，元、明以降，用作為書生、讀書人的統稱。❷處子　猶處女。未出嫁的女子。❸養人　指供給人民生活所需。《禮記・禮運》：「君者，所養也，非養人者也。」亦謂教育熏陶他人。《漢書・禮樂志》：「禮以養人為本。」文中二意皆有。❹歸林下　回歸山林。即辭官歸隱。林下，指山林田野等退隱之處。案：中國傳統文化推崇有才華卻不入仕的隱士風範，為官者一旦年老或者因政見不合、奸佞當道等原因，要有辭官歸隱山林的精神氣度。

【語　譯】讀書求學時，應當像閨中少女一樣，待人處世小心謹慎；一旦入仕為官，如同過了門的媳婦，供給人民所需，使百姓各有所養；年老辭官，歸隱山林後，要像慈眉善目的阿婆，承擔起教育熏陶後輩的責任。

【原　注】顏光衷云：鄉紳，國之望也。家居而為善，可以感郡縣，可以風州里，可以培後進，其為功化，比士人百倍。故能親賢揚善，主持風俗，其上也。即不然，而正身率物，恬靜自守，其次也。下此則求田問舍，下此則欺弱暴寡，風之薄也，非所足道矣。偶話云：刀趁利，爐趁熱。此兩語誤人不淺。夫刀利爐熱，用之以幹許多好事，此光陰誠不可錯過。又爭體面三字，最誤人。今且以何者為體面？若枉道求官府，辱身賤行，此無體面之甚者也。官府即姑從我，而心輕其為人，此無體面之隱者也。得勢以豪鄉里，而人陰指曰：此翼虎，不可犯耳。尚得為體面乎？認得體面真時，便不爭體面，而百美集矣。

呂東萊云：士大夫喜言風俗不好，不知風俗是誰做的。身便是風俗，不自去做，如何會得好。

講風俗能就自己身上講起，便有許多不肯苟且之意。

貧賤時，眼中不著富貴❶，他日得志必不驕；富貴時，意中不忘貧賤，一旦退休必不怨。

【注　釋】❶眼中不著富貴　意為不貪戀富貴，對富貴漠然置之。著，貪戀；羨慕。

【語　譯】貧賤時，對富貴漠然置之，他日得志，必定不會驕橫傲慢；富貴時，心中不忘貧困苦難，一旦退休，必定不會失落抱怨。

貴人之前莫言賤，彼將謂我求其薦；富人之前莫言貧，彼將謂我求其憐。

【語　譯】在地位高、有權勢者的面前不訴說自己的卑賤，否則他會認為我乞求他的提攜舉薦；在富有者的面前不訴說自己的貧困，否則他會認為我乞求他的同情憐憫。

小人專望人恩，恩過輒忘；君子不輕受人恩，受則必報。

【語　譯】勢利小人一心盼望得到別人的恩惠，但受恩之後即刻就忘了；正人君子不輕易接受他人恩惠，一旦接受，必定設法報答。

處眾以和❶，貴❷有強毅不可奪之力；持己以正❸，貴有圓通不可拘之權❹。

【注　釋】❶處眾以和　謂以隨和的態度與別人相處。❷貴　崇尚；注重；以……為重要。❸持己以正　謂以剛正不阿的態度立身處世。❹圓通不可拘之權　謂圓融通達、不固執己見的變通能力。拘，拘泥；固執。權，權宜變通（在不違背原則的情況下）。《易．繫辭下》：「井以辯義，巽行以權。」

【語　譯】以隨和融洽的態度與別人相處，但要堅守確定不移的基本原則；以剛正不阿的態度立身處世，但要具備圓融通達、不固執己見的能力。

【原　注】內剛不可屈，而外能處之以和者，所濟多矣。

方正學云：處俗而不忤者，其和乎？其弊也流而無立；持身而不撓者，其介乎？其弊也厲而多過。介以植其內，和以應乎外，則庶幾矣。

使人有面前之譽，不若使人無背後之毀❶；使人有乍處❷之歡，不若使人無久處之厭。

【注　釋】❶毀　誹謗；詆毀；詈罵。❷乍處　初識；初相處。

【語　譯】與其得到別人的當面讚譽，不如背後沒有人詆毀自己；與其初識時讓別人感到愉悅，不如與人長久相處而不使其討厭。

【原　注】乍交不為小人所悅，久習不為君子所厭，如是，乃可見品。

媚若九尾狐❶，巧如百舌鳥❷，哀哉羞此七尺之軀；暴同三足虎❸，毒比兩頭蛇❹，惜乎壞爾方寸之地。

【注　釋】❶九尾狐　傳說中的奇獸。《山海經・南山經》：「〔青丘之山〕有獸焉，其狀如狐而九尾，其音如嬰兒，能食人，食者不蠱。」郭璞注：「即九尾狐。」比喻奸詐善媚惑的人。宋代陳彭年為「章聖（宋真宗）深遇……時人目為九尾狐，言其非國祥而媚惑多歧也」。見北宋・田況《儒林公議》卷上。❷百舌鳥　鳥名。善鳴，其聲多變化。《淮南子・說山訓》：「人有多言者，猶百舌之聲。」高誘注：「百舌，鳥名，能易其舌效百鳥之聲，故曰百舌也。以喻人雖多言無益於事也。」❸三足虎　三條腿的老虎。相傳極其兇惡。❹兩頭蛇　蛇的一種。無毒，尾圓鈍，驟看頗像頭，且有與頭相同的習性，故名。古代傳說見之者死，亦以之比喻陰險惡毒的人。

【語　譯】諂媚逢迎如同九尾狐，花言巧語類似百舌鳥，堂堂男兒讓七尺之軀蒙羞，可悲可嘆；暴戾兇惡好比三足虎，陰險毒辣就像兩頭蛇，為人處世其心地敗壞如此，可惜可恨。

到處傴僂❶，笑伊首何仇於天？何親於地？終朝籌算，問爾心何輕於命？何重於財？

【注釋】❶傴僂　脊梁彎曲；俯身。文中指卑躬屈膝，低三下四，阿諛逢迎權貴。

【語譯】到處低眉折腰、卑躬屈膝，可笑他的頭為什麼有仇於天而與地相親？終日籌謀策劃，經營算計，問問他的心為什麼輕視生命卻看重錢財？

【原注】楊升庵詩話云：生前枉費心千萬，死後空持手一雙。足以喚醒一世。

富兒因求宦傾貲❶，汙吏❷以黷貨❸失職。

【注釋】❶求宦傾貲　傾盡貲財以謀求官位。貲，通「資」。貨物；錢財。❷汙吏　貪汙受賄的官吏。《孟子‧滕文公上》：「暴君、汙吏必慢其經界。」汙，鄙陋；貪贓；不廉潔。❸黷貨　貪求財貨。《南史‧劉善明傳》：「及累為州郡，頗黷財賄。」黷，貪汙；貪求。

【語譯】富家子弟因為謀求官位而傾家蕩產，貪官汙吏因為聚斂財貨而丟失官職。

【原注】初起於覬其所無，卒至於喪其所有。若各泯其貪心，則何奪祿敗家、喪名失身之有！

親兄弟析箸❶，璧合翻作瓜分❷；士大夫愛錢，書香❸化為銅臭❹。

【注　釋】❶析箸　謂分家。箸，筷子。本應成雙使用，現使其分開，即以喻分家。❷璧合翻作瓜分　意思是（分家使）原先完美的家庭轉眼分割成幾塊。璧合，兩璧相合。比喻美好的事物或人才結合在一起。璧，美玉。瓜分，如同切瓜一樣地分割或分配某物。❸書香　讀書風氣；（世代）讀書的習尚。案：古人為防書籍被蠹蟲所蛀，常在書中夾一些具有驅蟲作用的香草，故以之比喻。一些世代都是讀書人的家庭即稱「書香門第」。❹銅臭　銅錢的臭氣。原用以譏諷用錢買官或豪富者。後常用來譏諷惟利是圖的人。

【語　譯】親兄弟一旦分家，完美的家庭轉眼被分成數塊；士大夫如果貪財，書卷之香頓時化作銅錢臭氣。

【原　注】高忠憲公家訓云：士大夫居間得財之醜，不減於室女踰牆從人之羞。流俗滔滔，恬不為怪者，只是不曾立志要做人。若要做人，自知男女失節，總是一般。

士大夫當為子孫造福，不為子孫求福。謹家規，崇儉樸，教耕讀❶，積陰德❷，此造福也；廣田宅，結姻援❸，爭什一❹，鬻功名❺（究竟非求而得），此求福也。造福者澹而長❻，求福者濃而短❼（造福正所以求福，不可不知）。

士大夫當為此生惜名，不當為此生市名❽。敦詩書❾，尚氣節，慎取與，謹威儀⑩，此惜名也；競標榜⑪，邀權貴⑫，務矯激⑬，習模稜⑭（辱身喪名莫不由此。求名適所以壞名，名豈可市哉），此市名也。惜名者靜而休⑮，市名者躁而拙⑯。

士大夫當為一家用財，不當為一家傷財。濟宗黨⑰，廣東脩⑱，救荒歉，助義舉⑲，此用財也；靡苑囿⑳，教歌舞，奢燕會㉑，聚寶玩，此傷財也。用財者損而盈㉒；傷財者滿而覆㉓（無論在己在人，義所當用，乃謂之義；不當用，乃為之傷。有財者可以鑑矣）。

士大夫當為天下養身，不當為天下惜身。省嗜欲，減思慮，戒忿怒，節飲食，此養身也（養其身以有為也）；規利害㉔，避勞怨㉕，營窟宅㉖，守妻子（似乎愛惜此身，卻不知已置此身於無用。直謂之不自愛也可），此惜身也。養身者嗇而大㉗，惜身者豐而細㉘。

【注釋】❶耕讀　耕耘與讀書。案：農耕時代，春種秋收是維持生計的根本，讀書則可以使人長知識懂道理，這是千百年來中國傳統文化所倡導的傳家之寶。❷積陰德　行善積德。案：受佛教影響，社會普遍認為生前積德行善，特別是做不為他人所知的善事，死後在陰間有善報。陰德，暗中所做的有德於人的事；陰間所得到的善報。《淮南子・人間訓》：「有陰德者必有陽報，有陰行者必有昭名。」❸結婣援　謂通過婚姻關係結成親戚。文中含有利用婚姻達到某種目的、或攀附權貴的意思。婣，同「姻」。《宋書・索虜傳》：「至此非唯欲為功名，實是貪結姻援。」❹什一　十分之一。《史記・越王句踐世家》：「〔范蠡〕候時轉物，逐十一之利。」言范蠡通過轉運貿易，獲取百分之十（或更高）的利潤。後因以「什一」泛指經商。本文中含有惟利是圖的意思。❺鬻功名　買賣功名。鬻，購買；賣。❻澹而長　謂恬淡平靜但長久。澹，恬淡；淡泊。《莊子・知北遊》：「澹而靜乎？漠而清乎？」❼濃而短　言熱鬧濃烈卻短暫。濃，程度深；豔麗；熱鬧。❽市名　買名。即求取名聲、沽名釣譽。市，購買；賣出。用作動詞。❾敦詩書　勤奮讀書。敦，崇尚；注重；勤勉。《左傳・僖公二十七年》：「說禮、樂，而敦《詩》、《書》。」❿謹威儀　謂儀容舉止端莊嚴謹。威儀，莊重的儀容舉止。《書・顧命》：「思夫人自亂於威儀。」孔傳：「有威可畏，有儀可象。」⓫競標榜　爭相誇耀。標榜，誇耀；稱揚。⓬邀權貴　迎合權貴；攀附權貴。邀，求請；迎候。⓭務矯激　做一些矯揉造作、詭異偏激的事使人驚詫駭疑。務，從事；致力於。矯激，猶「詭激」。奇異偏激、違逆常情。《後漢書・第五倫傳論》：「君子侈不僭上，儉不偪下……詎非矯激，則未可以中和言也。」⓮習模稜　謂習慣於遇事圓滑，是非含混。習，習慣；習慣於。模稜，亦作「模棱」。喻遇事不置可否，態度曖昧。⓯靜而休　寧靜而美善。休，喜慶；美善；福祿。《詩・小雅・菁菁者莪》：「既見君子，我心則休。」王引之《經義述聞・毛詩上》謂：「休亦喜也，語之轉耳。……休休猶欣欣，亦語之轉也。」⓰躁而拙　浮躁而拙劣。⓱濟宗黨　（以錢財穀米等）接濟救助親友鄉鄰。濟，救助。宗黨，宗族、鄉黨。泛指親友鄉鄰。⓲廣束脩　謂增加給老師的酬金、增設學校。廣，擴大；增多。束脩，亦作「束修」。十條乾肉。古代常用作饋贈的一般性禮物，孩童入學時也以此作敬師的禮物。《論語・述而》：「子曰：『自行束脩以上，吾未嘗無誨焉。』」後亦指學生致送教師的酬金。⓳義舉　正義的舉動；疏財仗義的行為。⑳靡苑囿　謂營造、布置精美華麗的園林。靡，華麗；精美。苑囿，古代畜養禽獸供帝王玩樂的園林。後泛指華美精緻的園林。㉑奢燕會　謂舉辦奢華的宴會。大宴賓客。燕會，宴飲會聚。燕，通「宴」。宴飲；宴請。㉒損而盈　意思是雖然減少了錢財但收穫豐盈。損，減少。《墨子・七患》：「歲饉，則仕者大夫以下皆損祿五分之一。」㉓滿而覆　謂儘管積聚了無數財寶但最終仍是一無所有。覆，傾倒；倒出。㉔規利害　言謀求、計較利害得失。規，謀求；謀劃。㉕避勞怨　謂躲避勞苦和抱怨。㉖營窟宅　營建房舍住所。窟宅，動物棲止的洞穴。指人類住所時，多用作貶義。㉗嗇而大　言愛護、顧惜而又大度、大氣。嗇，愛惜；顧惜。㉘豐而細　謂看似豐滿健碩，實則渺小瑣碎。豐，豐滿健壯。指體態。

【語　譯】士大夫應當為子孫營造福祉，而不應當為他們謀求福祉。嚴謹家規，崇尚儉樸，教導耕作與讀書，積德行善，這就是營造福祉。廣置田宅，以姻謀益，惟利是圖，買取功名，這就是謀求福祉。營造的福祉，平淡恬靜然而長久；謀求的福祉，熱鬧濃烈卻是短暫。

士大夫應當為自己的一生珍惜名譽，不應當為這一生沽名釣譽。勤奮讀書，崇尚氣節，謹慎取予，端莊儀容，這就是珍惜名譽。競相誇耀，攀附權貴，詭異偏激，圓滑含混，這就是沽名釣譽。珍惜名譽的人寧靜而美善，沽名釣譽的人浮躁而拙劣。

士大夫應當合理使用家財，不應當隨意濫費錢財。接濟鄉親，增設學校，賑救荒年，創辦協助義舉善行，樂於助人，益於世事，這就是合理使用家財。園林華美，歌舞徹夜，賓客盈門，積聚珍玩，恣意追求感官享受，這些都是浪費錢財。善用錢財的人雖然花錢很多但收穫豐盈，濫費錢財的人儘管積聚了無數財寶最終卻一無所有。

士大夫應當為肩負天下重任而修身養性，不應當藉口擔負重任而戀惜身家。克制嗜欲，減少思慮，戒除煩怒，節制飲食，這就是修身養性。計較得失，規避勞怨，造屋建房，守著妻兒，這就是戀惜身家。修身養性的人愛護體魄卻氣度不凡，戀惜身家的人看似豐滿健碩，實則渺小細碎。

【原　注】張同初先生卻金堂四箴。

陳榕門先生云：按四箴所云當為者，即孟子所云求在我者也；不當為者，即孟子所云求在外者也。迹雖近似，義實相妨。今一一臚列之，互舉之，是非公私，顯然可見矣。憶余為諸生時，於官齋屏幛間，曾見此箴，覺有怵於心，而未知其言之切而中也。及閱歷仕途，深嘗世故，每見士大夫往往於此四者，辨之不明，遂致誤入歧途，貽悔末路，益服先輩格言，切中世病，足發深省，而愧前此失於體認，草草讀過也。然則思齊內省，為所當為，不為所不當為。願與世之君子共勉之。

處事類

處難處之事愈宜寬，處難處之人愈宜厚，處至急之事愈宜緩，處至大之事愈宜平，處疑難之際愈宜無意。

【語　譯】處理難辦的事情更應該從寬，與難以相處的人交往更應該寬厚，辦理緊急事務更應該和緩，面臨重大事件更應該平靜沉穩，疑惑為難之際更應該擯棄成見。

【原　注】撼大摧堅，要徐徐下手，默默留意，久久見功。若攘臂竭力，一犯手自家先敗。

張子韶云：天下之事，有理有勢，理得乘勢以行，固屬快意；勢若一時不能遽遂，則又貴於徐徐應之。惟如是，而後為明通；惟如是，而後能應事。

楊忠愍公云：欲幹天下之事，當思如何下手，如何收煞；事成如何結果，不成落何名目。死生雖不計，畢竟果不徒死否，思之思之，又重思之。

薛文清公云：事纔入手，便當思其發脫。又云：應事最當熟思緩處，熟思則得其情，緩處則得其當。

呂新吾云：事見到無不可時，便斬截做，不要留戀，兒女子之情，不足以語辦大事者也。又云：計天下大事，只在要緊處一著，留心用力，別箇都顧不得。此要緊一著，又要看得明，守得定，方不失輕重之衡。又云：凡酌量天下大事，全要箇融通周密，憂深慮遠。若粗心浮氣，淺見薄識，得其一方，而固執以求勝，以此圖久大之業，為治安計，難矣。又云：處天下事，前面常長出一分，此之謂豫；後面常餘出一分，此之謂裕。如此，則事無不濟，而心有餘樂。若扣煞分數做去，必有後悔。又云：做天下好事，既度德量力，又審勢擇人。專欲難成，眾怒難犯，此八字，不獨妄動邪為者宜慎，雖以至公無私之心，行正大光明之事，亦須調劑人情，發明事理，俾大家信從，然後動有成，事可久。蓋羣情多闇於遠識，小人不便於私己，羣起而壞之，雖有良法，胡成胡久。又云：天下事，只怕認不真。若認得真時，更那管一國非之，天下非之。君子作事，舉世懼且疑，而彼確然為之，卒如所料者，先見定也。故要見事後功業，休恤事前議論，事成後，眾情自貼。即萬一不成，而我為其所當為也，論不得成敗。是非理也，成敗勢也；亦有勢不可為，而猶為之者，惟其理而已。

無事時常照管此心❶，兢兢然❷若有事；有事時卻放下此心❸，坦坦然若無事。無事如有事提防，纔可弭❹意外之變；有事如無事鎮定，方可消局中之危❺。

【注　釋】❶照管此心　謂照料管理這顆心。即修養心性，謹慎小心。❷兢兢然　小心謹慎貌。《詩．小雅．小旻》：「戰戰兢兢，如臨深淵，如履薄冰。」❸放下此心　放寬心；鎮定自若。❹弭　止息；平息。❺局中之危　指現已存在著的危險局勢，或問題、災難。局，形勢；局面。

【語　譯】沒有事情時，經常修養心性，小心謹慎，就像有事時那樣；事情發生後，卻放寬心胸，坦然自若，如同無事時一樣。尋常日子要像有事時那樣多加提防，才能消弭意外的災變；問題真的發生了，也要似無事時一樣從容鎮定，才能解決已經存在著的危難。

當平常之日，應❶小事宜以應大事之心應之。蓋天理❷無小，即目前觀之，便有一箇邪正，不可忽慢❸苟簡❹，須審❺理之邪正以應之，方可。及變故之來，處大事宜以處小事之心處之。蓋人事❻雖大，自天理觀之，只有一箇是非，不可驚惶失措，但憑理之是非以處之，便得。

【注　釋】❶應　應付；對付。《莊子．齊物論》：「樞始得其環中，以應無窮。」❷天理　天道；自然法則。亦指道義、綱常倫理。❸忽慢　輕慢。❹苟簡　草率而簡略。《莊子．天運》：「食於苟簡之田，立於不貸之圃。」❺審　詳究；細察。❻人事　指人之所為、人力所能及之事。與「天道」相對。

【語　譯】尋常日子，處理小事也應該以處理大事的心態認真對待。因為天道倫常沒有小事，即便從眼前來看，就有一個邪與正的區別，不可輕慢草率，必須仔細考察事理的邪正，據此分別對待才行。一旦發生意外變故，解決重大事件應當以解決小事的心態輕鬆應對。因為人所做的事情雖然大，但從天道倫常的根本大道來看，只不過一個是與非的問題，不必驚慌失措，只要依據事理的是非，逐一解決就行了。

【原　注】劉念臺應事說云：事無大小，皆有理在。劈頭判箇是與非，見得是處，斷然如此，雖鬼神不避；見得非處，斷然不如此，雖千駟萬鍾不回。又於其中，條分縷析，辯箇是中之非，非中之是；似是之非，似非之是。從此下手，沛然不疑，所以動有成績。又凡事有先著，當圖難於易，為大於細。有要著，一著勝人千萬著，失此不著，滿盤敗局。又有先後著，如低棋以後著為先著，多是見小欲速之病。又有了著，恐事至八九分便放手，終成決裂也。蓋見得是非後，又當計成敗。如此，方是有用學問。學者遇事不能應，總是此心受病處。只有鍊心法，更無鍊事法。鍊心之法，大要只是胸中無一事而已。無一事，乃能事事，此是主靜工夫得力處。又云：多事不如少事，省事不如無事。

緩事宜急幹，敏❶則有功；急事宜緩辦，忙則多錯。

【注　釋】❶敏　疾速；敏捷；勤勉。《詩・小雅・甫田》：「曾孫不怒，農夫克敏。」

【語　譯】事不急迫，仍應當迅速處理，勤勉敏捷可以收到事半功倍的效果；面對緊急之事，則應當放慢步驟，從容解決，以免忙中一錯再錯。

【原　注】事有必不可已者，便須早作。日捱一日，未必後日之能如今日也。若營父母遠大之事，尤當喫緊。

劉直齋云：事屬道義方可做，然卻須寬綽細膩，真實忍耐，一一從頭至尾，節次調停，方克有濟。否則悤忙疏漏，必將虛矯急迫，反害義矣。

不自反❶者，看不出一身病痛；不耐煩❷者，做不成一件事業。

【注　釋】❶自反　反躬自問；自我反省。《禮記・學記》：「知不足，然後能自反也；知困，然後能自強也。」❷耐煩　耐心；不怕麻煩；不急躁。《朱子語類》卷一〇七：「大凡事只得耐煩做將去，才起厭心便不得。」

【語　譯】不自我反省的人，看不出自己身上的缺點和錯誤；缺乏耐心、怕麻煩的人，則什麼事情都做不成。

【原　注】只一耐煩心，天下何人不處得，天下何事不了得。

日日行，不怕千萬里；常常做，不怕千萬事。

【語譯】每天行路，千萬里路也不遠，總能到達；經常做事，千萬件事也不多，總能做完。

【原注】陳榕門云：數語中有不息、漸進二意。

必有容，德乃大❶；必有忍，事乃濟❷。

【注釋】❶必有容二句　意思是為人必須寬宏大量，這樣才有大德行。句本《書・君陳》：「有容，德乃大。」孔傳：「有所包容，德乃為大。」有容，有所包含；寬宏大量。乃，才；才是；這才。❷必有忍二句　意思是行事必須堅忍耐心，這樣才能成功。句本《書・君陳》：「必有忍，其乃有濟。」孔傳：「為人君長，必有所含忍，其乃有所成。」忍，忍耐。濟，成功；成就。

【語譯】為人必須寬宏大量，這樣才有大德行；行事必須堅忍耐心，這樣才能成功。

過去事，丟得一節是一節；現在事，了❶得一節是一節；未來事，省得一節是一節。

【注釋】❶了　完畢；結束。南唐・李煜〈虞美人〉詞：「春花秋月何時了，往事知多少？」

【語譯】過去的事不必計較，丟棄一件少一件；現在的事努力去做，完成一件是一件；未來的事無須多慮，省卻一件就減輕一些擔憂。

【原　注】白香山詩云：我有一言君記取，世間自取苦人多。今試問勞擾煩苦之人，此事亦儘可已，果屬萬不可已者乎？當必恍然自悟矣。

強不知以為知❶，此乃大愚；本無事而生事，是謂薄福。

【注　釋】❶強不知以為知　即不懂裝懂。《論語．為政》：「由，誨女知之乎？」朱熹《集注》：「子路好勇，蓋有強其所不知以為知者。」強，勉強。

【語　譯】不懂裝懂，這是最愚蠢的行為；無事生非，這稱為福分淺薄。

居處❶必先精勤❷，乃能閒暇；凡事務求❸停妥❹，然後逍遙。

【注　釋】❶居處　指日常生活。《論語．陽貨》：「夫君子之居喪，食旨不甘，聞樂不樂，居處不安。」❷精勤　專心勤勉。《後漢書．馮勤傳》：「以圖議軍糧，在事精勤，遂見親識。」❸務求　必須追求；努力達到。務，必須；一定。❹停妥　妥貼；妥當。明．李贄〈與友人〉：「此非一兩年之力，決難停妥，是以未甘即死也。」

【語　譯】日常生活首先必須專心勤勉，然後才能有所閒暇；一切事務力求處理妥貼，然後才能逍遙自在。

【原　注】呂新吾云：世人通病，先事體怠神昏，臨事手忙腳亂，即事意散心安。此事之賊也，不可不痛戒之。

凡事豫則立。此五字極當理會。

天下最有受用❶，是一閒字，然閒字要從勤中得來；天下最討便宜❷，是一勤字，然勤字要從閒中做出。

【注　釋】❶受用　猶受益、得益。《朱子語類》卷九：「今只是要理會道理，若理會得一分，便有一分受用；理會得二分，便有二分受用。」❷討便宜　謂獲益或取巧。討，索取；謀求；請求。便宜，好處；優勢。

【語　譯】天下最使人受益的是個「閒」字，但閒暇要從勤奮中得到；天下最有好處的是個「勤」字，然而勤奮是從閒暇中做出。

【原　注】若一懈怠，諸事都廢；方寸中定有許多牽掛，何處討箇閒來？若一擾亂，動手即錯，一件事決費無數周折，勤也濟不得事。

自己做事，切須不可迂滯❶，不可反覆，不可瑣碎；代人做事，極要耐得❷迂滯，耐得反覆，耐得瑣碎。

【注釋】❶迂滯　迂闊；固執呆板；不通達。❷耐得　能夠忍受。耐，忍受。

【語譯】自己做事，絕對不可迂腐固執，不可反覆無常，不可繁瑣細碎；替別人做事，卻要能夠忍受迂腐固執，忍受反覆無常，忍受繁瑣細碎。

【原注】處事大忌急躁，急躁則先自處不暇，何暇治事？

謀❶人事如己事，而後慮之也審❷；謀己事如人事，而後見❸之也明。

【注釋】❶謀　策劃；籌謀。❷審　仔細；慎重。❸見　見解；認識。

【語譯】替別人謀劃事情時就像給自己謀事，這樣思考才能細緻縝密；謀劃自己的事情時如同為別人謀事，這樣見識才能透徹明瞭。

【原注】呂新吾云：人只是怕當局，當局者之十，不足以當旁觀者之五。智慮以得失而昏也，膽氣以得失而奪也。只沒了得失心，則志氣舒展。此心與旁觀者一般，何事不濟！

陳榕門云：恆言是非得失，不知是非者公，而得失者私也；是非者理，而得失者數也。

得失之心重，則明者亦昏，勇者亦怯矣！

無心❶者公，無我❷者明。

【注　釋】❶無心　沒有成見。南宋·周輝《清波別志》卷上：「朕以無心處之，無心向明，無心則不偏，無心則不私。」❷無我　不抱一己之見；無私心；忘我。《關尹子·三極》：「聖人師萬物，惟聖人同物，所以無我。」

【語　譯】沒有成見的人處事公正，沒有私心的人光明正大。

【原　注】當局之君子，不如旁觀之眾人者，以有心、有我故也。

置其身於是非之外，而後可以折❶是非之中；置其身於利害之外，而後可以觀利害之變。

【注　釋】❶折　判斷；裁決。西漢·揚雄《法言·吾子》：「萬物紛錯則懸諸天，眾言淆亂則折諸聖。」

【語　譯】置身於是非之外，然後可以判斷誰是誰非；置身於利害之外，然後可以觀察利與害的各種變化。

任事❶者，當置身利害之外；建言❷者，當設身❸利害之中。

【注釋】❶任事　任職理事；做事。任，承擔；擔任。❷建言　對事情有所建議及陳述。《漢書・郊祀志下》：「禹（貢禹）建言漢家宗廟祭祀多不應古禮，上是其言。」❸設身　謂假設己身為他人；假設自己處在他人的狀況下。

【語譯】任職做事的人應當置身於利害之外，不計較考慮得失；提出建議的人應當置身於利害之中，設身處地地權衡利弊。

【原注】置身於外，則無所顧忌；設身其中，則平易近人。二語各極其妙。

無事時戒一偷❶字，有事時戒一亂❷字。

【注釋】❶偷　苟且；怠惰。《孫臏兵法・將失》：「令數變，眾偷，可敗也。」❷亂　昏亂；迷糊；不知所措。

【語譯】平安無事時，戒除苟且怠惰，懶散無聊；事務紛雜時，戒除神昏意迷，不知所措。

【原注】呂新吾云：有涵養人，心思極細。雖應倉猝，而胸中依然暇豫，自無粗疏之病。心粗便是學不濟處。

將事❶而能弭❷，遇事而能救，既事❸而能挽，此之謂達權❹，此之謂才；未事❺而知來❻，始事❼而要終❽，定事❾而知變，此謂之長慮❿，此謂之識⓫。

【注　釋】❶將事　將要發生的事情。❷弭　消除；平息。❸既事　已經發生的事情。❹達權　通曉權宜，隨機應對。《後漢書·崔駰傳》：「夫豈不美文、武之道哉？誠達權救敝之理也。」❺未事　未曾做事；尚未開始做事。❻知來　知道將來；預測未來。❼始事　開始做事。❽要終　探索結果。要，探求；求取。《易·繫辭下》：「噫！亦要存亡吉凶，則居可知矣。」高亨注：「要亦求也。此言用《易經》求人事之存亡吉凶，則安坐可知矣。」❾定事　事情已經明確。定，確定；明確。❿長慮　從長遠考慮。《管子·大匡》：「智者究理而長慮，身得免焉。」⓫識　見識；見解。

【語　譯】將要發生的事能夠平息，正在遭遇的事能夠解決，已經發生的事能夠挽救，這就叫做通曉權宜，隨機應對，這就叫做才幹；尚未做事時能夠預測未來，開始做事時能夠求取結果，已經明確的事能夠知道變化，這就叫做深謀遠慮，從長計議，這就叫做見識。

【原　注】陳榕門云：如此講才，方不是機巧一流；如此講識，方不是揣測一流。

提得起，放得下；算得到，做得完；看得破，撇得開。

【語　譯】做事情既要勇於擔當，又能果斷終止；既要籌劃周密，又能善始善終；既要看透得失，又能徹底拋開。

【原　注】非大有識力人不能，然亦要習學。

救已敗之事者，如馭臨崖❶之馬，休❷輕策一鞭；圖❸垂成❹之功者，如挽❺上灘❻之舟，莫少停一棹❼。

【注　釋】❶臨崖　靠近懸崖邊。亦比喻面臨危險。❷休　不要。❸圖　謀取；考慮。❹垂成　即將成功。垂，接近；即將。❺挽　牽引；拉。❻上灘　逆水上行。❼棹　船槳。

【語　譯】挽救已成敗局的事情，如同駕御行至懸崖的馬匹，必須萬分小心，輕輕一鞭都不能打；謀取將要成功的事情，好比拉逆水而上的船隻，絲毫不得鬆懈，切勿稍停一槳。

以真實肝膽❶待人，事雖未必成功，日後人必見我之肝膽；以詐偽心腸❷處事，人即一時受惑，日後人必見我之心腸。

【注　釋】❶肝膽　比喻內心、真心誠意。❷心腸　猶心地。

【語　譯】以真心誠意對待別人，事情雖然不一定成功，但日後別人一定能夠體會到我的真誠；以虛偽狡詐應付事務，別人即便一時受騙上當，過後卻一定會看穿我的狡詐。

天下無不可化❶之人，但恐誠心未至；天下無不可為之事，只怕立志不堅。

【注　釋】❶化　感化；教育；教化。

【語　譯】天底下沒有不能教化的人，只怕是誠心還不夠；天底下沒有不能做成的事，只怕是志向不堅定。

【原　注】湯潛庵云：天下之事有真事，須天下之人有真心。無真心而做真事，必不可得之數也。

處人❶不可任己意，要悉❷人之情；處事不可任己見，要悉❸事之理。

【注　釋】❶處人　與人相處。❷悉　知道；瞭解。

【語　譯】與別人相處，不可按照自己的意願，要知悉人情世故；處理事情不可固執己見，要瞭解事理規則。

【原　注】陳榕門云：悉人之情，則於己方為得理；悉事之理，則於事方克有濟。不是漫無主見，終日向人覓生活也。

見事❶貴❷乎理明，處事貴乎心公。

【注　釋】❶見事　識別事勢。《史記・范睢蔡澤列傳》：「吾聞穰侯智士也，其見事遲。」見，見解；見識；知道。❷貴　重要；可貴。

【語　譯】識別事勢最重要的是明察事理，辦理事務最可貴的是心地公正。

【原　注】理不明，則不能辨別是非；心不公，則不能裁度可否。惟理明心公，則於事無所疑惑，而處得其當也。

於天理汲汲❶者，於人欲必淡；於私事耽耽❷者，於公務必疏；於虛文❸熠熠❹者，於本實❺必薄❻。

【注　釋】❶汲汲　心情急切貌。《禮記・問喪》：「其往送也，望望然，汲汲然，如有追而弗及也。」

汲，用同「急」。❷耽耽　威嚴注視貌。亦形容貪婪地注視。耽，又作「眈」。《易・頤》：「虎視耽耽，其欲逐逐。」❸虛文　空洞無意義的文字、話語；徒具形式的規章制度。❹熠熠　光彩貌；鮮明貌。形容光輝、華麗。❺本實　本來的真實含意。❻薄　少；弱。

【語　譯】努力追求道義倫常的人，其個人的欲念必定淡漠；貪戀沉溺私事的人，對待公務必定粗疏；熱中於形式華美的人，其本質必定淺薄。

君子當事❶，則小人❷皆為❸君子，至此不為君子，真小人❹也；小人當事，則中人❺皆為小人，至此不為小人，真君子也。

【注　釋】❶當事　任事；任職。《宋書・袁粲傳》：「粲沉默寡言，不肯當事。」當，擔當；擔任。❷小人　平民百姓；識見淺狹的人。《書・無逸》：「生則逸，不知稼穡之艱難，不聞小人之勞，惟耽樂之從。」❸為　成為；變成。《詩・小雅・十月之交》：「高岸為谷，深谷為陵。」❹小人　人格卑鄙的人。《書・大禹謨》：「君子在野，小人在位。」❺中人　中等資質的人；常人。《論語・雍也》：「中人以上，可以語上也；中人以下，不可以語上也。」

【語　譯】君子任官主事，那麼平民百姓都會受到感召而成為君子。此時仍然不能成為君子者，便是真正的小人。人格卑鄙的人當官主事，那麼中等資質的人都會仿效而墮落為小人。此時仍堅守道德情操不做小人者，就是真正的君子。

居官❶先厚民風，處事先求大體❷。

【注　釋】❶居官　擔任官職。❷大體　重要的義理；有關大局的道理。《史記・平原君虞卿列傳》：「〈平原君〉未睹大體。」

【語　譯】做官首先要使民風淳厚，做事首先要把握事情的本質。

論人當節取❶其長，曲諒❷其短；做事必先審其害，後計其利。

【注　釋】❶節取　取其長處。《左傳・僖公三十三年》：「《詩》曰：『采葑采菲，無以下體。』君節取焉可也。」杜預注：「葑菲之菜，上善下惡，食之者不以其惡而棄其善，言可取其善節。」後因以「節取」指取其善節。❷曲諒　垂諒；特加原諒。

【語　譯】評議別人應當盡量取其長處，原諒寬容他的缺陷；做事情必須先考慮其不利的方面，然後再估計其收益。

小人處事，於利合者為利，於利背者為害；君子處事，於義合者為利，於義背者為害。

【語　譯】小人做事，合於自己利益的就是好事，違背自己利益的就是壞事；君子做事，符合天理道義的就是好事，違背天理道義的就是壞事。

【原　注】劉念臺云：學莫先於義利之辨，義利兩者，正人禽分途處也。義也者，天下之公也；利也者，一己之私也。人纔為一己起見，便生出許多占便宜心，於凡辭受、取與、出處、死生之際，總無是處。利，利也，名亦利也，如以利，道德事功皆利也。為人子者，有所利焉而為孝，其孝必不真；為人臣者，有所利焉而為忠，其忠必不至。充其類，便是弒父與君。故曰：差之毫釐，謬以千里，喫緊在破除鄉原窠臼，鄉原正喻利之深者，故聖人惡之。吾儕學問，只從念頭處討分曉，見得義當為，便必為；利不當為，便必不為，是辨之最明處。

凡作事，第一念為自己思量，第二念便須替他人籌算。若彼此兩益，或於己有益，於人無損，皆可為之；若益於己者十之九，損於人者十之一，即宜躊躇。若人與己損益相半，斷宜撒手。況益全在己，損全在人者乎？若損己以益人，尤為上等君子。

只人情世故❶熟了，甚麼大事做不到？只天理人心❷合了，甚麼好事做不成？

【注　釋】❶人情世故　為人處世的道理。南宋・文天祥〈送僧了敬序〉：「姑與之委屈於人情世故之內。」人情，人之常情。指世間約定俗成的事理標準。世故，世上的事情、習俗。也指處世圓通而富有經驗。❷人

心　指人們的意願、情感等。南宋・葉夢得《避暑錄話》卷上：「所謂人心者，喜怒哀樂之已發者也。」

【語　譯】只要熟悉瞭解了為人處世的道理原則，還會有什麼樣的大事做不到？只要意願、情感與天道倫常相吻合，還會有什麼樣的好事做不成功？

【原　注】陳榕門云：此人情，在公一邊看。熟者，體察而熟悉之，不是揣摩世故，曲徇人情。

只一事不留心，便有一事不得其理；只一物不留心，便有一物不得其所❶。

【注　釋】❶不得其所　處置不合適；不能達到目的。語本《穀梁傳・成公八年》：「媵，淺事也，不志。此其志何也，以伯姬之不得其所，故盡其事也。」范寧注：「不得其所，謂災死也。」本指未得善終，後謂沒有得到適當的安頓。所，宜；適宜；原理；方法。

【語　譯】只要有一事未曾留心，就有一件事不能明白其中的道理；只要有一物未曾留心，就有一物不能知曉其來龍去脈，處置不恰當。

【原　注】心頭有一分檢點，自有一分得處。學者只事事留心，一毫不苟，其德業之進也，如流水矣。

遇事不可輕忽，雖至微至細者，皆當慎重處之。及事將完，越要加慎、加勤、加寬。

事到手，且莫急，便要緩緩想；想得時，切莫緩，便要急急行。

【語　譯】事情來臨時，先不要著急，認真仔細地思考解決方法；想明白後，決不可怠緩遲疑，堅決果斷地執行實施。

【原　注】陳榕門云：緩字是詳慎，不是怠緩；急字是果決，不是急遽。周公仰而思之，夜以繼日；幸而得之，坐以待旦，正是此意。

事有機緣❶，不先不後，剛剛湊巧；命若蹭蹬❷，走來走去，步步踏空❸。

【注　釋】❶機緣　機會與緣分。❷蹭蹬　困頓；失意；倒楣。唐・杜甫〈秋晚〉詩：「蹭蹬多拙為，安得不皓首。」❸踏空　足底落空，沒踩著實地。比喻抓不住機會，做事不成功。

【語　譯】事情的成功有許多機會與緣分，只有準確把握機緣出現的時間，不先不後，才算恰當；如果時運不濟，無論怎麼努力，每一步都會走錯，難以成功。

【原　注】張夢復云：子曰：不知命，無以為君子。集注：人不知命，則見害必避，見利必趨，何以為君子。余少奉教於姚端恪公，服膺斯語。每遇疑難躊躇之事，輒依據此言，稍有把握。

古人言居易以俟命，又言行法以俟命。人生禍福榮辱得喪，自有一定命數，確不可移。審此，則害宜避，而有不能避之害；利可趨，而有不必趨之利。利、害之見既除，而為君子之道始出。此為守甚有力，既知利害有一定，則落得做好人也。權勢之人，豈必與之相抗以取害。到難於相從處，亦要內不失己，果謙和以謝之，宛轉以避之，彼亦未必決能禍我。即禍我，亦命數宜然，又安知委屈從彼之禍，不更烈於此也？使我為州縣官，決不用官銀以媚上官，安知用官銀之禍，不更甚於上官之失歡也？昔者米脂令邊君，掘李賊之祖墳。賊破京師後，獲邊君，置軍中，欲甘心焉。挾至山西，以三十人守之，邊君夜遁，後復為州守，自著《虎吻餘生記》記之。李賊殺人數十萬，究不能殺一邊君，死生有命，甯不信然歟？予官京師日久，每見人之數應為此官，而其時本無此一缺。有人焉竭力經營，幹辦停當，而此人無端值之，如此者不一而足。此亦舉世之人共知之，而當局往往迷而不悟。其中之求速反遲，求得反失，彼人為此人而謀，此事因彼事而壞，顛倒錯亂，不可究詰。人能將耳目聞見之事，平日體察，亦可消許多妄念也。

朱子云：今人必要算到有利無害處，天下事那裏被你算得盡？

接物類

事屬曖昧❶，要思回護❷它，著❸不得一點攻訐❹的念頭；人屬寒微❺，要思矜禮❻他，著不得一毫傲睨❼的氣象❽。

【注　釋】❶事屬曖昧　指不便公開的事。即隱私或不光彩的事。曖昧，不光明的；不便公之於眾的。❷回護　迴避；顧忌。《明史・劉翊傳》：「翊性疏直，自以官僚舊臣，遇事無所回護。」❸著　表示客觀上或情理上的需要、應該、能夠等。助動詞。❹攻訐　舉發他人的過失或陰私而加以攻擊。❺寒微　指出身貧賤，家世低微。《晉書・吾彥傳》：「〔吾彥〕出身寒微，有文武才幹。」❻矜禮　憐惜而禮遇之。矜，憐憫；同情。❼傲睨　傲慢輕視；驕傲。睨，斜著眼（看）；斜視。❽氣象　指跡象。文中有臉色、表情之意。

【語　譯】屬於別人隱私之類的事情，要想方設法維護迴避，不能有一點點說壞話的念頭。對於貧寒卑微的人，要想方設法憐惜而禮遇他，不能有一絲絲傲慢輕視的跡象。

凡一事而關人終身❶，縱❷確見實聞❸，不可著口❹；凡一語而傷❺我長厚❻，雖閒談酒謔❼，慎勿形言❽。

【注釋】❶關人終身　謂關係到人的一生（命運、事業、名譽等等）。❷縱　縱令；即使。《詩・鄭風・子衿》：「縱我不往，子寧不嗣音？」❸確見實聞　親眼所見、親耳所聞。即確鑿無誤的真實情況、信息。確，真實；準確；的確。❹著口　掛在嘴邊。即說、談論。著，接觸；貼近。❺傷　傷害；損害。❻長厚　恭謹寬厚。西漢・司馬相如〈喻巴蜀檄〉：「寡廉鮮恥，而俗不長厚也。」❼酒謔　酒後戲語；酒醉後的談笑。❽形言　表現在言辭上。南朝齊・王儉〈褚淵碑文〉：「深識臧否，不以毀譽形言。」形，流露；顯示。

【語譯】凡是有關人一生名譽、事業的事，即使是耳聞目睹的實情，也不可說出口；如果某句話有損於自己的敦厚恭謹，即使是醉後的戲語閒談，也須謹慎，不能流露出來。

【原注】結冤讎，招禍害，傷陰騭，皆由於此。至談閨門中醜惡，尤觸鬼神之怒。切戒！

嚴著此心以拒外誘，須如一團烈火，遇物即燒；寬著此心以待同群❶，須如一片春陽❷，無人不暖。

【注　釋】❶同群　猶同伴。唐・李商隱〈失猿〉詩：「莫遣碧江通箭道，不教腸斷憶同群。」❷春陽　春天的陽光。形容和煦溫暖。東漢・荀悅《申鑒・雜言上》：「喜如春陽，怒如秋霜。」

【語　譯】嚴守自己的本心以抗拒外在的誘惑，必須如熊熊烈火一般，一遇外物就能把它燒毀；寬闊自己的胸懷來對待友朋，必須像春天的陽光那樣，使每個人都感受到溫暖和煦。

待己當從無過中求有過，非獨進德❶，亦且免患；待人當於有過中求無過，非但存厚❷，亦且解怨。

【注　釋】❶進德　猶言增進道德。《易・乾》：「忠信，所以進德也。」❷存厚　心存厚道；維護、保持厚道。

【語　譯】對自己要嚴格，不斷反省，從無過失處找出錯誤，這不僅能夠增進自己的品德，而且能免除禍患。對待別人要寬容，應從過錯中找出他的長處，這不僅可以保持心地厚道，而且可以化解對方的怨恨。

事後而議人得失，吹毛索垢❶，不肯絲毫放寬，試思己當其局❷，未必能效彼萬一；旁觀而論人短長❸，抉隱摘微❹，不留些須❺餘地，試思己受其毀❻，未必能安意順承❼。

【注釋】❶吹毛索垢　同「吹毛求疵」。吹開皮上的毛，尋找裡面的毛病。比喻刻意挑剔過失或缺點。❷己當其局　自己面臨那樣的局面；自己處在那樣的境地。❸短長　優劣；是非；優點和缺點。《鬼谷子・捭闔》：「度權量能，校其伎巧短長。」❹抉隱摘微　從細枝末節中苛求挑剔。亦簡稱「抉摘」、「摘抉」。抉隱，發掘事物的隱微。抉，挑開；揭發；發露。摘，揭發；剔；挑。❺些須　亦作「些需」。一丁點；少許。元・無名氏《舉案齊眉》第一折：「每日沿門兒題詩句，投至的攢下些須。」❻毀　毀謗；詆毀；詈罵。❼安意順承　言平心靜氣地承受。安意，安心；放心。順承，順從承受。《易・坤》：「彖曰：『至哉坤元，萬物資生，乃順承天。』」

【語譯】事情過後議論別人的得失，吹毛求疵，絲毫不肯寬容，如果想一想自己身當其事，未必能夠做到他的萬分之一；以旁觀者的身分評說別人的優劣，苛求挑剔，不留一丁點餘地，如果想一想自己遭到這樣的誹謗詆毀，未必能夠平心靜氣地順從承受。

【原注】先哲云：事後論人，局外論人，是學者大病。事後論人，每將智者說得極愚；局外論人，每將難事說得極易，二者皆從不忠不恕生出。

遇事只一味鎮定從容，雖紛若亂絲❶，終當就緒❷；待人無半毫矯偽❸欺詐，縱狡如山鬼❹，亦自❺獻誠❻。

【注釋】❶紛若亂絲　混亂；毫無頭緒。❷就緒　安排妥當；有了條理。語本《詩・大雅・常武》：「不留不處，三事就緒。」❸矯偽　作偽；虛假。❹山鬼　山精。傳說中的一種獨腳怪獸。文中泛指山中的鬼魅。❺自　自然；當然。❻獻誠　顯示誠意；表現出誠意。獻，表現；現出。

【語譯】遇到事情只要始終保持鎮定從容，即便非常混亂複雜，最終能夠安排妥當；待人接物沒有半點虛偽欺詐，儘管那人像山鬼一樣狡猾多變，也一定會顯現出誠意。

公生明❶，誠生明，從容生明。

【注釋】❶明　正大光明；清明；明察。

【語譯】公正使人光明正大，真誠使人磊落清明，從容使人明察秋毫。

【原注】公生明者，不蔽於私也；誠生明者，不雜以偽也；從容生明者，不淆於惑也。舍是無明道矣。

人好剛❶，我以柔勝之；人用術❷，我以誠感之；人使氣❸，我以理屈❹之。

【注　釋】❶好剛　恃強。剛，倔強。❷術　權術；計謀。❸使氣　恣逞意氣。唐・蘇鶚《杜陽雜編》卷上：「魚朝恩專權使氣，公卿不敢仰視。」❹屈　使屈服；屈服；折節。《詩・魯頌・泮水》：「順彼長道，屈此群醜。」

【語　譯】別人倔強傲岸，我則以柔克剛；別人使用計謀，我用誠懇感動他；別人恣逞意氣，我用道理折服他。

柔能制❶剛，遇赤子❷而賁育❸失其勇；訥能屈辯❹，逢喑❺者而儀秦❻拙於詞。

【注　釋】❶制　控制；制服。❷赤子　嬰兒。❸賁育　戰國時勇士孟賁和夏育的並稱。《韓非子・守道》：「戰士出死，而願為賁育。」顏師古注《漢書・司馬相如傳》時謂：「孟賁，古之勇士也。水行不避蛟龍，陸行不避豺狼，發怒吐氣，聲響動天。夏育，亦猛士也。」❹訥能屈辯　謂口齒笨拙者可以使能言善辯者屈服。訥，口齒笨拙。《老子》：「大直若屈，大巧若拙，大辯若訥。」❺喑　啞；緘默不語。❻儀秦　戰國時期縱橫家張儀、蘇秦的並稱。二人皆以能言善辯著稱於世，且成為善辯者的代表。西漢・揚雄《法言・淵騫》：「亂而不解，子貢恥之；說而不富貴，儀秦恥之。」

【語　譯】柔弱能夠戰勝剛強，面對初生嬰兒，即便是孟賁、夏育這樣的威猛之士，也會失去勇力；口拙可使善辯者屈服，遇到啞巴時，即使像蘇秦、張儀一樣的善辯家，也將無言以對。

困❶天下之智者，不在智而在愚；窮❷天下之辯者，不在辯而在訥；伏❸天下之勇者，不在勇而在怯。

【注　釋】❶困　困惑；窘迫。❷窮　理屈、辭屈。《孟子・公孫丑上》：「遁辭，知其所窮。」❸伏　通「服」。制服；使降服。

【語　譯】使天下的智者感到困惑、窘迫的，不是聰明人，而是愚笨者；使天下的雄辯家理屈辭窮的，不是能言善辯者，而是口齒笨拙的人；制服天下勇士的，不是勇猛者，而是怯懦的人。

以耐事❶，了天下之多事；以無心❷，息天下之爭心❸。

【注　釋】❶以耐事　謂以忍讓處世。南宋・吳曾《能改齋漫錄・事始二》：「唐・婁師德，其弟守代州，辭之官，教之以耐事。弟曰：『人有唾面者，潔之乃已。』師德曰：『未也。潔之是違其怒，正使其自乾耳。』」❷無心　指解脫了邪念的真心。❸爭心　爭奪之心；爭鬥之心。《左傳・昭公二十年》：「是以政平而不干，民無爭心。」

【語　譯】以忍讓處世，了卻天下的煩雜事；以解脫邪念後的真心，平息天下爭權奪利的心。

何以息謗？曰無辯；何以止怨？曰不爭。

【語　譯】如何制止毀謗？不去辯白就行；如何化解怨恨？與世無爭即可。

人之謗我也，與其能辯，不如能容❶；人之侮我也，與其能防，不如能化❷。

【注　釋】❶能容　氣量大；能夠包容。容，容納；寬容。《書・秦誓》：「其心休休焉其如有容。」孫星衍疏：「其心休美寬大，如有所容納也。」❷化　化解。

【語　譯】別人毀謗我，與其百般辯解，不如能夠包容；別人欺侮我，與其處處提防，不如善於化解。

是非窩❶裡，人用口，我用耳；熱鬧場❷中，人向前，我落後。

【注　釋】❶是非窩　矛盾糾紛的中心或場所。❷熱鬧場　熱鬧的場所。也指官場。清・沈復《浮生六記・浪游快記》：「余自績溪之遊，見熱鬧場中卑鄙之狀不堪入目，因易儒為賈。」文中二意皆有。

【語　譯】在是非之地，人家說話多，我只用耳聽；在熱鬧場所，人們爭向前，我則退於後。

【原　注】人皆擾擾，我獨安安。此是何等襟度。

觀世間極惡事，則一眚一慝❶，儘可優容❷；念古來極冤人，則一毀一辱，何須計較。

【注　釋】❶一眚一慝　謂任何普通的過失和邪惡。眚，過失。《書·康誥》：「人有小罪非眚，乃惟終自作，不典式爾，有厥罪小，乃不可不殺。」慝，邪惡。《書·大禹謨》：「〔舜〕負罪引慝，祗載見瞽叟。」孔傳：「慝，惡。」孔穎達疏：「自負其罪，自引其惡。」❷優容　寬待；寬容。

【語　譯】看見過人世間罪大惡極的事，則對那些不太嚴重的過失和邪惡，盡可以寬容；一想起古往今來蒙受奇冤大苦的人，則對眼下任何毀謗侮辱，都不值得計較。

彼之理是，我之理非，我讓之；彼之理非，我之理是，我容之。

【語　譯】別人的道理對，我錯，我退讓；別人的道理錯，我對，我寬容。

【原　注】呂新吾云：兩君子無爭，相讓故也。一君子一小人無爭，有容故也。爭者，兩小人也。兩箇動氣，一對小人，一般受禍。

陳榕門云：一時之名利得失，一事之意見取舍，原不必定踞勝著。至於國家大事，倫常大節，又當別論。

能容小人❶，是大人❷；能培薄德❸，是厚德❹。

【注釋】❶小人　人格卑鄙的人。❷大人　指德行高尚、志趣高遠的人。《孟子・告子上》：「從其大體為大人，從其小體為小人。」❸培薄德　培育微小的德行。即從點滴小事開始培養德行。薄，少；小；微弱。❹厚德　猶大德。《易・坤》：「地勢坤，君子以厚德載物。」

【語譯】能夠容忍卑鄙小人者，就是君子；能從些微小事做起培育德行的，就是大德。

我不識何等為君子，但看每事肯喫虧的便是；我不識何等為小人，但看每事好便宜的便是。

【語譯】我不知道什麼樣的人是君子，只要看他每件事都願意吃虧的就一定是；我不知道什麼樣的人是小人，只要看他每件事都喜歡占便宜的就一定是。

【原　注】古人教人做好人，只十四字，簡妙真切。曰：君子落得為君子，小人枉費做小人。蓋富貴貧賤，自有一定命數，做君子不曾少了分內，做小人不曾多了分內。落得者，猶言拾得，言極其便宜也。枉費者，猶言折本，言極其喫虧也。

林退齋臨終，子孫環跪請訓。先生曰：無他言，爾等只要學喫虧。自古英雄，只為不肯喫虧，害了多少事。

律身❶惟廉為宜，處世以退為尚❷。

【注　釋】❶律身　猶律己。約束自己；要求自己。唐・杜牧〈盧博除盧州刺史制〉：「故行令不如行化，律人不如律己。」❷尚　尊崇；重視。《易・剝》：「君子尚消息盈虛，天行也。」孔穎達疏：「君子通達物理，貴尚消息盈虛。」

【語　譯】律己惟有廉潔最適宜，處世則以謙讓為尊崇。

【原　注】二者乃崇德安身之道也。

以仁義存心❶，以勤儉作家❷，以忍讓接物❸。

【注　釋】❶存心　猶居心。謂心中懷有的意念。《孟子・離婁下》：「君子所以異於人者，以其存心也。」

趙岐注：「存，在也。君子之在心者，仁與禮也。」句含此意。❷作家　治家；理家。晉・裴松之注《三國志・蜀志・楊戲傳》時引用晉・習鑿齒〈襄陽記〉謂：「〔諸葛亮〕嘗自校簿書，顒直入諫曰：『為治有禮，上下不可相侵，請為明公以作家譬之。』」❸接物　謂與人交往。《漢書・司馬遷傳》：「教以慎於接物，推賢進士為務。」

【語　譯】要心懷仁義，以勤儉持家，以忍讓待人。

【原　注】張夢復訓子云：古人有言，終身讓路，不失尺寸。老氏以讓為貴。左氏曰：讓，德之本也。處里閭之間，信世俗之言，不過曰漸不可長，不過曰後將更甚，是大不然。人孰無天理良心？是非公道，揆之天道，有滿損虛益之義；揆之鬼神，有虧盈福謙之理。自古只聞忍與讓，足以消無窮之災悔；未聞忍與讓，反以釀後來之禍患也。欲行忍讓之道，先須從小事做起。余曾署刑部事五十日，見天下大訟大獄，多從極小事起。君子謹小慎微，凡事只從小處了。余生平未嘗多受小人之侮，只有一善策，能轉彎早耳。每思天下事，受得小氣，則不至於受大氣；喫得小虧，則不至於喫大虧。此生平得力之處。凡事最不可想佔便宜，便宜者，天下人之所共爭也。我一人據之，則怨萃於我矣；我失便宜，則眾怨消矣。故終身失便宜，乃終身得便宜也。此余數十年閱歷有得之言，其遵守之，毋忽。

徑路❶窄處，留一步與人行；滋味濃❷底，減三分讓人嗜❸。

【注釋】❶徑路　小路。《易‧說卦》：「艮為山，為徑路。」孔穎達疏：「為徑路，取其山雖高，有澗道也。」❷滋味濃　指美味佳肴。滋味，美味。《呂氏春秋‧適音》：「口之情欲滋味。」高誘注：「欲美味也。」❸嗜　喜好；喜愛。此處意為品嘗。

【語譯】道路狹窄的地方，往邊上讓讓，留點餘地給別人通行；享受美味佳肴時，自己少吃些，省下三分讓別人品嘗。

任難任之事，要有力而無氣❶；處難處之人，要有知而無言❷。

【注釋】❶有力而無氣　謂盡力去做而沒有怒氣。無氣，不發怒；不抱怨。❷有知而無言　謂心裡明白但口中不說。

【語譯】承擔難以辦理的事情，應當盡力去做而沒有怒氣；與難以相處的人在一起，要心裡明白但口中不可說。

窮寇不可追❶也，遁辭❷不可攻❸也，貧民不可威❹也。

【注釋】❶窮寇不可追　言對陷於絕境的敵人，不要追迫太急，以防其拚死反撲，造成自己不必要的損失。語本《孫子‧軍爭》：「歸師勿遏，圍師必闕，窮寇勿迫，此用兵之法也。」亦作「窮寇勿追」、「窮寇莫追」等。窮寇，陷於困境的敵人。❷遁辭　亦作「遁詞」、「遯詞」等。指理屈詞窮或不願吐露真意時，用來支吾搪塞的話。《孟子・公孫丑上》：「邪辭知其所離，遁辭知其所窮。」❸攻　指責；追究。《論語・先進》：「〔冉求〕非吾徒也，小子鳴鼓而攻之，可也。」❹威　威脅；欺凌；脅迫。

【語　譯】陷於絕境的敵人，不要追迫太急；迴避問題的話語，不要追根究底；貧窮困苦的人，不可威逼欺凌。

禍莫大於不讎人❶而有讎人之辭色❷；恥莫大於不恩人❸而作恩人之狀態。

【注　釋】❶讎人　仇視人；怨恨人。讎，同「仇」。敵視；仇恨；怨恨。《書・五子之歌》：「萬姓仇予，予將疇依？」孔傳：「仇，怨也。」❷辭色　言辭和神色。❸恩人　施人以恩惠。恩，恩惠；恩賜。用作動詞。

【語　譯】最大的禍患，莫過於與人並無怨仇，卻流露出敵視他的言詞和神色；最大的恥辱，莫過於並不打算予人以恩惠，卻作出施恩於人的假慈假悲狀。

恩怕先益後損❶（則恩反為讎，前功盡棄），威❷怕先鬆後緊❸（則管束不下，反招怨怒）。

【注釋】❶先益後損　謂先增加後減少。益，增加。《易・謙》：「天道虧盈而益謙。」孔穎達疏：「減損盈滿而增益謙退。」損，減少。❷威　指刑罰、懲罰。《商君書・外內》：「威薄，則犯者不害也。」❸先鬆後緊　謂先寬鬆後嚴苛。

【語譯】施人以恩惠，最怕先增加而後減少；予人以懲罰，最怕先寬鬆後嚴苛。

善用威❶者不輕怒，善用恩者不妄施。

【注釋】❶威　威嚴；尊嚴。指表現出使人敬畏的氣勢、態度。《易・家人》：「有孚威如，終吉。」

【語譯】善用威嚴的人不輕易發怒，善用恩惠的人不隨便施予。

【原注】陳榕門云：恩威乃治世大權，自上及下，離此二字不得。一不慎重，威不足懲，恩不足勸，悔之何及！又云：人知威勝之弊，而不知恩勝之害。威勝者，可救以恩；恩勝者，難制以威。用恩威者，可以鑑矣！

寬厚者，毋使人有所恃❶；精明者，不使人無所容❷。

【注　釋】❶恃　依賴；憑藉；依仗。❷無所容　無地自容。

【語　譯】寬厚的人不應讓他人有所依仗，精明的人不要令人無地自容。

【原　注】陳榕門云：寬厚而權常在己，則人無所恃；精明而體貼人情，則人有所容。此中有大學問，大經濟。

使人敢怒而不敢言者，便是損陰騭處。

事有知其當變而不得不因❶者，善救之而已矣；人有知其當退❷而不得不用❸者，善馭之而已矣。

【注　釋】❶因　沿襲；承襲。《論語・為政》：「殷因於夏禮，所損益可知也。」❷退　辭退。❸用　使用；任用。

【語　譯】處理事情時，會有知道應當變化卻不得不沿襲的，全靠善於挽救了；任用雇員時，會有知道此人應該辭退卻不得不使用的，惟有善於駕馭了。

輕信輕發❶，聽言之大戒❷也；愈激愈厲❸，責善❹之大戒也。

【注釋】❶輕發　輕易發怒；隨意發洩怒氣。❷戒　戒除；防備；忌諱。❸愈激愈厲　謂越來越急切猛烈。激，急切；猛烈。厲，威猛；猛烈；激烈。❹責善　勸勉從善。《孟子‧離婁下》：「夫章子，子父責善而不相遇也。責善，朋友之道也；父子責善，賊恩之大者。」責，要求；期望；勸勉。

【語譯】輕信人言，隨意發怒，這是聽別人說話之大忌諱；激切猛烈，步步相逼，這是勸人從善最應戒除的方法。

【原注】呂新吾云：水激橫流，火激橫發，人激亂作，君子慎其所以激者。愧之，則小人可使為君子；激之，則君子可使為小人。

激之而不怒者，非有大量，必有深機。

處事須留餘地，責善切戒盡言。

【語譯】做事情應當留有餘地，勸勉行善適可而止，切忌把話說絕。

【原注】曲木惡繩，頑石惡攻。責善之言，不可不慎也。呂新吾云：責善要看其人何如，又當盡長善救失之道。無指摘其所忌，無盡數其所失，無對人，無峭直，無長言，無累言。犯此六戒，雖忠告，非善道矣。又云：論人須帶三分渾厚，非直遠禍，亦以留人掩蓋之路，觸人悔悟之機，養人體面之餘，猶天地含蓄之氣也。

施在我有餘之惠，則可以廣德❶；留在人不盡之情，則可以全交❷。

【注　釋】❶廣德　弘揚德性；增進德行。廣，擴大；弘揚。《易・繫辭上》：「夫《易》，聖人所以崇德而廣業也。」❷全交　謂保全、維護友誼或交情。《禮記・曲禮上》：「君子不盡人之歡，不竭人之忠，以全交也。」

【語　譯】盡我的力量幫助別人，則可以增進德性；留給他人以不盡的情意，則朋友間的友誼可以長存。

【原　注】陳榕門云：至理名言，可為涉世龜鑑。

古人愛人之意多，故人易於改過，而視我也常親，我之教益易行；
今人惡人之意多，故人甘於自棄，而視我也常仇，我之言必不入。

【語　譯】古人教導別人，多出於愛意，所以受教者容易改正過錯，與施教者關係也親近，因此，所教的內容更易推廣實行；今人教導別人，多出於厭惡，所以受教者寧可自暴自棄，且視施教者為仇敵，這樣，所說的話必定難以接受。

【原　注】陳榕門云：雖烈日嚴霜，其中原有一段煦蘇發育之意，故受者易入。人之為教，豈可異此？

凡勸人，不可遽指其過，必須先美其長。蓋人喜則言易入，怒則言難入也。善化人者，心誠色溫，氣和詞婉，容其所不及，而諒其所不能，恕其所不知，而體其所不欲。隨事講說，隨時開導，彼樂接引之誠，而喜於所好，感督責之寬，而愧其不材，人非木石，未有不長進者。我若嫉惡如讎，彼亦趨死如鶩，雖欲自新而不可得。哀哉！

喜聞人過，不若喜聞己過；樂道己善，何如樂道人善。

【語　譯】喜歡聽到別人的過失，不如樂於聽到自己的過失；喜歡講述自己的優點，不如多說別人的善行。

【原　注】陳榕門云：同一聞過道善之事，就人己間易地出之，便是聖狂之別。

世之人喜聞人過，而惡聞己過；樂稱己善，而惡稱人善。試思這箇念頭，是君子乎？是小人乎？

聽其言必觀其行，是取人❶之道；師❷其言不問其行，是取善之方。

【注　釋】❶取人　選擇人。《史記・仲尼弟子列傳》：「孔子聞之曰：『吾以言取人，失之宰予；以貌取人，失之子羽。』」❷師　學習；效法。用作動詞。

【語　譯】聽人說話，一定要觀察他是否能做到，這是選擇人的關鍵；學習別人有益的言教，不過問他的行為好壞，這是擇善而從的良方。

【原　注】師其言者，為其言之有益於我耳！苟益於我，人之賢否奚問焉？衣敝枲者市文繡，食糟糠者市粱肉，將以人棄之乎？

論人之非，當原其心❶，不可徒泥其迹❷；取人之善，當據其迹❸，不必深究其心。

【注　釋】❶原其心　研究其根源。原，推究；探討；研究。《荀子・儒效》：「俄而原仁義，分是非，圖回天下於掌上而辨白黑，豈不愚知矣哉！」❷徒泥其迹　謂只看他的行為。泥，拘執；拘泥；不變通。迹，形跡；行為。❸據其迹　依據他的行為業績。迹，事迹；業績。

【語　譯】議論別人的過失，應當研究其根源，不能只看他的行為；學習別人的長處，應當根據他的行為，不必深究他的本意。

【原　注】呂新吾云：論人情，只向薄處求；說人心，只從惡邊想。此是私而刻底念頭，非長厚之道也。

小人亦有好處，不可惡❶其人，並沒❷其是；君子亦有過差，不可好其人，並飾其非。

【注　釋】❶惡　討厭；憎恨。《易・謙》：「人道惡盈而好謙。」❷沒　泯滅；埋沒。

【語　譯】小人也有長處，不能因厭惡他，連帶埋沒他的長處；君子也有過失，不能因喜歡他，一併掩飾他的過錯。

小人固當遠，然斷❶不可顯為仇敵；君子固當親，然亦不可曲為附和❷。

【注　釋】❶斷　斷乎；絕對。只用於否定式。南朝梁・陶弘景《冥通記》卷一：「二者斷不食肉。」❷曲為附和　曲意阿附；曲意逢迎。

【語　譯】小人固然應當遠離，但絕對不可明顯地視他為仇敵；君子固然應當親近，但也不可曲意逢迎他。

【原　注】先哲云：不得已而與小人居，須要外和吾色，內平吾心，決無苟且之理。又云：覺人之詐，不形於言；受人之侮，不動於色。此中有無窮意味，亦有無限受用。

待小人宜寬，防小人宜嚴。

【語譯】對待小人應當寬厚，防範小人卻要嚴密。

【原注】待君子易，待小人難；待有才之小人則更難，待有功之小人則益難。小人有功，可優之以賞，不可假之以權。

聞惡不可遽❶怒，恐為讒人❷洩忿；聞善不可就親❸，恐引奸人進身❹。

【注釋】❶遽　立即；馬上。❷讒人　進讒言的人。《詩・小雅・青蠅》：「營營青蠅，止於棘。讒人罔極，交亂四國。」讒，說別人的壞話；說陷害人的話。❸就親　立刻就去親近。❹進身　靠近自己。

【語譯】聽到各種流言蜚語，不要立即發怒，恐怕是愛說壞話的人故意中傷以洩忿；聽說某人品行良善，不要馬上和他親近，恐怕奸詐的人藉機靠近。

先去私心，而後可以治公事；先平己見❶，而後可以聽人言。

【注釋】❶先平己見　先使自己的看法公正；先去除成見。平，（使）平允；（使）公正。

【語譯】先去除私心，然後才可以治理好公事；先去除成見，然後才能夠傾聽別人的意見。

修己❶以清心❷為要，涉世❸以慎言為先。

【注釋】❶修己　修身；自我修養。即陶冶身心，涵養德性。❷清心　謂心地恬靜，無思無慮。文中亦有保持心靈清淨，少生欲念之意。❸涉世　經歷世事；處世。涉，歷；經歷。

【語譯】修身以心地恬靜、涵養德性為重要，處世以說話謹慎、少言寡語為前提。

惡莫大於縱己之欲，禍莫大於言人之非。

【語譯】最大的惡行莫過於放縱自己的欲望，最大的禍害莫過於談論他人的是非。

【原注】施之君子，則喪吾德；施之小人，則殺吾身。

人生惟酒色機關❶，須百煉此身成鐵漢；世上有是非門戶❷，要三緘其口學金人❸。

【注釋】❶機關　比喻要害、關鍵。❷門戶　門扇。比喻出入口或必經之地。❸三緘其口學金人　簡稱「金人三緘」。指人之慎言。典出《孔子家語・觀周》：「孔子觀周，遂入太祖后稷之廟，廟堂右階之前有金人焉。三緘其口，而銘其背曰：『古之慎言人也。』」三緘其口，封口三重。緘，封。金人，銅鑄的人像。

【語譯】人生的誘惑中以美酒女色最是要害，必須反覆錘煉心性，使自己成為鐵打的漢子；世上的是非中以多嘴多舌最為惹禍，應當小心謹慎，三緘其口，像金人那樣沉默無語。

工❶於論人者，察己❷常闊疏❸；狃❹於訐直❺者，發言多弊病。

【注釋】❶工　擅長；善於。《韓詩外傳》卷二：「昔者，舜工於使人，造父工於使馬。」❷察己　反省自己。❸闊疏　亦作「闊踈」。粗疏；不嚴密。❹狃　習慣。❺訐直　指亢直敢言卻少思考。語出《論語・陽貨》：「惡訐以為直者。」訐，直言無諱。

【語譯】善於議論別人的人，反省自己時常常粗枝大葉；習慣於直言無諱卻少思考的人，所說的話錯誤很多。

人情❶每見一人，始以為可親，久而厭生，又以為可惡，非明於理而復體之以情❷，未有不割席❸者；人情每處一境，始以為甚樂，久而厭生，又以為甚苦，非平其心而復濟之以養❹，未有不思遷❺者。

【注釋】❶人情　人之常情。指世間約定俗成的事理標準。《莊子・逍遙遊》：「大有徑庭，不近人情焉。」❷體之以情　以感情為紐帶而親近；體味其中的感情。體，親近；貼近。晉・袁宏〈三國名臣序贊〉：「君臣相體，若合符契。」❸割席　謂朋友絕交。典出南朝宋・劉義慶《世說新語・德行》：管寧、華歆是好朋友，「又嘗同席讀書。有乘軒冕過門者，寧讀如故，歆廢書出看。寧割席分坐，曰：『子非吾友也。』」案：古時席地而坐，「割席」就是把所坐的席子分割開。❹濟之以養　以修養、涵養來調劑補益。濟，調劑；彌補；補益。養，指修養、涵養。❺思遷　希望搬遷；想離開。

【語譯】一般情況下人們的交往過程是：剛開始覺得親近，時間久了生出厭煩，甚至覺得可惡，如果不是通曉事理而又能以感情為紐帶相互親近，那就沒有不分道揚鑣的；人之常情往往是每到一個新環境，剛開始覺得十分快樂，時間久了感覺厭煩，甚至非常苦悶，如果不是平心靜氣而又能以涵養來調劑補益，那就沒有不想搬遷離去的。

觀富貴人，當觀其氣概，如溫厚和平者，則其榮必久，而其後必昌；

觀貧賤人，當觀其度量，如寬宏坦蕩者，則其福必臻❶，而其家必裕。

【注　釋】❶臻　增加；齊備；滿。

【語　譯】觀察富貴之人，要看到他的氣概襟懷，如果是溫和敦厚者，其榮華富貴必定長久，子孫後代必定昌盛；觀察貧賤之人，要看他的心胸度量，如果是寬宏坦蕩者，其福分必然增長加大，家庭狀況定會富裕。

寬厚之人，吾師以養量❶；縝密之人，吾師以煉識❷；慈惠之人，吾師以御下❸；儉約❹之人，吾師以居家；明通❺之人，吾師以生慧；質樸之人，吾師以藏拙❻；才智之人，吾師以應變；緘默之人，吾師以存神❼。謙恭善下❽之人，吾師以親師友；博學強識❾之人，吾師以廣見聞。

【注　釋】❶養量　培養度量。❷煉識　修煉識見。煉，鍛煉；磨煉。❸御下　駕馭下屬；管理下人。御，駕；駕馭；制服。❹儉約　儉省、節約。❺明通　明白通達；通曉。❻藏拙　掩藏拙劣，不以示人。常用為自謙之辭。❼存神　存養精神；保全精神。西漢・揚雄《法言・問神》：「聖人存神索至，成天下之大順，致天下之大利。」❽善下　能夠使自己處在下位；善於謙讓。善，善於；擅長於。下，居人之下；謙讓。《易・屯》：「以貴下人。」《明史・胡濙傳》：「濙節儉寬厚，喜不形於色，能以身下人。」❾強識　亦作「彊識」。強於記憶。《禮記・曲禮上》：「博聞強識而讓，敦善行而不怠，謂之君子。」

【語　譯】寬厚的人，我學習他，以培養氣度；思維縝密的人，我學習他，以磨練識見；慈惠的人，我學習他，以管理下屬；節儉的人，我學習他，以操持家事；明通的人，我學習他，以增長智慧；質樸的人，我學習他，以掩藏拙劣；有才智的人，我學習他，以應對變化；緘默的人，我學習他，以存養精神；謙虛善下的人，我學習他，以親近師友；博學強識的人，我學習他，以廣博見聞。

居❶視❷其所親❸，富視其所與，達❹視其所舉❺，窮視其所不為❻，貧視其所不取。

【注　釋】❶居　平素家居；平時生活。《論語・先進》：「居則曰：『不吾知也！』如或知爾，則何以哉？」❷視　觀察；察看。❸所親　所親近的人；所交往的人。❹達　顯貴；顯達。《孟子・盡心上》：「窮則獨善其身，達則兼濟天下。」❺舉　推薦；選用。❻不為　不做。

【語　譯】要瞭解一個人，應當在日常生活中觀察他與什麼人親近交往，富貴了觀察他給予別人什麼，顯達後觀察他舉薦什麼人，窮困時觀察他不做哪些事情，貧賤時則看哪些東西是他不拿的。

【原　注】推此言也，可以取友，可以延師，可以聯姻，可以薦士，可以聽言，并自己立心制行之道，均由此五者得之矣。

取人之直❶，恕其戇❷；取人之樸，恕其愚；取人之介❸，恕其隘❹；取人之敬，恕其疏❺；取人之辯，恕其肆❻；取人之信，恕其拘❼。

【注　釋】❶直　正直；直率。《韓非子・解老》：「所謂直者，義必公正，公心不偏黨也。」❷戇　迂愚而剛直。❸介　特起、獨立於他人之上；孤傲卓異。東漢・張衡〈思玄賦〉：「何孤行之煢煢兮，子不群而介立。」❹隘　指人的氣量褊狹，見識淺薄。《孟子・公孫丑上》：「伯夷隘，柳下惠不恭，隘與不恭，君子不由也。」❺疏　疏陋；淺薄；粗疏。❻肆　不受拘束；縱恣；放肆。《左傳・昭公十二年》：「昔穆王欲肆其心，周行天下。」❼拘　拘泥；固執。《漢書・藝文志》：「及拘者為之，則牽於禁忌，泥於小數，舍人事而任鬼神。」

【語　譯】讚賞別人的正直，就要諒解他的迂憨；看重別人的質樸，就要原諒他的不敏；欣賞別人的卓異孤傲，就要寬恕他的褊狹；稱道別人的恭敬，就要諒解他的疏淺；擇取別人的辯才，就要容忍他的放肆；稱讚別人的誠信，就要寬容他的固執。

【原　注】所謂人有所長，必有所短也。宜略短以取長，不可忌長以摘短。

遇剛鯁❶人，須耐他戾氣❷；遇駿逸❸人，須耐他妄氣❹；遇樸厚人，須耐他滯氣❺；遇佻達❻人，須耐他浮氣❼。

【注　釋】❶剛鯁　亦作「剛梗」、「剛骾」。剛強正直。《晉書・謝邈傳》：「邈性剛骾，無所屈撓，頗有理識。」❷戾氣　乖張兇猛之氣。戾，乖張；違逆。《詩・小雅・節南山》：「昊天不惠，降此大戾。」❸駿逸　指超群灑脫的氣概。❹妄氣　謂任意狂妄。妄，肆意；非分。❺滯氣　謂拘泥遲鈍。滯，拘泥；固執；遲緩。❻佻達　輕薄放蕩；輕浮。文中有「機敏圓通」的意思。佻，不穩重；不莊重。❼浮氣　言浮躁輕率。西漢・賈誼《新書・傳職》：「教之《樂》，以疏其穢，而填其浮氣。」

【語　譯】遇到剛烈正直的人，要忍耐他的乖張暴躁；遇到超群拔俗的人，要忍耐他的任意狂妄；遇到忠厚樸實的人，要忍耐他的拘泥遲鈍；遇到機敏圓通的人，要忍耐他的浮躁輕率。

【原　注】劉直齋云：凡與人交，不可求全責備，只該略短取長。譬如沙中揀金，所重在金，則一星之金，亦在所取，而忘其沙之多寡。苟所惡在沙，雖有金亦不見矣！

人褊急❶，我受❷之以寬宏；人險仄❸，我待之以坦蕩。

【注　釋】❶褊急　器量小而性情急躁。《商君書・墾令》：「重刑而連其罪，則褊急之民不鬥，很剛之民不訟。」褊，氣量狹小。❷受　接受；承受。❸險仄　陰險邪惡。仄，偏斜（不正）；狹小。

【語　譯】別人氣量狹小而性急，我以寬宏大量之心來承受；別人陰險而又邪惡，我以寬闊坦蕩的胸襟相對待。

【原　注】此炎熱中投清涼散也。

奸人❶詐而好名，他行事有確似君子處；迂人執而不化❷，其決裂❸有甚於小人時。

【注　釋】❶奸人　亦作「姦人」。邪惡、狡詐的人。《國語・楚語下》：「吾聞國家將敗，必用姦人。」奸，邪惡；罪惡。❷執而不化　謂固執而迂腐不變。《莊子・人間世》：「將執而不化，外合而內不訾，其庸距可乎？」執，固執；堅持。化，變化；改變。❸決裂　毀壞；敗壞。明・馮夢龍《古今譚概・迂腐部序》：「天下事，被豪爽人決裂者尚少，被迂腐人耽誤者最多。」

【語　譯】邪惡的人狡詐而又喜歡聲名，他待人處事確實會有類似君子的地方；迂腐的人固執而不願變化，其對事情的敗壞有時要比小人更嚴重。

【原　注】我先別其為何如人，思所以處之之道，則得矣。

持身❶不可太皎潔❷，一切污辱垢穢，要茹納❸得；處世不可太分明❹，一切賢愚好醜，要包容得。

【注　釋】❶持身　立身；修身。《列子・說符》：「子列子學於壺丘子林。壺丘子林曰：『子知持後，則可言持身矣。』」❷皎潔　清白；光明磊落。晉・葛洪《抱朴子・廣譬》：「玄冰未結，白雪不積，則青松之茂不顯；俗化不弊，風教不頹，則皎潔之操不別。」❸茹納　亦作「茹內」。容納。茹，納入；容納。❹分明　明確；清楚。《韓非子・守道》：「法分明，則賢不得奪不肖，強不得侵弱，眾不得暴寡。」

【語　譯】修身養性不可過於一塵不染，所有汙穢醜惡都要能夠容納；待人處事不可過於黑白分明，無論賢愚美惡都要能夠包涵。

【原　注】精明須藏在渾厚裏作用。古人得禍，精明人十居其九，未有渾厚而得禍者。

吳遣二士至蜀，二士甚辯，武侯偉之。後二士皆被殺，武侯曰：二人只是黑白太分明。

宇宙之大，何物不有。使❶擇物而取之，安❷得別立宇宙❸，置❹此所舍之物？人心之廣，何人不容。使擇人而好之，安有別箇人心❺，復❻容所惡之人？

【注　釋】❶使　假使；如果。連詞。❷安　表示疑問。相當於「怎麼」、「豈」。副詞。《論語・先進》：

「安見方六七十如五六十而非邦也者？」❸別立宇宙　另外建立一個宇宙。別，另外。❹置　安放；安置。❺別箇人心　另一顆心。別，另外的。❻復　又；再。

【語　譯】世界廣大，什麼樣的事物都有。如果只選取自己所需的東西，豈不是要另外再建一個世界，放置自己所不要的東西嗎？人心寬闊，什麼樣的人都可包容。如果只與自己喜愛的人親近，豈不是要有另一顆心，以接納自己厭惡的人？

【原　注】剖去胸中荊棘，以便人我往來，是天下第一寬閒快活世界。

處世不可太嚴揀擇。麒麟鳳凰，虎豹蛇蝎，蕃然並生，只於一身，清濁並蘊。若洗腸滌胃，盡去濁穢，只留清虛，反非生理。

德盛者，其心和平，見人皆可取，故口中所許可者多；德薄者，其心刻傲❶，見人皆可憎，故目中所鄙棄者眾。

【注　釋】❶刻傲　刻薄孤傲。刻，刻薄；苛刻。

【語　譯】德行高尚的人平和謙遜，所見到的人都有可取之處，因此稱道讚許的話語很多；仁德匱乏的人刻薄孤傲，所見到的人都覺得可憎，所以目中無人，鄙棄者多。

【原　注】聖人見人，皆聖人也；賢人見人，或賢或不肖；不肖人見人，則皆不肖矣。袁中郎言：譬如人脾氣強盛者，蔬糲亦皆甘美。否則美者甘，惡者苦，至於敗壞之極，雖珍滑之物，亦不復能可口矣。真善喻也。

呂新吾云：世人喜言無好人，此孟浪語也。推原其病，皆從不忠不恕所致。自家便是箇不好人，更何暇責備他人乎？汎愛親仁，聖人忠恕體用，端的如此。

律己宜帶秋氣❶，處世須帶春風❷。

【注釋】❶秋氣　指秋日淒清、肅殺之氣。比喻嚴厲苛刻。❷春風　春風溫暖。比喻和煦、融洽、溫和、恩澤等等。

【語譯】要求自己必須像秋風般嚴厲無情，與人相處要像春風般溫暖和煦。

【原注】張夢復云：待下我一等人，言語辭氣，愈要和婉。此事甚不費錢，然彼人受之，同於實惠。只在精神照料得來，不可憚煩。《易》所謂勞謙是也。

善處身❶者，必善處世；不善處世，賊身❷者也。善處世者，必嚴修身；不嚴修身，媚世❸者也。

【注　釋】❶處身　修養身心；對待自己。❷賊身　傷害自己。賊，毀壞；傷害。《淮南子・主術訓》：「若欲飾之，乃是賊之。」❸媚世　求悅於當世；逢迎討好俗世。語出《孟子・盡心下》：「閹然媚於世也者，是鄉原也。」媚，逢迎取悅；討好。

【語　譯】善於修養身心的人，必須善於待人處世；不能恰如其分地待人處世，則是在戕害自己。善於待人處世的人，必定要嚴於律己；如果修身不嚴，不過是逢迎討好俗世而已。

愛人而人不愛，敬人而人不敬，君子必自反❶也；愛人而人即愛，敬人而人即敬，君子益加謹也。

【注　釋】❶君子必自反　參見頁二四七「待人三自反」二句的有關注釋。自反，反躬自問；自我反省。

【語　譯】愛別人卻得不到別人的愛，敬重他人卻得不到他人的敬重，君子必定自我反省為什麼會如此；如果愛別人也能獲得別人的愛，敬重他人也能獲得他人的敬重，君子則會更加謹慎小心。

人若近賢良，譬如紙一張，以紙包蘭麝❶，因香而得香；人若近邪友，譬如一枝柳，以柳貫❷魚鱉，因臭而得臭。

【注　釋】❶蘭麝　蘭與麝香。指名貴的香料。《晉書・石崇傳》：「崇盡出其婢妾數十人，以示之，皆蘊蘭麝，被羅縠。」❷貫　串連；連接。用作動詞。

【語　譯】一個人如果與賢良者親近，就會受益無窮，如同一張紙，用紙包裹名貴香料，紙會染上香料的香味；一個人如果與邪惡者交朋友，則會貽害無窮，就像一根柳條，以柳條串連魚、鱉，柳條便沾上魚、鱉的腥臭。

【原　注】陸清獻公〈與高菴翁書〉云：一身遠出，幼子無知，所恃者，師保得人耳。舟中細思一齊眾咻之義，覺得咻字情狀萬千，愈思愈覺可畏。非必有意引誘，然後為咻。凡親友來者，或言語麤鄙，或舉止輕率，一入初學耳目，便是終身毒藥。故有心之咻猶有限，無心之咻最無窮。此孟子所以必欲置之莊嶽。然莊嶽勢不易得，惟恃一齊人之辭嚴義正，能使眾咻辟易，望風而靡。則瀟湘雲夢，盡成莊嶽矣。至於戶外之事，惟有一靜。幸太翁時提撕此意。

人未己知❶，不可急求其知；人未己合❷，不可急與之合。

【注　釋】❶人未己知　謂別人還不瞭解自己。「己」是「知」的賓語。❷人未己合　言別人還沒有與自己投契。「己」是「合」的賓語。合，和睦；契合；投契。

【語　譯】別人還沒有瞭解自己時，不要急於謀求他瞭解；別人還沒有與自己投契時，不要急於與他交好。

【原　注】君子處世，甯風霜自挾，毋魚鳥親人。

劉直齋云：好合不如好散。此言極有理。蓋合者，始也；散者，終也。至於好散，則善其終矣。凡處一事，交一人，無不皆然。即得正而斃，尤宜然也。

士莫重於倫理，觀其於家庭骨肉間，有一番至性纏綿處，其人便可相與。古來未有家門涼德，而外得厚交者。於此處取友，最當。

或謂，世有不愛其親，而待他人則親厚；不敬其兄，而遇他人則謙遜者。不知其親厚也，特世故中之周旋；其謙遜也，乃勢利中之卑諂耳。倘一旦機隙萌生，則握手者，即變而攘臂；擁篲者，即起而操戈矣。若孝弟人，縱有不平，必不橫決如此。

落落❶者難合，一合便不可離；欣欣❷者易親，乍❸親忽然成怨。

【注　釋】❶落落　形容孤高，與人難合。南宋·李綱〈辭免尚書右僕射第一表〉：「志廣才疎，自笑落落而難合。」❷欣欣　喜樂自得貌。《詩·大雅·鳧鷖》：「旨酒欣欣，燔炙芬芬。」毛傳：「欣欣然，樂也。」❸乍　初；剛剛。

【語　譯】性情孤僻的人很難交往，然而一旦相交就不輕易分離；喜樂自得的人容易親近，但是剛剛親近忽然又結下怨恨。

【原　注】王弇州云：博弈之交不終日，飲食之交不終月，勢利之交不終年。惟道義之交，可以終身。

子車氏之猳，色粹而黑，一產三豚，其一駁而白，惡其弗類也，嚙殺之。若敖氏之狗，群聚而戲，俯仰跳躑，甚相得也。有骨投地，其一得之，則群嚙而爭奪，口鼻流血矣。見別於愛憎，雖骨肉而戕嚙，意競於勢利，即膠漆而戈矛，何異乎子車氏之猳，若敖氏之狗哉。

能媚我者，必能害我，宜加意防之；肯規❶予者，必肯助予，宜傾心❷聽之。

【注　釋】❶規　規勸；諫諍。❷傾心　盡心；誠心誠意。《後漢書・皇后紀・章德竇皇后傳》：「后性敏給，傾心承接，稱譽日聞。」

【語　譯】向我諂媚討好的人，必定會加害於我，應當特別注意防範；願意規勸指教我的人，一定也能夠幫助我，應該誠心誠意地傾聽。

【原　注】張夢復云：此輩毒人，如鴆之入口，蛇之螫膚，斷斷不易，決無解救之說。芸圃詩有云：於今道上揶揄鬼，原是樽前嫵媚人。蓋痛乎其言之矣。

先哲云：平時強項好直言者，即患難時不肯負我之人。圓軟一輩，掉臂去之，或且下石焉。又云：人有過失，非其知己，孰肯指陳？泛然相識，不過背後竊議之耳！乃不能見德，而反以之為讎。於彼何與？適所以自成其不可救藥之病而已。

出一箇大傷元氣進士❶，不如出一箇能積陰德平民；交一箇讀破萬卷邪士❷，不如交一箇不識一字端人❸。

【注釋】❶大傷元氣進士　指品行不端、危害百姓的官員或讀書人。大傷元氣，中醫認為重病會嚴重損傷元氣。文中比喻壞到極點。進士，古代稱貢舉的人才；科舉時代稱殿試考取的人。他們往往隨即被授予中央或地方的官職。❷讀破萬卷邪士　謂極有學問的奸邪之士。讀破萬卷，唐・杜甫〈奉贈韋左丞丈二十二韻〉：「讀書破萬卷，下筆如有神。」後以「讀破」指書讀得多，並且讀通了。文中則有反諷之意。❸端人　正直的人。《孟子・離婁下》：「夫尹公之他，端人也。其取友必端矣。」趙岐注：「端人，用心不邪僻。」

【語譯】出了一個危害國家、百姓的官員，不如出一個能夠積德行善的平民；結交一位飽讀詩書的奸邪之士，不如結交一位一字不識但品行端正的人。

無事時，埋藏著許多小人；多事時，識破了許多君子。

【語譯】沒有事情的時候，眾多小人藏而不露，難以識別；事情繁雜時，便識破了偽君子們的小人相。

一種人難悅❶亦難事❷，只是度量褊狹，不失為君子；一種人易事亦易悅，這是貪污輭弱，不免為小人。

【注　釋】❶悅　悅服；愛慕。❷事　侍奉。《易・蠱》：「不事王侯，志可則也。」亦作使用、役使解。《國語・魯語下》：「大夫有貳車，備承事也。」韋昭注：「事，使也。」

【語　譯】有一種人難以悅服也難以共事，只不過是度量狹小，仍不失為君子；另有一種人容易共事也容易相處，但是心地貪婪、性情軟弱，終究還是小人。

【原　注】陳榕門云：君子小人中，確乎有此二種，可以發聖言所未發。

大惡多從柔處❶伏❷，須防綿裡之針❸；深讎常自愛中來，宜防刀頭之蜜❹。

【注　釋】❶柔處　柔和軟弱之處。❷伏　潛伏；隱藏。❸綿裡之針　即「綿裡針」。藏在棉被中的針。比喻外柔和而內尖刻。元・石德玉《曲江池》：「笑裡刀剮皮割肉，綿裡針剮髓挑筋。」❹刀頭之蜜　刀尖上的蜜糖。比喻貪小失大，利少害多。亦作「刀舐蜜」、「刀蜜」。語本《四十二章經》：「財色之於人，譬如小兒貪刀刃之蜜，甜不足一食之美，然有截舌之患也。」刀頭，刀的尖端。

【語　譯】大的罪惡往往潛伏於柔和軟弱的地方，謹慎提防藏在棉被中的針；深仇大恨經常由愛與情中產生，小心防備塗在刀刃上的蜜。

惠❶我者小恩，攜❷我為善者大恩；害我者小讎，引❸我為不善者大讎。

【注　釋】❶惠　賜予；贈送；施恩惠。用作動詞。❷攜　扶持幫助。❸引　誘惑；引誘。

【語　譯】施惠於我者只是小恩，幫助我為善者才是大恩；加害於我者只是小仇，引誘我做壞事者才是大仇。

毋受小人私恩，受則恩不可酬；毋犯❶士夫❷公怒❸，犯則怒不可救。

【注　釋】❶犯　觸犯；抵觸。❷士夫　士大夫；讀書人。❸公怒　公憤；眾怒。公，公共；共同。案：句含「眾怒難犯」之意。《左傳．襄公十年》謂：子孔當國，不聽眾人意見，認為那將是眾人為政，自己沒有權了。「子產曰：『眾怒難犯，專欲難成。合二難以安國，危之道也。』」

【語　譯】不要接受小人的恩惠，否則將難以回報；不可觸犯眾人的公憤，否則將無以挽救。

喜時說盡知心，到失歡須防發洩；惱時說盡傷心，恐再好自覺羞慚。

【語譯】高興時一吐為快說盡知心話，交情破裂時要防止互相攻訐；憤怒時出言不遜說盡傷心話，關係和好後恐怕會自覺羞慚。

盛喜❶中勿許人❷物，盛怒中勿答人書❸。

【注釋】❶盛喜　大喜；極為高興。盛，大。❷許人　應允與人；許諾於人。《戰國策・韓策二》：「老母在，政身未敢以許人也。」❸答人書　回答別人的書信；回信。

【語譯】極為高興時，不要向別人許諾什麼；極度憤怒時，不要回覆別人的書信。

【原注】喜時之言多失信，怒時之言多失體。

頑石之中，良玉隱焉；寒灰❶之中，星火寓❷焉！

【注釋】❶寒灰　猶死灰。物質完全燃燒後留剩的灰燼。❷寓　蘊含；隱藏。

【語譯】頑劣的石頭中蘊含著美玉，冰冷的死灰中隱藏著未燼的火星。

【原注】是以君子不輕棄人，不輕量人。

靜坐❶常思己過，閒談莫論人非。

【注釋】❶靜坐　平靜地端坐，反省自己。這是古人修身養性的一種方法。《朱子語類》卷一一：「明道教人靜坐，李先生亦教人靜坐。始學工夫，須是靜坐。」

【語譯】獨自靜坐，當經常反省自己的不足之處；與人閒談，不要評論他人的是是非非。

對癡人莫說夢話❶，防所誤也；見短人❷莫說矮話❸，避所忌也。

【注釋】❶對癡人莫說夢話　意思是對愚笨平庸的人不要說不著邊際或辦不到的話。用成語「癡人說夢」的正面含意。癡人說夢，語本《五燈會元・龍門遠禪師法嗣・烏巨道行禪師》：「祖師西來，直指人心，見性成佛。癡人面前，不得不夢。」後以「癡人說夢」指憑妄想說不可靠或根本辦不到的話。癡人，愚笨或平庸之人。❷短人　身材矮小的人。亦泛指有某些不足、缺陷的人。短，短小；缺點；過失。❸矮話　亦作「短話」。有關別人缺點、過失的話。

【語譯】對愚笨平庸的人不要說不著邊際或辦不到的話，以免引起誤解；見到有缺陷不足的人不要說影射其缺陷的話，避開他的忌諱。

面諛❶之詞，有識者❷未必悅心；背後之議，受憾者❸常至刻骨❹。

【注　釋】❶面諛　當面恭維。《孟子・告子下》：「與諂媚面諛之人居，國欲治，可得乎？」❷有識者　有見識的人。❸受憾者　文中指（得知）遭到背後議論而心懷怨恨的人。憾，恨；怨恨。❹刻骨　形容愛或恨之強烈，深切難忘。

【語　譯】當面恭維的話語，有見識者聽到後未必喜歡；在背後議論他人是非，當事人一旦得知，常會恨之入骨。

攻人之惡❶毋太嚴，要思其堪受❷；教人以善毋過高，當使其可從❸。

【注　釋】❶攻人之惡　指責別人的錯誤、過失。攻，指責；批評。❷堪受　能夠接受。堪，可以；能夠。❸可從　能夠做到。從，從事；做。

【語　譯】批評別人的錯誤不可過於嚴厲，要考慮他能夠接受的程度；勸勉他人從善，標準不可過高，應當使他能夠做到所提的要求。

互鄉童子則進之，開其善也❶；闕黨童子則抑之，勉其學也❷。

【注　釋】❶互鄉童子則進之二句　意思是對於因民風惡劣而缺少教養的孩子要鼓勵他上進，開導培育其向善。語本《論語・述而》：「互鄉難與言。童子見，門人惑。子曰：『與其進也，不與其退也。唯何甚？』」互鄉，據說是一個民風很惡的地方，現已無可考。進之，使之進。進，長進；進步；去惡就善。❷闕黨童子則抑之二句　意思是對於有文化卻不懂禮節的孩子要抑制他的虛驕，勉勵他繼續學習。語本《論語・憲問》「闕黨童子將命」一節。謂家鄉一個孩子來傳遞消息，有人問孔子對那個孩子的看法。孔子說：我見他不懂尊卑禮節，常坐在上位，又與長輩並肩而行，要抑制並教育他。闕黨，指「闕里」。孔子故里。在今山東曲阜城內闕里街。因有兩石闕，故名。後亦泛指家鄉。闕，宮門、城門兩側的高臺，中間有道路，臺上起樓觀。

【語　譯】對於因民風惡劣而缺少教養的孩子要鼓勵他上進，開導培育其向善；對於有文化卻不懂禮節的孩子要抑制他的虛驕，勉勵他繼續學習。

【原　注】兼此二義，可以因人施教，可謂以德化民。

不可無不可一世之識❶；不可有不可一人❷之心。

【注　釋】❶不可一世之識　謂極其廣博高深的見解、非凡的見識。不可一世，言自視甚高，對天下人極少讚許推重。可，讚賞；稱是。本文則從正面用之，有「不世」之意，指非凡、罕有。❷不可一人　謂不稱讚、不推崇任何一個人。即狂傲、目中無人。

【語　譯】為人處世，不可以沒有非凡博大的見識，但不能夠有目中無人的狂傲。

事有急之不白❶者，緩之或自明❷，毋急躁以速❸其戾❹；人有操之不從❺者，縱❻之或自化❼，毋操切❽以益其頑❾。

【注釋】❶急之不白　謂倉促間難以搞清或說不明白。急，急切；急躁；倉促。白，明白；清楚。❷自明　自然明白。北宋・王安石〈不詰自明〉詩：「倉頡造書，不詰自明。」❸速　招致。《詩・召南・行露》：「誰謂女無家，何以速我獄。」朱熹《集傳》：「速，召致也。」❹戾　暴怒；違逆。❺操之不從　謂不聽從勸說。操，說。北宋・文瑩《玉壺清話》卷五：「劉某奏對皆操南音。」文中有勸說、勸告之意。從，順從；服從。❻縱　放縱；聽任。❼自化　自然化育。語本《老子》：「法令滋彰，盜賊多有，故聖人云：我無為而民自化。」文中有自己醒悟改正之意。❽操切　辦事過於急躁。明・張居正《辛未會試程策》二：「一令下，曰何煩苛也；一事興，曰何操切也，相與務為無所事事之老成。」❾益其頑　更加劇他的固執。益，增加；更加。頑，固執；頑固。案：本節寓急切難以奏效時，不如順其自然之意。

【語譯】當有倉促間一下子搞不清楚、說不明白的事情時，寬緩一下，事後那人或許能自然明白，切勿操之過急，以免招致他憤怒暴躁；如果勸說某人而他不接受，聽任其便，他或許會自己醒悟改正，不要苛刻強求，致使其更加固執頑劣。

遇矜才❶者，毋以才相矜，但❷以愚❸敵❹其才，便可壓倒；遇炫奇❺者，毋以奇相炫，但以常❻敵其奇，便可破除。

【注　釋】❶矜才　以才能自負。矜，自誇；自恃。《書・大禹謨》：「汝惟不矜，天下莫與汝爭能，汝惟不伐，天下莫與汝爭功。」❷但　只要。表示假設或條件。《墨子・號令》：「敵人但至，千丈之城，必郭迎之，主人利。」❸愚　傻；愚笨。❹敵　抵擋；對抗。❺炫奇　炫耀奇特；誇耀新奇。炫，通「衒」。顯示；誇耀。❻常　尋常；平常；普通。

【語　譯】遇到以才學自誇的人，不必用才學與他較量，只要以愚笨應對其才，便能勝過；遇到喜歡炫耀新奇的人，不必用奇特與之比照，只要以尋常事物相對，就可破除。

直道事人❶，虛衷御物❷。

【注　釋】❶直道事人　謂以正直確當的準則事奉人。直道，猶正道。指確當的道理、準則。《韓非子・三守》：「然則端言直道之人不得見，而忠直日疏。」事人，事奉人；服侍人。《論語・先進》：「季路問事鬼神。子曰：『未能事人，焉能事鬼？』」事，侍奉；供奉。❷虛衷御物　謂以虛心專注的態度駕御萬物。虛衷，亦作「虛中」。心神專注；胸無成見；虛心。御物，駕御萬物。晉・干寶《晉紀・總論》：「行任數以御物，而知人善采拔。」御，使用；控制；駕御。

【語　譯】以正直確當的準則對待別人，以虛心專一的態度駕御萬物。

【原　注】周石藩云：人有好歹，事有虛實，斷不可據先入之言，遂挾成心以待之。蓋胸中一有成見，則窒塞而不公；不公則不明，以致是非顛倒，皂白不分。其不屈人而僨事者，鮮矣。

或居家，或做官，就人用人，就事論事，心中不著些子塵垢，方能虛中悉理，不至誤於人言。

豈能盡如人意，但求不愧我心。

【語　譯】凡事怎麼可能盡如人意，只求我心中坦然無愧。

【原　注】人情有公亦有私，必事事求如人意，是徇也。惟準之於理，乃至公而無私矣。

不近❶人情，舉足盡是危機。不體❷物情❸，一生俱成夢境。

【注　釋】❶近　貼近；接近；合於。❷體　體會；體察；體悟。《莊子・應帝王》：「體盡無窮，而游無朕。」❸物情　物理；物的情狀；世情。

【語　譯】待人處世不貼近人之常情，舉手投足都有危機；不體察物情事理，一生時日皆成夢幻。

己性不可任，當用逆法❶制之，其道❷在一忍字；人性❸不可拂❹，當用順法調❺之，其道在一恕字。

【注　釋】❶逆法　指相反的方法、途徑。明・高攀龍《講義・六十而耳順》：「人生只有理、欲二途，自有知識以來，起心動念，便是人欲了。聖人之學，全用逆法。如何用逆法？只從矩，不從心所欲也。」句含此意。即按照天道倫理約束、克制自己。❷道　方法；途徑。《商君書・更法》：「治世不一道，便國不必法古。」❸人性　指人們的意願、感情等。❹拂　逆；違背。《詩・大雅・皇矣》：「是伐是肆，是絕是忽，四方無以拂。」❺調　協調；使協調。《楚辭・七諫・謬諫》：「不論世而高舉兮，恐操行之不調。」王逸注：「調，和也。言人不論世之貪濁，而高舉清白之行，恐不和於俗而見憎於眾也。」句含此意。

【語　譯】自己不可固執任性，應當遵循天道約束克制，其方法就在一個「忍」字；世俗常情不可違背，應當順其自然盡力協調，其方法就在一個「恕」字。

仇莫深於不體❶人之私❷，而又苦❸之；禍莫大於不諱人之短，而又訐❹之。

【注　釋】❶體　體恤；體念。即設身處地地為人著想，給以同情、照顧。❷私　隱私；不便公開的苦衷等。❸苦　厭惡；怨恨。《史記・陳涉世家》：「天下苦秦久矣。」❹訐　攻擊；指責。

【語　譯】最深的仇恨莫過於不體恤別人的隱私，反而厭惡嘲弄；最大的禍害莫過於不避諱別人的短處，反而公開指責。

辱人以不堪，必反辱；傷人以已甚，必反傷。

【語　譯】予別人以不堪忍受的侮辱，自己必定會反遭其辱；給別人造成無法癒合的傷害，自己必定會反受其害。

處富貴之時，要知貧賤的痛癢❶；值少壯之日，須念衰老的辛酸。入安樂之場，當體患難人景況；居旁觀之地，務悉❷局內人苦心。

【注　釋】❶痛癢　比喻疾苦。南宋・楊萬里《庸言》四：「覺萬民之痛癢者，愛及乎萬民。故文王視民如傷。」❷務悉　必須了解。務，必須；一定。悉，知道；了解。

【語　譯】當自己處於富裕尊貴的時候，要知道貧苦低賤者的疾苦；當自己年輕力壯的時候，必須想到年老無依時的辛酸。進入平安歡樂的場所，要體恤患難受苦者的景況；身處旁觀者的地位，必須理解當事者的苦衷。

【原　注】一富人飲酒溫室，語人曰：今冬暖和如是，時令甚不正。貧人門外聞之，頓足曰：外邊時令卻甚正。

范文正公〈淮上遇風詩〉曰：一棹危於葉，旁觀欲損神；他年在平地，毋忽險中人。

臨事須替別人想，論人先將自己想。

【語譯】遇到事情時必須替別人著想，議論別人時則要先想想自己。

欲勝人者先自勝；欲論人者先自論；欲知人者先自知。

【語譯】想要戰勝別人，先要戰勝過自己；想要議論別人，先要評判自己；想要知曉別人，先要瞭解自己。

待人三自反❶，處世兩如何❷。

【注釋】❶三自反　指孟子所說的君子必須具備的三項反躬自問：「自反而仁」、「自反而有禮」、「自反而忠」。語見《孟子・離婁下》：「孟子曰：『君子所以異於人者，以其存心也。君子以仁存心，以禮存心。仁者愛人，有禮者敬人。愛人者，人恆愛之；敬人者，人恆敬之。有人於此，其待我以橫逆，則君子必自反也：我必不仁也，必無禮也，此物奚宜至哉？其自反而仁矣，自反而有禮矣。其橫逆由是也，君子必自反也：我必不忠。自反而忠矣……。』」自反，反躬自問；自我反省。另，《孟子・離婁上》又謂：「孟子曰：『愛人不親，反其仁；治人不治，反其智；禮人不答，反其敬。行有不得者皆反求諸己，其身正而天下歸之。』」其意相似。❷兩如何　指《論語》所載孔子有關處理君臣、君民關係等問題時的兩次問答話語中所提到的「如之何」。《論語・為政》：「季康子問：『使民敬、忠以勸，如之何？』子曰：『臨之以莊，則敬；孝慈，則忠；舉善而教不能，則勸。』」又，《論語・八佾》：「定公問：『君使臣、臣事君，如之何？』孔子對曰：『君使臣以禮，臣事君以忠。』」如之何，怎麼辦；怎麼做。

【語　譯】待人須有三種反躬自問，才能保持仁、禮、忠；處世應有兩種仔細思量，才能處理好君、民、臣的關係。

待富貴人，不難有禮，而難有體❶；待貧賤人，不難有恩，而難有禮。

【注　釋】❶體　得體。文中指不亢不卑，恰如其分。

【語　譯】對待富貴的人，不難做到有禮，難在是否得體；對待貧賤的人，不難做到有恩，難在是否有禮。

對愁人勿樂，對哭人勿笑，對失意人勿矜。

【語　譯】對憂愁的人不要顯露快樂，對傷心的人不要展現笑容，對失意的人不要自負誇耀。

見人背語❶，勿傾耳❷竊聽；入人之室，勿側目❸旁觀；到人案頭，勿信手❹亂翻。

【注　釋】❶背語　在別人背後說話。即避開別人說話。❷傾耳　謂側著耳朵靜聽。❸側目　斜著眼睛看。文中有不正大光明、窺視他人隱私的意思。❹信手　隨手。

【語　譯】看到某人避開他人說話，不要側耳偷聽；進入別人的私室，不要東張西望；站在他人桌前，不要隨便亂翻。

不蹈❶無人之室，不入有事之門❷，不處藏物之所。

【注　釋】❶蹈　踏上；進入。❷有事之門　謂有是非的地方、有重大變故的家庭。

【語　譯】不踏進沒有人的房間，不要去有是非的地方，不停留在貯存物品的場所。

【原　注】非但遠嫌，亦以避禍。至於菴廟奇觀，尤宜謹慎，斷不可走入深處及僻靜之所。吾見蹈此而遭殺身之禍者，屢矣。切須戒之！

俗語❶近於市❷，纖語❸近於娼❹，諢語❺近於優❻。

【注　釋】❶俗語　流行於平民百姓中的通俗甚或鄙俗的語句。❷市　街市；做買賣。文中指不務正業、庸俗鄙陋的市井小人。❸纖語　柔聲細語。文中指帶有挑逗性的輕浮話語。❹娼　娼妓。❺諢語　諧謔逗趣、插科打諢的話語。諢，戲謔；開玩笑。❻優　即「優人」。古代以樂舞、戲謔為業的藝人。社會地位很低，常與娼妓並稱為「娼優」。

【語　譯】鄙俗的言語近似於市井小人的話語，輕浮的言語近似於娼門人的話語，調笑的言語近似於唱戲人的話語。

【原　注】士君子一涉於此，不獨損威，亦難迓福。

聞君子議論，如啜苦茗❶，森嚴❷之後，甘芳溢頰❸；聞小人諂笑❹，如嚼餹霜❺，爽美❻之後，寒沍凝胸❼。

【注　釋】❶啜苦茗　飲茶。啜，飲；喝。苦茗，即苦茶。品質好的茶葉沏泡時，頭道略有苦澀，二道甘甜醇厚，故稱。常以之比喻世事人生。茗，本謂茶芽，後多指用茶葉泡製、烹製或煎製的飲料。即通常所說的「茶」。❷森嚴　威嚴；嚴厲。文中指頭道茶的苦澀。❸甘芳溢頰　謂滿口皆感覺甜美芳香。溢，滿；充塞。頰，臉的兩側從眼到下頜部分。❹諂笑　強笑以求媚。即為討好逢迎別人而強做笑容。❺餹霜　冷凍後成冰霜狀的含糖食品或飲料。餹，同「糖」。❻爽美　謂美味可口。比喻舒適暢快。爽，暢快；舒服。唐・王勃〈滕王閣序〉：「酌貪泉而覺爽，處涸轍以猶懽。」❼寒沍凝胸　謂寒冷的冰塊凝結在胸中。比喻極度傷心或失望痛心。寒沍，嚴寒凍結；極冷。凍結；寒冷。

【語　譯】聽君子的議論如同喝好茶，苦澀之後，甜美芳香充溢身心；聽小人的媚笑就像吃糖霜，爽美過後，寒冰凝結胸中。

凡為外所勝者，皆內不足；凡為邪所奪❶者，皆正不足。

【注　釋】❶奪　壓倒；勝過。西漢．班婕妤〈怨歌行〉：「常恐秋節至，涼風奪炎熱。」

【語　譯】凡是被外物所戰勝的人，皆由於內在的修養不足；凡是被奸邪所壓倒的人，皆由於自身的正氣不足。

【原　注】今人見人敬慢，輒生喜慍心，皆外重者也。此迷不破，胸中冰炭一生。二者如持衡然，這邊低一分，那邊即昂一分，未有毫髮相下者也。

存乎天❶者，於我無與❷也，窮通❸得喪，吾聽之❹而已；存乎我者，於人無與也，毀譽是非，吾置之❺而已。

【注　釋】❶存乎天　謂其存在取決於天（的事物）。即由天意決定。❷於我無與　謂對於我來說無法參與。即我無法掌握控制。於，對；對於。與，亦作「干預」。參與。《論語・八佾》：「吾不與祭，如不祭。」❸窮通　困厄與顯達。《莊子・讓王》：「古之得道者，窮亦樂，通亦樂，所樂非窮通也；道德於此，則窮通為寒暑風雨之序矣。」❹聽之　即「聽之任之」。聽任、任憑（事態自然發展）。聽，聽憑；任憑。❺置之　「置之不理」的省稱。即擱在一邊，不予理會。

【語　譯】由上天決定的命運，我無法參與，困厄顯達獲得喪失，一切順其自然，聽之任之；由自己掌握的事情，他人無法干預，毀謗榮譽是是非非，一切擱在一邊，置之不理。

【原　注】先哲云：無惡而毀，於我何疚？無善而譽，於我何有？一庸人譽之則加喜，一庸人毀之則加怒，是亦庸人而已矣！真善真惡在我，毀譽與我何干。又云：處毀譽，要有識有量。識量大，則毀譽欣戚，不足以動其中。又云：余刻古書，校之又校，然魯魚帝虎，百仍二三。夫眼相對尚然，況以耳傳耳。其是非毀譽，甯有真乎？又云：從來聖賢，未有不遭毀謗者。故曰：其不善者惡之，不為小人所惡，安得成箇君子？聞毀者，須察這毀言從何處來；更查這毀人者是君子，是小人。既可以得毀人者，又可以得被毀者，此兩得之道也。聞譽者，亦用此法最妙。大凡操進退之柄者，是非毀譽，無日不至於前。置之，則非公聽並觀之道；聽之，則開游揚排擠之端。惟先就毀譽者之人品，以為權衡，則致毀致譽之由，不辨自明；為所毀，為所譽者，邪正立見。此為用眾，而不為眾用也。

小人樂聞君子之過，君子恥聞小人之惡。

【語譯】小人喜歡聽到君子的過失，君子則恥於知曉小人的惡行。

【原注】此存心厚薄之分，故人品因之而別。

慕❶人善者，勿問其所以善❷；恐❸擬議❹之念生，而效法之念微矣；濟❺人窮者，勿問其所以窮；恐憎惡之心生，而惻隱之心❻泯矣。

【注釋】❶慕　仰慕；思慕。❷所以善　為什麼行善；行善的原因。所以，原因；情由。❸恐　擔心；恐怕。文中有因為擔心而盡量避免某事發生之意。即「以免」、「免得」。❹擬議　揣度議論。擬，揣度；推測。《易・繫辭上》：「擬之而後言，議之而後動。」❺濟　救濟；幫助。❻惻隱之心　言同情、憐憫。語出《孟子・公孫丑上》：「今人乍見孺子將入於井，皆有怵惕惻隱之心。」

【語譯】仰慕他人的善行，不要問他為什麼行善，以免產生揣度議論的念頭，而效法為善的願望減弱了；救助貧窮的人，不要問他為什麼窮困，以免產生厭惡憎恨的心理，而憐憫同情之心泯滅了。

時窮勢蹙❶之人，當原其初心❷；功成名立之士，當觀其末路❸。

【注　釋】❶時窮勢蹙　謂時運不佳，窮困潦倒。勢蹙，形勢窘迫。勢，形勢；情勢。蹙，困窘；窘迫。❷原其初心　謂探討（之所以如此的）根源。原，推究；探討；研究。《漢書・劉向傳》：「原其所以然者，讒邪並進也。」初心，本意；本源。❸末路　下場；結局。

【語　譯】時運不佳、窮困潦倒的人，要探討之所以如此的本源；功成名就、志得意滿的人，要觀察他最後的結局。

蹤多歷亂❶，定有必不得已❷之私❸；言到支離❹，纔是無可奈何之處。

【注　釋】❶蹤多歷亂　指一生的經歷中有過許多坎坷變故。蹤，腳印；蹤跡。引申為經歷、行蹤。歷亂，紛亂；雜亂。❷不得已　無可奈何；不能不如此。❸私　隱情。❹支離　猶支吾。謂說話吞吞吐吐，或含混不清。

【語　譯】一生的經歷中有過許多變故坎坷，必定有不得已的隱情；話說到吞吞吐吐、含混難言時，才真是無可奈何的狀況。

【原　注】吾輩須於此放寬一步。

惠不在大，在乎當厄❶；怨不在多，在乎傷心❷。

【注　釋】❶當厄　正處在貧困災難之時。厄，災難；困苦。❷傷心　使心受傷；傷害心靈。

【語　譯】恩惠不在乎大小，關鍵是要雪中送炭；怨恨不在於多少，關鍵是傷害心靈的程度。

毋以小嫌疏至戚❶，毋以新怨忘舊恩。

【注　釋】❶至戚　最親近的親屬。

【語　譯】不要因為小小的嫌怨而疏遠最親近的親屬，不要因為眼下的怨恨而忘記昔日的恩情。

兩惠❶無不釋之怨❷，兩求❸無不合之交❹，兩怒❺無不成之禍❻。

【注　釋】❶兩惠　雙方都仁愛寬厚。惠，仁愛；寬厚。《書．皋陶謨》：「安民則惠，黎民懷之。」蔡沈集傳：「惠，仁之愛也。」❷不釋之怨　不可消除的怨恨。釋，消融；消除。❸兩求　互相有求於對方；雙方互相尋求。❹無不合之交　沒有不和諧的交情。合，和睦；和諧。《詩．小雅．常棣》：「妻子好合，如鼓琴瑟。」❺兩怒　雙方互相怨恨憎惡。❻無不成之禍　沒有不成為禍患的。

【語　譯】雙方都仁愛寬厚，沒有不能釋懷的怨恨；雙方相互尋求，沒有不能和睦的交情；雙方互相怨恨憎惡，沒有不釀成禍患的。

【原　注】喫緊全在「兩」字。事之成敗，人之禍福，莫不有兩者共成之也。

古之名望❶相近，則相得❷；今之名望相近，則相妒。

【注　釋】❶名望　名聲，威望。文中指有名望的人。❷相得　互相配合補充，更顯出各自的長處。有「相得益彰」之意。

【語　譯】古時候有名望的人，彼此接近後能夠相互配合補充，相得益彰；現在有名望的人，彼此接觸後則互相嫉妒，貌合神離。

【原　注】陳榕門云：無論古今，公則未有不相得，私則未有不相妒者。所謂私，非獨勢利得失；即如嫌疑未化，偶有偏主，皆私也。噫，難言之矣！

齊家類

勤儉，治家❶之本；和順❷，齊家❸之本；謹慎，保家之本；詩書，起家❹之本；忠孝，傳家之本。

【注　釋】❶治家　持家；管理家事。❷和順　和睦順從；和睦融洽。《管子・形勢解》：「父母不失其常，則子孫和順。」句含此意。❸齊家　治家。語出《禮記・大學》：「欲齊其家者，先修其身。」❹起家　興家立業；成名發跡。《史記・外戚世家》：「衛氏枝屬以軍功起家，五人為侯。」

【語　譯】勤儉是治家理財的根本；和順是治理家事的根本；謹慎是保家守業的根本；詩書是興家立名的根本；忠孝是傳家教子的根本。

天下無不是底父母，世間最難得者兄弟。

【語　譯】父母生養子女辛勞，所以天底下沒有不對的父母；親兄弟同為父母所生，所以人世間兄弟之情最難得。

案：中國古代文化強調上下尊卑，必須無條件地孝順、服從父母長輩，不可有絲毫違忤之處。因此，無論父母說什麼、做什麼，都是正確的，即便有錯，也只能掩蓋斡旋（古稱「幹蠱」）。民間則習稱「天下無不是的父母」。親兄弟同屬父母血氣所生，古人比作同根、同氣、手足。宗法制下，除父子外，兄弟是血緣紐帶最緊密的，列「五倫」之一。茫茫人海中，親兄弟的關係猶為難得，故稱「世間最難得者兄弟」。

【原注】陳成卿云：自來亂臣賊子，其始皆見得君父有不是處。微根不除，遂至橫決爾。世有以異母兄弟而隔膜視者，此但知有母，而不知有父者也，與禽獸何以異！

以父母之心為心，天下無不友❶之兄弟；以祖宗之心為心❷，天下無不和❸之族人；以天地之心為心❹，天下無不愛之民物❺。

【注釋】❶友　親近相愛。古代多用於兄弟之間。《書・康誥》：「元惡大憝，矧惟不孝不友。」孔穎達疏：「善兄弟曰友。」❷以祖宗之心為心　意思是以祖宗關愛每個子孫的心作為自己的心（即關心照顧每個族人）。❸和　和睦、融洽。❹以天地之心為心　謂心胸要像天地那樣寬廣無私。天地之心，天和地無限寬廣，照耀萬物，承載萬物，沒有絲毫偏私。形容心胸極其博大無私。❺民物　泛指人民與萬物。語本北宋・張載〈西銘〉：「故天地之塞，吾其體；天地之帥，吾其性。民吾同胞，物吾與也。」意思是世人皆為我的同胞，萬物俱是我的同輩。後因以謂泛愛一切人和物。

【語　譯】以父母疼愛子女的心作為自己的心，天底下沒有不親近友愛的兄弟；以祖宗關懷子孫的心作為自己的心，天下沒有不和睦融洽的親族。以天地博大無私的心作為自己的心，天下沒有不能愛憐的同胞與事物。

人君❶以天地之心為心，人子❷以父母之心為心，天下無不一之心❸矣；臣工❹以朝廷之事為事，奴僕以家主之事為事，天下無不一之事❺矣。

【注　釋】❶人君　指君主、皇帝。《管子・權修》：「民之用力有倦，而人君之欲無窮。」❷人子　指子女。《禮記・曲禮上》：「凡為人子之禮，冬溫而夏凊，昏定而晨省。」❸不一之心　謂不相同的心意、情感。即離心離德。不一，不相同；不一樣。❹臣工　群臣百官。《詩・周頌・臣工》：「嗟嗟臣工，敬爾在公。」❺不一之事　謂做事不協調、不統一。不一，不統一；不一致。

【語　譯】君主能以天地包容無私之心為心，子女能以父母慈愛寬厚之心為心，普天之下就不會有離心離德、自私自利的人；臣下能把國家朝廷的事視為自己的事，僕人能把主人家的事作為自己的事，普天之下就不會有爭權奪利、相互紛爭的事。

【原　注】語氣闊大，意蘊宏深。

孝莫辭勞❶，轉眼便為人父母；善毋望報❷，回頭但看爾兒孫。

【注釋】❶孝莫辭勞　意思是盡孝道要盡心盡力不辭勞苦。❷善毋望報　謂做善事不要期望有所回報。

【語譯】孝敬父母要盡心盡力不辭勞苦，因為轉眼間自己也將為人父母；做善事不要期望有所回報，只須回頭看看自己兒孫。

子之孝，不如率婦以為孝❶，婦能養親❷者也。公姑❸得一孝婦，勝如得一孝子。婦之孝，不如導孫❹以為孝，孫能娛親❺者也。祖父得一孝孫，又增一輩孝子。

【注釋】❶率婦以為孝　謂帶領妻子，使她盡孝道。婦，指妻子。以，使。為孝，做孝敬父母的事；盡孝道。為，做。❷養親　奉養父母。《莊子・養生主》：「可以保身，可以全生，可以養親，可以盡年。」養，奉養；事奉。❸公姑　丈夫的父母。亦稱公婆。❹導孫　教導孫輩。❺娛親　使父母歡樂。三國魏・曹植〈靈芝篇〉詩：「伯瑜年七十，彩衣以娛親。」

【語譯】兒子孝順，不如帶動妻子，使她盡孝道，因為媳婦是能夠奉養雙親的人。公婆得到一個孝順的媳婦，勝過有一個孝順的兒子。媳婦孝順，不如教導孫輩盡孝道，因為孫子是能夠使祖父母歡樂的人。祖父母得到一個孝順的孫子，等於又增添了一輩孝子。

父母所欲為者，我繼述❶之；父母所重念❷者，我親厚❸之。

【注釋】❶繼述　繼承。即繼續從事先人未竟的事業、事情。❷重念　一再牽掛；極其惦念。重，看重；重視。引申為珍惜。❸親厚　親愛厚待。

【語譯】父母親生前想做的事，我要繼續從事；父母所牽掛垂念的人，我要親愛厚待。

【原注】凡父母生前所欲為而不得者，我善為繼述之。孝思之大，莫過於是。

凡人父母雖亡，無可補過。然有兄弟，有姊妹，皆父母所垂念之人也，我當看顧之，聯和之，則父母在天之靈悅。有伯叔，有宗族，皆祖父所不忘之人也，我當體恤之，周濟之，則祖父在天之靈悅。有親戚，有鄰朋，亦祖、父所加意之人也，我當提攜之，憐憫之，不獨祖、父在天之靈悅，即在天虛空之神鬼，亦無不皆悅。

婚而論財，究也❶夫婦之道❷喪；葬而求福，究也父子之恩絕。

【注釋】❶究也　猶最終、終究。❷夫婦之道　指夫婦之間相敬如賓、相親相愛等情感、道義。案：古人認為宇宙萬物皆由「陰」、「陽」兩種基本力量化合而成。陰、陽對應人而言，則是女和男。男女結為夫婦，組成家庭，是人類自身繁衍和社會、倫理、法律等等的出發點，即所謂有男女然後有夫婦，有夫婦然後有父子，有父子然後有君臣，有君臣然後有上下；夫婦是「人倫之始，王化之原」，家不齊，何以治國平天下？故極重夫婦之道。至少在理論上，認為夫婦是「敵體」（對等），強調相敬如賓，不棄糟糠。即使在三綱五常占絕對統治的時期，丈夫「休妻」也有某些限制，如多年奉養公婆，為公婆服過喪，生育過兒子的，等等，皆不准「休」。所以，以財產多寡論婚姻，是夫婦之道的淪喪。

【語　譯】如果婚姻取決於錢財的多少，終究是夫婦之道喪失殆盡；如果喪葬以風水乞求福分，終究是父子恩情斷絕。

【原　注】古者男女之族，各擇德焉，不以財為禮。文中子曰：婚姻而論財，夷虜之道也，君子不入其鄉。近世婚姻一事，競尚侈奢，日趨日盛。其實豪華滿眼，不過一瞬虛名，有何實際，而鋪張揚厲若此。德不如人，而衣飾是尚；家不能治，而容冶相先，因之敗德蠹家、離間骨肉多矣。先輩詩云：婚姻幾見鬥奢華，金屋銀屏眾口誇；轉眼十年人事變，妝奩賤賣與人家。殊有深味。每見嫁資豐饒之女，多至非貧則夭者。雖曰其命，亦未必非暴殄天物之孽也。

古人云：先有人而後有地，先有德而後有人。此真探源之論，可破除葬師一切妄談謬說。蓋山川英靈之蘊，沖和之萃，必有神物為之護持，乃造物秘之，以待善人也，豈人力之所能為哉？故吉壤之遇，每在乎貧賤積善之餘；而凶土之藏，輒卜於富貴不仁之後。若使神工果可奪，天命果可改，則古今富貴在一家，而造物之機幾息矣！宋謙父云：世人盡知穴在山，豈知穴在方寸間；好山好水世不欠，苟非其人尋不見。我見富貴人家墳，往往葬時皆貧賤；

迨至富貴力可求，人事盡時天理變。仁人孝子，可以知所自處矣。

君子有終身之喪❶，忌日❷是也；君子有百世之養❸，邱墓❹是也。

【注　釋】❶終身之喪　謂持續一生的哀傷。喪，神態不滿或不樂的樣子。明・顧起元《客座贅語・詮俗》：「面勃然怒而不解也曰悖，其色不懌也曰喪。」❷忌日　指父母及其他親屬去世的日子。舊時該日禁止飲酒、娛樂等事，故稱。《禮記・祭義》：「君子有終身之喪，忌日之謂也。」句即本此。❸百世之養　謂世世代代祭祀、養護。養，本謂奉養、事奉雙親。此處指日常養護先人的墳墓，年節、忌日祭祀。百世，世世代代。指久遠的歲月。❹邱墓　墳墓。因墳墓上的堆土如「丘」（小山、土堆）而名。

【語　譯】君子有持續一生的哀傷，那就是父母的忌日；君子有世世代代的祭掃，那就是祖先的墳墓。

【原　注】誌石墓碑，不在禁例。稍有力者，宜內誌以石。或記事功，或止勒亡者生庚，故葬年月，及山向四至大概，附埋冢內；上樹碑一通，不必過於高大，嫌於僭也。碑面照有無封贈職銜，據實開刻：考妣某某之墓，旁書子某孫某敬立。碑陰仍將父母生庚、故葬年月日、所葬坐山朝向，及墳地四至丈尺、墓田畝數，明白刊刻，庶可示久遠，以防侵佔。為人子者，不可不急講也。

兄弟一塊肉❶，婦人是刀錐❷（言任其剜割也）；兄弟一釜羹❸，婦人是鹽梅❹（言任其調和也）。

【注釋】❶兄弟一塊肉　謂兄弟皆父母生養，骨肉相連。❷刀錐　刀子和錐子。此指妻子的挑撥離間如同刀錐割肉，使兄弟分離。❸兄弟一釜羹　謂兄弟是一個鍋子裡的羹。比喻相似，難解難分。釜，古炊器。盛行於漢代。有鐵製的，也有銅製和陶製的。羹，用肉類或菜蔬等製成的帶濃汁的食物。❹鹽梅　鹽和梅子。鹽味鹹，梅味酸，皆用作調味品。文中指妻子的閒言碎語就像鹽梅，會改變羹湯（兄弟情誼）的滋味。

【語譯】兄弟骨肉相連，妻子的挑撥離間如同刀錐割肉，使兄弟分離；兄弟情深誼長，妻子的閒言碎語就像鹽梅入羹，改變了兄弟情誼。

【原注】大抵婦人之見，不廣遠，不公平，非丈夫有遠識。雖平日素明義理者，迨日漸月漬，則為其役而不自覺。旨哉。鄭濂對明太祖之言曰：治家之道，惟不聽婦人言而已。

兄弟和，其中自樂❶；子孫賢，此外何求。

【注釋】❶自樂　自有其快樂之處。

【語譯】兄弟和睦，樂在其中；子孫賢能，別無所求。

心術❶不可得罪於天地，言行要留好樣與兒孫。

【注釋】❶心術　指內心。《禮記・樂記》：「奸聲亂色不留聰明，淫樂慝禮不接心術。」又指思想品質、居心。

【語譯】謂心中所想不可違背天地倫常，言行舉止應當為後代留下好榜樣。

【原注】《思辨錄》云：教子弟當以身率先。每見人家子弟，父兄未嘗著意督率，而規模動靜、性情好尚，輒酷肖其父，皆身教為之也。

現在之福，積自祖宗者，不可不惜；將來之福，貽❶於子孫者，不可不培。現在之福如點燈，隨點則隨竭；將來之福如添油，愈添則愈明。

【注釋】❶貽　遺留；給予。

【語譯】現在的福分來自祖宗的積累，不能不珍惜；未來的福澤將留給子孫，不能不培植。今日所享之福如同點燈，燈油越用越少，終將枯竭；未來的福澤就像給燈添油，愈添燈愈明亮。

【原注】顏光衷云：世之登高第者，自以為讀書材能所致，權勢在手，恣傲無忌，盡改故步。

孰知些小福分，皆從祖父殷勤得來，不添油注炭，熱燄能幾何乎？

問祖宗之澤，吾享者是，當念積累之難；問子孫之福，吾貽者是，要思傾覆之易。

【語譯】若問祖宗的福澤在哪裡？我現在享受的就是，要體念祖宗積德造福的艱難；若問子孫的福分在哪裡？我所遺留的就是，要想到傾覆它們是非常容易的。

要知前世因❶，今生受者❷是；吾謂昨日以前，爾祖爾父，皆前世也；要知後世果❸，今生作者❹是；吾謂今日以後，爾子爾孫，皆後世也。

【注釋】❶前世因　前世的因緣。前世，前生；前一輩子。北齊・顏之推《顏氏家訓・歸心》：「今人貧賤疾苦，莫不怨前世不修功業。」因，因緣。佛教語。佛教謂使事物生起、變化和壞滅的主要條件為因，輔助條件為緣。案：此句與下句「後世果」對應，含佛教教義「因果報應」之意。佛教依據未作不起，已作不失的理論，認為事物有起因必有結果，種什麼因，結什麼果。即夙世種善因，今生得善果；為惡則有惡報。❷受者　（正在）承受的果報；所得到的報應。❸後世果　後世得到的報應。果，佛教語。因果報應所得的果報。《法苑珠林》卷七七引《惟無三昧經》：「一善念者，亦得善果報；一惡念者，亦得惡果報。」❹作者　正在做的事情；所作所為。

【語　譯】若想知道前世留下了什麼因緣，今生正在承受的果報就是。我以為至昨日之前，你的祖父、父親都是你的前世。要想知道後世的景況將如何，就是今生的所作所為。我認為自今日之後，你的子女、孫子都是你的後世。

祖宗富貴，自詩書中來，子孫享富貴，則棄詩書矣；祖宗家業，自勤儉中來，子孫享家業，則忘勤儉矣。

【語　譯】祖宗的富貴從讀書中得來，子孫享受了富貴，卻將詩書棄之不顧；祖宗的家業從勤儉中創立，子孫享受了家業，卻將勤儉置之腦後。

【原　注】此所以多衰門也。

近處❶不能感動，未有能及遠者；小處不能調理，未有能治大者；親者不能聯屬❷，未有能格疏❸者。一家生理❹不能全備，未有能安養百姓❺者；一家子弟不率規矩❻，未有能教誨他人者。

【注　釋】❶近處　指自己身邊的人、周圍的人。❷聯屬　聯繫。屬，聚集；會合。《孟子・梁惠王下》：「乃屬其耆老而告之。」❸格疏　聯絡、感動關係疏遠的人。格，感動；感通。《書・說命下》：「佑我烈祖，格於皇天。」❹生理　猶「生計」。賴以度生的產業；生活用度。❺安養百姓　使百姓安居樂業。安養，猶滋養、長養。❻不率規矩　不守規矩。率，遵循；遵行。

【語　譯】連自己身邊的人都不能有所感動，遠方的人就更不能了；小事情都處理不妥，大事更不會治理了；連自己的親友都不能夠聯絡、團結，更不用說關係疏遠的人了。一家的生計都照料不好，怎麼能使百姓安居樂業；家中的子弟都不守規矩，怎麼能夠教誨他人。

【原　注】治相應之理，說得如許親切。

至樂❶無如讀書，至要❷莫如教子。

【注　釋】❶至樂　最大的快樂。❷至要　緊要；極其重要。

【語　譯】最大的快樂莫過於讀書，最重要的事情莫過於教育子女。

【原　注】張夢復訓子云：人心至靈至動，惟讀書可以養之。否則，必至心意顛倒，妄想生嗔，往往處逆境不樂，處順境亦不樂者，此必不讀書之人也。又云：讀書固所以繼家聲，然亦使人敬重；每見仕宦顯赫之家，其老者或退或故，而其家索然者，其後無讀書之人也；其家蔚然者，其後有讀書之人也。山有猛獸，而藜藿為之不深；家有子弟，而強暴為之改容，豈止掇青紫，榮宗祊而已哉！

善教子者，先要將邪正兩途與之熟講，使之立定腳跟，方可依樣做去，自然心有把握，生死受用，皆在於此。而今父兄，但思榮其身，不思葆其心；或以聲色貨利、權焰威寵，激其讀書志氣。縱使倖得名位，適足為長欲蕩淫，作惡揚德之資；上辱祖考，下毒兒孫，其害有不可勝言者。

子弟有才，制其愛毋弛其誨❶，故不以驕敗❷；子弟不肖❸，嚴其誨毋薄其愛❹，故不以怨離❺。

【注　釋】❶制其愛毋弛其誨　謂克制對他們的關愛但不放鬆對他們的教誨。制，約束；克制；壓抑。❷不以驕敗　不會因為驕傲而失敗。以，因為；由於。連詞。❸不肖　不成材；不正派。❹嚴其誨毋薄其愛　謂嚴格教導他們但不減少對他們的關心愛護。薄，少；薄弱。❺不以怨離　不會因為怨恨而離去。

【語　譯】兒孫有才華，要克制對他們的關愛但不放鬆對他們的教誨，這樣，兒孫便不會因為驕傲而失敗；兒孫不爭氣，要嚴厲教誨但不減少對他們的關愛，這樣，兒孫便不會因怨恨而離去。

【原　注】顏光衷云：天下風俗敗時，大抵自為子弟時，先做壞了；人品心術壞時，亦自為子弟時，先做壞了。稍有拂戾，便容受不下；小有才氣，便收拾不住，所以一到長成，放出無狀來，遂不可當。古來灑掃應對，奉几侍立，都是要消除子弟的雄心猛氣，使之鞭向入微耳。

先哲云：教貧賤家兒，尚可稍從寬恕；至富貴家子弟，尤須痛懲，不容輕貸。何也？彼其驕貴癡養，頤指氣使，種種已積之胸中矣。苟非嚴父賢師，共勤追琢，鮮有能成器者也。又云：子弟生於富貴家，是大不幸，惟富貴則性傲，千罪百惡，都從傲上來。又云：富貴家子弟，要使他知貧賤的意味，試觀自古聖賢，未有不從憂苦貧賤中來。惟貧賤則思自立；思自立，則百事皆可為矣。

子弟愚頑無志者，督責過嚴，則彼益自棄，而甘於下流，須故加獎勵，或立賞格，鼓舞之。觀古人為政，必賞罰並行，乃能致治，則知父兄教子弟，機神妙用，亦在獎勵與督責並行也。

雨澤過潤❶，萬物之災也；恩寵過禮❷，臣妾❸之災也；情愛過義❹，子孫之災也。

【注　釋】❶雨澤過潤　指雨下得太多，雨水過量。潤，豐厚；充實。❷恩寵過禮　言恩寵超過禮儀所允許的範圍。❸臣妾　古時對奴隸的稱謂。男曰臣，女曰妾。後亦泛指統治者所役使的民眾和藩屬。❹情愛過義　謂情愛超過了義理所允許的範圍。

【語　譯】雨水太多，不僅不能滋潤萬物，反而造成澇災；恩寵太多，超過禮儀允許的範圍，是臣下和妻妾的災害；情愛太多，越出義理規定的幅度，則成為子孫的禍害。

【原　注】以肥甘愛兒女，而不思其傷身；以姑息愛兒女，而不思其敗德，皆婦人之仁也。噫！世之自愛而陷於自殺者，又十人而九矣。故善教子者，一嚴之外無他術；善用嚴者，一慎之外無他道。今人教子，每事疏忽寬縱，不耐留心，迨至德性已壞，聽之不可，禁之不能，誅之又不忍，始悔前日之失教也。晚矣！

安詳恭敬，是教小兒第一法❶；公正嚴明，是做家長第一法。

【注　釋】❶第一法　第一準則；首要方法。主要指教育的內容。下一句的「法」，主要指教育的方法、原則。

【語　譯】安詳恭敬是教導子女的第一準則，公正嚴明是身為父母的首要原則。

【原　注】子弟之成否，不必望其才華過人，但觀其謹飭與放肆，則一生之事業，可豫定矣。

呂新吾云：齊家者，如以刀切物，使參差者就於一致也。家人恩勝之地，大都情多而義少，私易而公難，若人人各遂其欲，勢將無極。惟剛正之人，則能不以私恩失其正理。故古人以父母為嚴君，而家法要嚴明，蓋對症之治也。又云：家法所係甚重也，猝然而擬人以俳優，雖乞丐，未有不怒者。而俳優之家，世世業之而不知恥，其子孫豈絕無羞惡之良心哉？亦相習而不以為怪，為家法之所囿耳。是故，欲子孫善，則莫如正家法。

人一心先無主宰❶，如何整理得一身正當❷？人一身先無規矩❸，如何調劑得一家肅穆❹？

【注釋】❶人一心先無主宰　謂一個人沒有事先在心中確立是非準則。主宰，主管；統治。文中指符合天道倫常的準則、原則。❷整理得一身正當　意思是（按天道倫常）修身養性，使自己一身正氣。整理，整飭；使有條理。文中指約束自己，修養身心。正當，正確恰當；正派。❸人一身先無規矩　謂一個人自身的言行舉止尚無任何禮法規矩。❹調劑得一家肅穆　謂教育、規範家庭成員的言行，使之嚴肅恭敬。調劑，調治；調理。文中有教育、規範、整飭之意。肅穆，嚴肅恭敬。指人的態度、神情等。

【語譯】一個人如果沒有先在心中確立是非準則，怎麼能夠修養身心，使自己一身正氣？一個人自身的言行舉止尚無任何禮法規矩，怎麼能夠教育家庭成員，使他們嚴肅恭敬？

【原注】一家之中，老幼男女，無一箇規矩禮法，雖眼前興旺，即此便是衰敗景象。

融❶得性情上偏私❷，便是大學問；消❸得家庭中嫌隙❹，便是大經綸❺。

【注釋】❶融　熔化；消融。文中有矯正、消除的意思。❷偏私　袒護私情；不公正。❸消　化解；消除。❹嫌隙　亦作「嫌郤」、「嫌隟」。因猜疑或不滿而產生的惡感、仇怨。❺經綸　整理絲縷、理出絲緒和編絲成繩，統稱經綸。引申為籌劃治理國家大事，或治理國家的抱負與才能。《易・屯》：「雲雷屯，君子以經綸。」孔穎達疏：「經謂經緯，綸謂綱綸，言君子法此屯為有為之時，以經綸天下，約束於物。」文中指把家庭治理好了，便是治國的前提，所以也可稱之為大經綸。

【語　譯】能夠消融性情上的偏狹自私，就是一門大學問；能夠化解家庭中的猜疑仇怨，便是一種真本事。

【原　注】張揚園云：父子兄弟夫婦，人倫之大，一家之中，惟此三親而已，不可稍有乖張，父子尤其本也。一處乖張，即處處乖張，安有缺於此而全於彼者？自古人倫之變，禍敗所貽，常及數世，天道然也。

遇朋友交游之失❶，宜剴切❷，不宜游移❸；處家庭骨肉之變❹，宜委曲❺，不宜激烈。

【注　釋】❶交游之失　言在與朋友的交往中產生矛盾、誤會等。交游，交際；結交朋友。失，過失；失誤。❷宜剴切　應當懇切說明。宜，應該；應當。剴切，懇切；切實；切中事理。《新唐書・魏徵傳》：「徵亦自以不世遇，乃展盡底蘊，無所隱，凡二百餘奏，無不剴切當帝心者。」剴，中肯；切實。❸游移　飄忽不定。比喻猶豫、遲疑不決。❹處家庭骨肉之變　謂面對家庭成員中的變故、糾紛。處，處於。即處在某種地位或狀態。骨肉，比喻至親。指父母兄弟子女等有血緣關係的親人。變，變故。也指糾紛矛盾。

❺委曲　委婉；婉轉；調和。

【語　譯】與朋友交往中遇到矛盾誤會時，應當懇切說明，不要曖昧猶豫；遭遇至親骨肉間的變故、糾紛時，應該委婉調和，不要激烈對抗。

【原　注】家庭乃見真之地，然到極難處時，不能不以委曲將之。大舜、閔子所以成孝子者，正以難處中能委曲也。昔賢謂，委曲求全，豈遂無術。八字宜味，非過來人，不能道此。

未有和氣萃❶焉，而家不吉昌者；未有戾氣結❷焉，而家不衰敗者。

【注　釋】❶和氣萃　充滿著和睦融洽的氣氛。萃，聚集；彙集。❷戾氣結　乖張之氣鬱結。

【語　譯】家人和睦融洽，家業必定吉利昌盛；乖張之氣鬱結，家業必定衰落敗亡。

【原　注】父慈子孝，兄友弟恭，夫義婦順，此和氣之最難得者。

先哲云：凡至人家，聞老人嗟歎聲，子弟驕縱聲，婦女詬誶聲，幼稺嬌寵聲，賓朋諂諛聲，奴僕譁笑聲，婢媼慘切聲，而主人則昏昏然，嬉嬉然，一似作夢囈聲者，其家必不久即破。又云：凡人家門庭雖隘陋，而光潔可愛，供具雖粗淡，而樸素可觀；主人之動作厚道，子弟之進趨有禮，案有好書籍，堂有紡織聲，夙興夜寐，勿失其常，疏食菜羹，各安其素。目前雖門寒族薄，其興也，可翹足而待。先輩詩云：入觀庭戶知勤惰，一出茶湯便見妻；父老奔馳無孝子，要知賢母看兒衣。蓋登人之堂，即知室中之事矣。

閨門❶之內，不出戲言❷，則刑于之化❸行矣；房幄❹之中，不聞戲笑❺，則相敬之風❻著❼矣。

【注　釋】❶閨門　內室的門。借指家庭。《禮記・樂記》：「在閨門之內，父子兄弟同聽之則莫不和親。」亦常指婦女所居之處。❷戲言　開玩笑的話；開玩笑。南宋・葉適〈黃端明謚簡肅議〉：「語默有常，不戲言苟笑。」❸刑于之化　語本《詩・大雅・思齊》：「刑于寡妻，至于兄弟，以御于家邦。」意思是周文王以禮法對待妻子、兄弟，並由近及遠，教化全國的人。後以「刑于之化」指夫婦和睦。省作「刑于」，亦作「刑於」。刑，通「型」。鑄造器物的模子。引申為典範。❹房幄　椒房幃幄。指內庭、後宮。文中同「房幃」，即寢室、閨房。幄，篷帳；幃帳。❺戲笑　玩笑；嬉笑。文中指夫妻間的親昵舉止及言談。舊時認為這有違夫婦間應當相敬如賓的禮儀。❻相敬之風　謂相敬如賓的風氣。相敬，「相敬如賓」的省稱。謂夫婦間互相尊敬，如同對待賓客。典出《左傳・僖公三十三年》。大臣臼季出差，途經冀地，見到冀缺正在耕地，妻子來送飯，「敬，相待如賓」。❼著　建立。《禮記・樂記》：「樂也者，聖人之所樂也，而可以善民心。其感人深，其移風易俗，故先王著其教焉。」鄭玄注：「著，猶立也。謂立司樂以下使教國子。」

【語　譯】在家裡對妻子不說戲言，則夫婦間以禮相待的和睦之道已經實行；寢室中聽不到嬉笑之聲，則夫婦間相敬如賓的風氣已經建立。

【原注】夫婦之間，以狎暱始，未有不以怨怒終者。故閨門之內，離一禮字不得；而夫婦反目，則不以禮節之故也。

人之於嫡室❶也，宜防其蔽❷子之過；人之於繼室❸也，宜防其誣❹子之過。

【注釋】❶嫡室　正妻。❷蔽　掩飾；庇護。❸繼室　古代諸侯的夫人稱元妃，元妃死後，次妃代理內事，叫「繼室」。後世凡正室亡故，侍妾扶正，稱繼室。亦指續娶之妻。❹誣　誣陷；誣賴。

【語譯】對於正妻，應謹防她庇護子女的過失；對於繼室，應慎防她誣陷子女有過失。

僕雖能❶，不可使與內事❷；妻雖賢，不可使與外事❸。

【注釋】❶能　能幹。❷內事　宗廟祭祀的事。《禮記・曲禮上》：「外事以剛日，內事以柔日。」孔穎達疏：「內事，郊內之事也。」孫希旦《集解》：「內事，謂祭內神。」❸外事　古代指郊祭或田獵之事。孔穎達疏：「外事，郊外之事也。」孫希旦《集解》：「愚謂外事，謂祭外神。田獵出兵，亦為外事。」後多指朝廷政事、世事、家庭以外的事情。

【語譯】僕人雖然能幹，不可讓他參與宗廟祭祀的事情；妻子儘管賢慧，不可讓她參與家庭以外的事務。

【原　注】居家以內外界限謹嚴為第一。《禮》云：外言不入於梱，內言不出於梱。於此見聖賢防微杜漸之意。有閑家之責者，竟以此為門內之人鬼關，可也。

汪起鳳云：近日奸徒聚眾，借名說法，漁色賺財，其罪固在不赦；而為其所惑者，聽其家之婦女源源入菴觀寺院，以致宣淫播穢，敗俗傷風，惡得盡無罪哉？至若外來之閒雜女流，並且痛絕。蓋此輩善揣人意，專於傳播各家新聞，以悅婦女。暗中盜哄財物，尚是小事；常有誘為不端，魘魅刁拐，種種非一，其害有不可勝言者。

奴僕得罪於我者尚可恕，得罪於人者不可恕；子孫得罪於人者尚可恕，得罪於天者不可恕。

【語　譯】奴僕們得罪了我，還有可以寬恕之處，倘若得罪了外人，則決不饒恕；兒孫們得罪別人，還有可以寬恕之處，若做出傷天害理的事，則決不饒恕。

【原　注】高宗憲公家訓云：人家有體面崖岸之說，大害事。家人惹事，直者置之，曲者治之而已。往往為體面立崖岸，曲護其短，力直其事，此乃自傷體面，自毀崖岸也。長小人之志，生不測之變，多由於此。蓋觀其僕從之敬肆，即可以知其主之賢否矣。

先哲云：馭僕如行軍，法律要嚴，情意要洽。又云：待僕婢須體恤備至，當推吾愛子女之心以恕之。又云：僕婢悍惡者，稍覺，即善遣之為妙。責而不遣，或蓄怒不決，或攻發太驟，未有不及於禍者。慎之。

奴之不祥❶，莫大於傳主人之謗語❷；主之不祥，莫大於行僕婢之譖言❸。

【注　釋】❶不祥　不吉祥。文中指將會帶來惡運。❷傳主人之謗語　謂傳播誹謗主人的話語。❸行僕婢之譖言　謂按照奴僕婢女的讒言辦事。行，做；從事某種活動。譖言，毀謗誣陷的話語。《詩・小雅・雨無正》：「聽言則答，譖言則退。」譖，讒毀；誣陷。

【語　譯】家奴僕人的不吉祥，莫過於傳播毀謗主人的話語；主人的不吉祥，莫過於按照奴僕婢女的讒言辦事。

【原　注】家人之釁，多起於僕婢造言，而婦人悅之；婦人附會，而丈夫信之。禁此二害，而家不和睦者，鮮矣。

治家嚴，家乃和；居鄉❶恕❷，鄉❸乃睦。

【注　釋】❶居鄉　住在鄉間。文中含有日常生活中與鄉鄰相處之意。❷恕　推己及人，仁愛待物。《論語・衛靈公》：「子貢問曰：『有一言而可以終身行之者乎？』子曰：『其恕乎！己所不欲，勿施於人。』」❸鄉　指鄉鄰、家鄉的人。

【語　譯】治家嚴謹，家庭才能和睦；推己及人，仁愛待物，鄉鄰由此融洽。

治家忌寬，而尤忌嚴❶；居家❷忌奢，而尤忌嗇。

【注　釋】❶嚴　嚴謹；嚴格。文中則指過於嚴苛、刻薄，吹毛求疵。❷居家　指在家的日常生活。《孝經・廣揚名》：「居家理，故治可移於官。」

【語　譯】管理家事忌諱寬大無邊，但更忌諱過分嚴苛、吹毛求疵；日常生活忌諱豪華奢侈，但更忌諱刻薄吝嗇、一毛不拔。

【原　注】治家原貴用嚴。此所謂嚴，乃指朘刻者而言。常見有十分精緊、一絲不漏者，每致不測之禍。

鄙嗇之極，必生奢兒。

無正經人交接，其人必是奸邪；無窮親友往來，其家必然勢利。

【語　譯】沒有正派人與之交往的，這個人一定是奸邪之徒；沒有窮親戚相互往來的，這家人必然是勢利眼。

【原　注】所謂正經人者，乃是篤實不欺之君子，非若俗眼所見為體面人物也。此處不可錯認。

家居耐俗漢，亦是無可奈何處。尋常親故往來，安得皆名門望族？須當接待以禮，勿蹈浮薄之弊。

日光照天，群物皆作，人靈於物，寐而不覺❶，是謂天起人不起，必為天神所譴。如君上臨朝，臣下高臥❷失誤，不免罰責。夜漏三更❸，群物皆息，人靈於物，烟酒沉溺，是謂地眠人不眠，必為地祇❹所訶❺。如家主欲睡，僕婢喧鬧不休，定遭鞭笞。

【注　釋】❶寐而不覺　沉睡不醒。寐，睡；入睡。覺，睡醒。❷高臥　安臥；悠閒地躺著。❸夜漏三更　半夜三更；深夜。夜漏，夜間的時刻。漏，古代滴水計時的器具。三更，指半夜十一時至翌晨一時。更，舊時夜間計時單位，一夜分五更，每更約兩小時。晚七時至九時為初更。❹地祇　地神。《史記·司馬相如列傳》：「修禮地祇，謁款天神。」祇，地神。字本作示。《說文·示部》：「祇，地祇，提出萬物者也。」桂馥《義證》：「《史記索隱》云：『凡《史記》作示者，示即《周禮》古本。地神曰祇，皆作示字。』」❺訶　大聲斥責；責罵。

【語　譯】陽光普照，萬物生長，人比萬物更有靈性，倘若仍然怠倦懶惰，昏睡不醒，這叫做天起人不起，必受到天神的譴責。如同君王已經上朝，臣子安臥不起，誤了時辰，免不了要受責罰。半夜三更，萬物靜息，人比萬物更有靈性，如果依然燈紅酒綠，宴飲作樂，這叫做地眠人不眠，必受到地神的呵斥。就像主人勞累欲睡，奴僕卻喧鬧不止，定會受鞭打教訓。

【原　注】夙興夜寐，常道也；俾晝作夜，反常也。朱柏廬謂黎明即起者，蓋謂人生於寅，為一日作事之始，此時起來，最得清明之氣，且辦事亦綽綽有餘。若長此鼾睡，其昏惰可知，而家政之廢弛，更不待問矣。先哲云：觀人家之起臥早晚，即可以卜家道之興衰，歷試歷驗。近見紈袴子弟，沉溺於嗜欲之途，每有日午始興，雞鳴始寢者，反天地之性，悖陰陽之宜，不祥莫大於是。正家法者，無之也；賢子弟，無之也；勤以治生者，無之也。

樓下不宜供神❶（并忌作書室），慮❷樓上之穢褻❸；屋後必須開戶❹，防屋前之火災。

【注　釋】❶供神　陳列佛像、神主、牌位等（以備祭祀）。❷慮　顧慮；擔心。❸穢褻　言行下流骯髒。今多指淫穢。❹開戶　（在牆上）開一扇門。戶，單扇門。亦泛指門戶。

【語 譯】樓下不適合供奉佛像、神主或祖先牌位，這是擔心樓上的汙穢之事會褻瀆樓下的神明；屋後必須開設門戶，以防備萬一屋前失火而有逃生之路。

從政類

眼前百姓即兒孫，莫謂百姓可欺，且❶留下兒孫地步❷；堂上一官稱父母，漫道❸一官好做，還盡此父母恩情。

【注釋】❶且　應當。❷留下兒孫地步　謂為百姓留條生路。對應前言「百姓即兒孫」。文中也有為自家兒孫留點後路的意思。即謂如果惡事做得太多，兒孫將受報應。參見本書〈敦品類〉等篇中有關「積陰德」、「為兒孫造福」、「因果報應」等語的解說。地步，迴旋的餘地；後路；退路。❸漫道　莫說；不要說。漫，休；莫。副詞。

【語譯】做官的人應當想到，眼前的百姓就是自己的兒孫，不要認為百姓可任意欺侮，應當給他們多一些生路；百姓稱大堂上的那個官為父母官，不要認為那個官很容易做，還應盡到父母官愛民如子的恩情。

【原注】汪龍莊《學治臆說》云：州縣一官，作孽易，造福亦易。余所見所聞牧令多矣。其干陽譴陰，禍親於其身、累及嗣子者，率皆獲上朘民之能吏。其嗣子有罹辟者，或流落所官

之地，為農氓乞養，甚為富室司閽，人猶呼某少爺，以揶揄之。至遺櫬不能歸葬者不一，姓名尚在人口，余不忍書也。而其勤政愛民、異於常吏之為者，皆親見其子之為太史，為御史，為司道。天之報施，捷於響應，吾願居是職者，慎毋忘福孽之見也。惟是造福云者，非曲法求寬之謂也。人之生，直多枉少，直者弱，枉者強。故姑息養奸者，寬一枉而群枉逞兇；能除暴安良，則懲一枉而諸枉斂跡，是即福孽之所由分也。子產寬猛之論，可不熟讀深思歟？

善體黎庶情❶，此謂民之父母；廣行陰騭事❷，以能保我子孫。

【注　釋】❶善體黎庶情　謂善於體察百姓的情感和需求。體，體念；體察。黎庶，即黎民百姓。黎，眾多；民眾。庶，百姓；平民。❷廣行陰騭事　多做不為人知的善事，以積陰德。陰騭，猶陰德。北宋・梅堯臣〈歐陽郡太君挽歌〉之二：「暮年終饗福，陰騭不應欺。」

【語　譯】善於體察百姓的情感和需求，這才稱得上民眾的父母官；多做不為人知的善事，方能福蔭子孫後代。

【原　注】汪龍莊云：治堂下百姓，當念家中子孫；將治士子，則念子孫有為士子之日；將治白丁，則念子孫有為白丁之日，自然躁釋矜平，終歸仁恕。不然，喜怒由己，枉濫多矣。

封贈父祖❶，易得也；無使人唾罵父祖，難得也。恩蔭子孫❷，易得也，無使我毒害子孫，難得也。

【注　釋】❶封贈父祖　指朝廷授官爵給臣下的父、祖。封贈，舊時推恩臣下，君主將官爵授予其父母稱封贈。父母存者稱封，死者稱贈。封贈之制起於晉與南朝宋，至唐始完備。最初僅及於父母，唐末五代以後，始上追贈曾祖、祖、父母三代，往往以子孫的官位為贈。❷恩蔭子孫　言以朝廷所賜恩典佑護子孫。即給兒孫留下福澤。恩蔭，亦作「恩廕」。謂遇朝廷慶典，官員子孫承恩入國子監讀書並入仕。此制始於宋初，是漢、唐門蔭法的擴充。清制，文職在京四品以上，在外三品以上，武職二品以上，得送一子進國子監，期滿錄用。

【語　譯】為父祖贏得朝廷的封賞，很容易做到，然而不使祖宗受到別人的唾罵，則非常難；給兒孫留下恩典福澤，很容易做到，然而不使自己的行為禍害子孫，則非常難。

【原　注】居家而思其難者，則父祖之澤長，子孫之祚遠矣。

潔己❶方能不失己，愛民所重在親民。

【注　釋】❶潔己　使自己的行為端謹，符合規範。《論語・述而》：「人潔己以進，與其潔也，不保其往也。」

【語　譯】行為端謹、潔身自好才能不失本色，愛護百姓最重要的是親近百姓。

【原　注】汪龍莊云：親民之道，全在體恤民隱，惜民之力，節民之財，遇之以誠，示之以信，不覺官之可畏，而覺官之可感，斯有官民一體之象也。

蔡文勤公云：親民之官，其要有三：曰息訟、薄賦、興教而已。

顧亭林云：今日所以變化人心，蕩滌污俗，莫急於勸學、獎勵二事。

朝廷立法不可不嚴，有司行法❶不可不恕。

【注　釋】❶有司行法　謂官吏執行法律。有司，官吏。古代設官分職，各有專司，故稱。《書・大禹謨》：「好生之德，洽於民心，茲用不犯於有司。」

【語　譯】朝廷制定法律不能不嚴謹細密，官吏執行法律不能不仁愛寬恕。

【原　注】呂新吾云：法至於平，盡矣，君子又加之以恕。平者，公也；恕者，仁也。彼不平者加之以深，不恕者加之以刻，其傷天地之和多矣。

陳榕門云：平、恕二字，千古立法之極則，亦千古行法之極則。

汪龍莊云：律設大法，例順人情。法所不容姑脫者，原不容曲法以長奸；情尚可以從寬者，總不妨原情而略法。準情用法，庶不干造物之和。

湖州韓某，嘗為府中皂隸時，遇一酷吏，每行杖，必要三板見血。韓鑽板下一孔，藏豬血於中，復以竹片鑲好，不使人知。持以行杖，不及三板，而豬血濺出，陰受其福者不少。噫！慈心如此，視彼酷吏，相去殆有人禽之別矣。

近聞湖南某官，每夜飲高興時，輒將監內罪犯提出醒酒，此真全無人心者。後某官一子，無故大叫，追呼不已。未幾卒，嗣遂絕。

嚴以馭役❶，而寬以恤民❷；急於揚善，而勇於去奸；緩於催科❸，而勤於撫字❹。

【注　釋】❶馭役　控制、駕御役吏。役，僕役。指在衙門中供職的書吏、皂隸、禁卒、長隨等人。由於他們直接與百姓打交道，且多半狐假虎威，欺壓、盤剝民眾，嚴格管理他們，是當好「父母官」的關鍵所在。❷恤民　謂體恤、憂慮民眾的疾苦。《左傳・襄公二十六年》：「古之治民者，勸賞而畏刑，恤民不倦。」恤，體恤。❸催科　催收租稅。租稅有科條法規，故稱。科，法式；規則。也指徵發賦稅、徭役。北宋・秦觀〈田居〉詩：「得穀不敢儲，催科吏旁午。」❹勤於撫字　言對百姓多多安撫照顧。撫字，謂安撫體恤百姓。《北齊書・封隆之傳》：「隆之素得鄉里人情，頻為本州，留心撫字，吏民追思，立碑頌德。」案：催科、安民（撫字）是地方官的基本職責，古代常以「撫字催科」指代官吏的治政。清・李漁《慎鸞交・譎諷》：「念撫字催科，難分高亞。」

【語　譯】管理吏役要嚴格，體恤百姓要寬厚；褒揚良善要及時，去除奸邪要勇猛；催繳稅賦要和緩，照顧百姓要多多。

催科不擾❶，催科中撫字；刑罰不差❷，刑罰中教化❸。

【注　釋】❶不擾　不擾民。❷不差　不出差錯。❸教化　教育感化。《禮記・經解》：「故禮之教化也微，其止邪也於未行。」

【語　譯】催徵稅賦時不驚擾百姓，催徵中要有安撫體恤；科以刑罰時不出差錯，刑罰中蘊含著教育感化。

【原　注】陳榕門云：洞見致治之大原，可藥俗吏之錮弊。

刑罰當寬處即寬，草木亦上天生命；財用❶可省時便省，絲毫皆下民❷脂膏。

【注　釋】❶財用　財物；財富。❷下民　百姓；人民。《詩・小雅・十月之交》：「下民之孽，匪降自天。」

【語　譯】施以刑罰時可寬大處就要寬大，即便一草一木也是上天賦予的生命；花費錢財時能儉省處就要儉省，因為一絲一毫都是百姓辛勞的血汗。

居家為婦女們愛憐，朋友必多怒色❶；做官為衙門人❷歡喜，百姓定有怨聲。

【注釋】❶居家為婦女們愛憐二句　意思是日常家居多顧念妻兒，為妻兒所愛憐，必然會疏遠朋友，引起朋友的不滿。下句的句式相同。❷衙門人　官府中的人。也泛指官吏身邊的人。

【語譯】日常家居多顧念妻兒而疏遠朋友，必然會引起朋友的不滿；在外做官只照顧親近者而忽視百姓，黎民百姓必定會怨聲載道。

【原注】朱勝之云：吏書貪，吾詞不付房；皂隸貪，吾不妄行杖；獄卒貪，吾不輕繫囚。至於婦人有犯，更宜矜全，不可輕繫。非為軫恤，亦子孫之福也。

舊家婦女，必不得已而傳質者，許其小轎擡至案前答問，不令出轎被人觀看。居官能為婦女養廉恥，莫大陰功。

高忠憲公云：凡勾攝，止差里長。非真正強盜、人命巨惡，不可濫差皂隸下鄉，以滋詐擾。是造福小民第一義。

汪待舉知處洲，為政曲盡下情。民有爭訟，呼之使前，面定曲直，不以屬吏。百姓以詩頌之曰：官舍卻如僧舍靜，吏人渾似野人閒。

官不必尊顯，期❶於無負君親❷；道❸不必博施，要在有裨❹民物。

【注釋】❶期　希望；企求。《書・大禹謨》：「刑期於無刑，民協於中，時乃功。」❷君親　君主與父母。亦特指君主。西漢・李陵〈答蘇武書〉：「違棄君親之恩，長於蠻夷之域，傷已。」❸道　道德；德行；道義。❹有裨　有益於；有助於。裨，補益；增益。

【語譯】做官不在於位高權重，只希望所作所為無愧於國家；德行不在於到處彰顯，關鍵是所作所為有益於民眾。

祿豈須多，防滿❶則退；年不待暮，有疾便辭。

【注釋】❶防滿　謂防備因過於豐厚而招惹災禍。隱含「滿招損」之意。

【語譯】做官者的俸祿無需太多，為防備官高祿厚而惹禍則及時退隱；不一定要等到年老體衰，有病就可辭官回鄉。

天非私富一人，託❶以眾貧者之命；天非私貴一人，託以眾賤者之身。

【注釋】❶託　囑託；委託。

【語譯】上天並非只讓某一人富有，而是將眾多貧困者的生命託付於他，故要多多行善；上天並非只讓某一人顯貴，而是將眾多平民百姓的身家託付於他，故要正直清廉。

【原注】有德而富貴者，乘富貴之勢以利物；無德而富貴者，乘富貴之勢以害人。

住世❶一日，要做一日好人；為官一日，要行一日好事。

【注釋】❶住世　謂身居現實世界。與「出世」相對。

【語譯】活在世上一日，就要做一天好人；在朝為官一天，就要做一天好事。

【原注】做好人，性情舒暢，血氣和平，夢裏清靜，有說不盡的妙處。

陳眉公云：人生一日，或聞一善言，見一善行，行一善事，此日方不虛生。

熊勉庵云：積德累功，莫如居官為易，所謂順風之呼，響應自捷，往往有一事而可當千百善者。又云：凡職任國家政令者，須詳訪民害，為生靈請命，則一舉筆間，可種永遠之福田。

一人可以日行萬善者，莫捷於居官。

貧賤人櫛風沐雨❶，萬苦千辛，自家血汗，自家消受❷，天之鑒察猶恕❸；富貴人衣稅食租，擔爵受祿，萬民血汗，一人消受，天之責督❹更嚴。

【注釋】❶櫛風沐雨　風梳髮，雨洗頭。形容奔波勞苦。語出《莊子・天下》：「沐甚雨，櫛急風。」櫛，梳子、篦子等梳髮用具。也指梳理頭髮。❷消受　享受；受用。消，享受；受用。❸猶恕　非常寬恕；十分仁慈。猶，太；非常。副詞。恕，寬恕；仁愛。❹責督　要求督察。責，期望；要求。《論語・衛靈公》：「躬自厚，而薄責於人，則遠怨矣。」

【語譯】貧苦人櫛風沐雨，萬苦千辛，自食其力，自家享用，因而上天在鑑別察看其行為時格外寬恕仁慈；富貴者做高官有厚祿，衣食取自百姓租稅，萬民血汗，供養一人，因此上天對他們的要求監督更加嚴厲。

平日誠以治民，而民信之，則凡有事於民，無不應❶矣；平日誠以事天，而天信之，則凡有禱於天❷，無不應矣。

【注釋】❶應　答應；允諾。❷有禱於天　謂有所祈求而向天禱告。

【語　譯】平時以誠信相待百姓，深得百姓信賴，那麼，任何事情需要百姓出力，則沒有不同意的；平日以虔敬事奉上天，得到上天信任，那麼，凡是祈求上天佑護者，則沒有不回應的。

平民肯種德❶施惠，便是無位底卿相❷；士夫❸徒❹貪權希寵❺，竟成有爵底乞兒❻。

【注　釋】❶種德　猶布德。施恩德於人。《書・大禹謨》：「皋陶邁種德，德乃降，黎民懷之。」文中也作培養德行、積累德行解。種，培養；培植；散布。❷無位底卿相　謂沒有官位的公卿宰相。寓極受尊崇之意。卿相，執政的大臣。卿，古代高級官員的名稱。西周、春秋時天子、諸侯都有卿，分上、中、下三等。秦漢時期三公以下設有九卿。歷代相沿，清代常以三品至五品卿作為官員的虛銜。❸士夫　士大夫；讀書人。文中也指官員。❹徒　但；僅；只。副詞。❺希寵　希望、企求取得寵愛。《子華子・陽城胥渠問》：「其左右狡詐希寵之臣又從而逢之。」❻有爵底乞兒　言有官職的乞丐。寓遭人鄙視之意。爵，爵位；官位。

【語　譯】平民百姓若是願意積德施惠，就是無官位的卿相，極受尊崇；官員士夫如果只貪戀權勢，企求恩寵，便是有爵位的乞丐，遭人鄙視。

【原　注】高忠憲公云：人生爵位，自是分定，非可營求。只看得義命二字透，落得做箇君子。不然，空污穢清淨世界，空玷辱清白家門，不如窮簷茆屋，田夫牧子，老死而人不聞者，免得出一番大醜也。

無功而食，雀鼠是已；肆害❶而食，虎狼是已。

【注　釋】❶肆害　恣意侵害。肆，不受約束；放肆；縱恣。

【語　譯】無功於民而食俸祿，就像老鼠、麻雀一樣；殘害百姓而食俸祿，則是兇猛的虎狼。

【原　注】士大夫當圖諸座右。

毋矜清而傲濁❶，毋慎大而忽小，毋勤始而怠終❷。

【注　釋】❶矜清而傲濁　指自恃清高而傲視他人。矜清，以清操高潔自尊。文中有孤芳自賞之意。矜，自恃；自誇。清，高潔。傲濁，高傲自負，輕視俗世。傲，輕慢；輕視。《左傳・文公九年》：「傲其先君，神弗福也。」濁，指凡夫俗子、混亂的時世。❷勤始而怠終　謂做事以勤奮開始，而以怠惰告終。

【語　譯】不要自恃清高傲視他人，不要只謹慎大節而疏忽小事，做事不要以勤奮開始，卻以怠惰告終。

【原　注】清慎勤，是居官本等。

居官尚清，固已；惟清而刻，則百姓之生命絕矣。故不獨貪財酷刑，方謂之虐；或只知急公，而不知撫恤；或疾惡太過，而不容自新，皆虐也。古來清吏，子孫類多不振，並至斬後者，正坐此耳。

熊勉庵云：居官以清，士君子分內事。清非難，不見其清為難；不恃其清，而以操陵轢人，為尤難。

勤能補拙，儉以養廉❶。

【注　釋】❶養廉　培養並保持廉潔的美德。唐・司徒空〈太尉琅琊王河中生祠碑〉：「均能勸勇，儉足養廉。」

【語　譯】勤勞能夠彌補笨拙，勤儉可以培養並保持廉潔。

【原　注】汪龍莊云：國家澄敘官方，首嚴墨吏。人即不自愛，未有甘以墨敗者。資用既絀，左右效忠之輩進獻利策，多在可以無取、可以取之間，意謂傷廉尚小，不妨姑試。利徑一開，萬難再窒；情移勢偪，欲罷不能。或被下人牽鼻，或受上官掣肘，卒之利盡歸人，害獨歸己；敗以身徇，不敗亦殃及子孫，皆由不節之一念基之。故欲為清白吏，必自節用始。

居官廉，人以為百姓受福，予❶以為錫福❷於子孫者不淺也。曾見有約己裕民❸者，後代不昌大耶？居官濁，人以為百姓受害，予以為貽害於子孫者不淺也。曾見有瘠眾肥家❹者，歷世❺得久長耶？

【注　釋】❶予　我。❷錫福　賜福。錫，賜予；賜給。❸約己裕民　謂待自己儉約，使民眾富裕。唐・司徒空〈太尉琅琊王河中生祠碑〉：「夫約己裕人，招懷必信，推誠體國，嫌寡自平。」約己，約束自己。文中有儉約廉政之意。裕民，使民眾富裕。文中有為民造福之意。❹瘠眾肥家　謂掠奪盤剝民眾，而使自家豐饒。瘠眾，掠奪民眾，致使其貧困。瘠，損削使之貧弱。❺歷世　累世。即經過幾代。東漢・張衡〈東京賦〉：「銘勛彝器，歷世彌光。」

【語　譯】為官清廉，人們都覺得百姓由此得到福澤，我則認為他賜予子孫的福分更深。可曾見過嚴格約束自己、努力為百姓造福的官員，其後代不繁榮昌盛的嗎？為官貪婪，人們都認為百姓由此遭受禍害，我則以為他留給子孫的禍患更多。可曾見過欺壓掠奪百姓、而使自家豐饒的人，幾代之後還能富裕久長的嗎？

【原　注】今之論居官者，輒曰近世卻難為廉。不知公論自在，到底清白持躬，亦自有賞識之者。患在先以流品自限，到頭一節，不能盡無染指耳。

顏光衷云：黷貨則必酷，彼以為不打，則群情不驚，賓賄不來也。黷貨則必橫，彼以為不顛倒曲直，則理勝於權，人情有所恃以無恐也。黷貨則必護近習，通意旨，彼以為不虎噬成群，則威令不重；不曲庇私人，則過付無託。且短長既為所挾制，陰陽有所屈也。一貪生百酷，一酷吏又生百爪牙。吁！民幾何而不窮且盜哉？

以林皋❶安樂懶散心做官，未有不荒怠❷者；以在家治生營產❸心做官，未有不貪鄙者。

【注釋】❶林皋　山林皋壤或樹林水岸。語出《莊子・知北遊》：「山林與！皋壤與！使我欣欣然而樂與！」本指休閑安怡之地，文中則有遊山玩水、不務正業的意思。皋，岸；水邊。❷荒怠　縱逸怠惰，荒廢正業。❸治生營產　謂經營謀劃家業。治生，經營家業；謀生計。營，經營。

【語譯】以優游山林、安逸享樂的懶散心做官，沒有不荒廢怠惰政事的；以經營自家生計產業的盤算心做官，沒有不貪婪卑鄙的。

【原注】陳榕門云：居官者之身心所託命者幾何人？一日之內，所待理者幾何事？一有安樂懶散之心，是直以官為戲，民生休戚，那得復到胸中耶？居官者，潔己以愛民，毋剝民以益己，若竟當作治生營產，是必日在小民分上較量錙銖，知有己，不知有民。吝於出，復奢於入，其始也鄙，其繼也必至於貪。

念念❶用之君民，則為吉士❷；念念用之套數❸，則為俗吏❹；念念用之身家，則為賊臣❺。

【注　釋】❶念念　一個心念接一個心念；每一個心念。引申為一心一意。明・王守仁《傳習錄》下：「只念念要存天理，即是立志。」❷吉士　猶賢人。《書・立政》：「繼自今立政，其勿以憸人其惟吉士，以勱相我國家。」❸套數　程式；常規。文中指只會按常規辦事，不懂得根據實際情況變通。❹俗吏　才智平庸的官吏。西漢・賈誼〈治安策〉：「夫移風易俗，使天下回心而鄉道，類非俗吏之所能為也。俗吏之所務，在於刀筆筐篋，而不知大體。」❺賊臣　奸臣；亂臣。賊，指對國家、人民、社會道德風尚等造成嚴重危害的人。

【語　譯】全心全意為國家和百姓的官員，是賢德之人；每件事都按程式辦理、不知變通的官員，是凡庸之吏；念念所思皆在一己私利的官員，是亂臣賊子。

【原　注】呂新吾云：而今士大夫聚首時，只問我輩奔奔忙忙，熬熬煎煎，是為天下國家，欲濟世安民乎？抑為身家妻子，欲位高金多乎？世之治亂，民之死生，國之安危，只於這兩箇念頭定了。嗟夫！吾輩日多，而世益苦；吾輩日貴，而民日窮，世何貴於有吾輩哉。

魏環溪云：嘗見居官者，不問職掌盡否？興利除害幾何？百姓安危何似？輒問何時陞轉？何日出差？地方好否？宦囊有無？遷移者有誰照管？淹滯者是誰阻抑？凡問及此，即為薄待天下之人。

不但問者如此立論，即本人亦無不如此設想。宦途至此，可為傷心矣！

古之從仕者養人，今之從仕者養己。

【語譯】古人做官為天下人謀福利，今人做官則營私利己。

古之居官也，在下民❶身上做工夫；今之居官也，在上官眼底做工夫。

【注釋】❶下民 百姓；人民。

【語譯】古人做官，把精力放在百姓的事情上；今人做官，卻只在上司面前賣乖取寵。

【原注】周石藩云：做官要將紗帽看得破，做一日官，辦一日事，決不要辜負他。得做便做，不得做便不做，去就綽然，庶無患得患失之慮。若鑽刺夤緣，獨私壟斷，究竟一片熱中皆成幻境，何苦於此。

在家者不知有官❶，方❷能守分❸；在官者不知有家，方能盡分❹。

【注　釋】❶在家者不知有官　意思是官吏盡職，國泰民安，百姓無求於官，也不知道有官。❷方　才；始。副詞。❸守分　安守本分。❹盡分　竭盡（為官者應盡的）本分；恪盡職守。

【語　譯】國泰民安，官吏盡職，百姓不知道有官，才能安守本分；為官者一心為民，不考慮自家利益，始能恪盡職守。

君子當官任職，不計難易（所計者是非耳），而志在濟人❶，故動輒成功；小人苟祿❷營私，只任❸便安❹，而意在利己，故動多敗事。

【注　釋】❶志在濟人　謂目的是幫助別人，有益於世事。志，志向；目標；有志於。濟人，救助別人。文中亦可視為「濟人利物」的省稱。即救助別人，對世事有益。❷苟祿　指官員無功而受俸祿。明・宋濂〈遁耕軒記〉：「受民之傭而無功以報之，則為苟祿。」❸任　聽憑；任憑。❹便安　安寧；舒適。便，安適；安寧。

【語　譯】君子做官任職，不計較事情的難易，目的只在於幫助百姓，有益於世事，所以常常能夠成功；小人為官謀求私利，無功受祿，只貪圖安寧舒適，目的是有利於自己，因此做事情多半失敗。

【原　注】避害而害未必免，趨利而利未必得。往往如此。

職業是當然底❶，每日做他不盡，莫要認作假；權勢是偶然底，有日還他主者，莫要認作真。

【注　釋】❶職業是當然底　謂職業是確定無疑的。其含意指既然當了官，毫無疑問就要承擔這個職位所應該擔當的全部職責。當然，表示肯定，強調合於事理或者情理，沒有疑問。

【語　譯】職業是實實在在、確定無疑的，每天都有做不完的工作，不要把它當成假的，敷衍塞責；為官者所具有的權勢是偶然的，有朝一日會轉移到別人手中，所以不必把權勢當成真的，看得太重。

【原　注】呂新吾云：世人把天地真實道理，作虛套子幹，把世間虛套子，卻作實事幹。吁！所從來久矣！非霹靂手段，那得變此錮習。

陳榕門云：此種習氣，官場尤甚。

一切人為惡，猶可言也，惟讀書人不可為惡；讀書人為惡，更無教化❶之人矣；一切人犯法，猶可言也，惟做官人不可犯法；做官人犯法，更無禁治❷之人也。

【注　釋】❶教化　教育感化。《禮記・經解》：「故禮之教化也微，其止邪於無形。」❷禁治　禁止、整頓、治理。文中指執法治國。

【語　譯】任何人做壞事都還有可說之處，惟有讀書人不能做壞事，一旦讀書人也胡作非為，那就沒有能夠教化民眾的人了；一切人犯法都還有可諒解之處，惟有做官的人不能犯法，一旦為官者也為非作歹，那就沒有可以執法治國的人了。

士大夫濟人利物❶，宜居其實❷，不宜居其名❸，居其名則德損；士大夫憂國為民，當有其心，不當有其語，有其語則毀❹來。

【注　釋】❶濟人利物　謂救助別人，對世事有益。❷居其實　辦實事；有實際行動。❸居其名　徒有虛名。❹毀　詆毀；詈罵。亦指指責、攻擊。

【語　譯】士大夫利國利民，應當辦實事，不應徒有虛名，否則會損害德行；士大夫憂國憂民，應當全心全意，不應口頭標榜，否則會遭到責難。

以處女之自愛者愛身，以嚴父❶之教子者教士。

【注　釋】❶嚴父　父親。舊時謂父親嚴厲而母親慈愛，故多稱父為「嚴父」，稱母為「慈母」。《韓非子・難一》：「舉琴而親其體，雖嚴父不加於子。」

【語　譯】像未婚女孩愛惜身體名譽那樣潔身自好，像嚴父教育子女那樣教導士人。

執法如山，守身❶如玉；愛民如子，去蠹如仇❷。

【注　釋】❶守身　保持品德與節操。《孟子・離婁上》：「事，孰為大？事親為大；守，孰為大？守身為大。」❷去蠹如仇　謂清除奸惡如去仇人。蠹，蛀蟲。比喻禍國害民的人或事。

【語　譯】執行法令堅定如山，毫不容情；保持德操要像美玉，光潔無瑕；愛護百姓如待子女，照料關心；清除奸惡如去仇人，堅決果斷。

【原　注】鋤奸杜惡，要放他一條路去；苟使之一無所容，譬如防川者，若盡絕其流，則堤岸必潰矣。

陷一無辜，與操刀殺人者何別？釋一大憝❶，與縱❷虎傷人者無殊！

【注　釋】❶大憝　大惡；極為人所怨惡。《書・康誥》：「元惡大憝，矧惟不孝不友。」孔傳：「大憝之人猶為人所大惡。」後用以稱極奸惡的人、首惡之人。憝，奸惡。亦指惡人。❷縱　釋放；放縱。

【語　譯】陷害一個無辜的人，與持刀殺人又有什麼分別？釋放一個極惡之人，與放虎傷人沒有任何不同。

【原　注】愍，惡也！

高忠憲公云：惡人者，良民之蟊賊；蟊賊去而良民始安。凡訟師、地棍之類，訪其首惡重治，仍籍之於官，使禁其黨類。一有黨類詐害良民者，並其首治之。

居官能思害民在何處，思過半矣。

針芒❶刺手，茨棘❷傷足，舉體痛楚，刑慘百倍於此，可以喜怒施之乎？虎豹在前，坑阱在後，百般呼號，獄犴❸何異於此，可使無辜坐❹之乎？

【注　釋】❶針芒　針尖。❷茨棘　蒺藜與荊棘。均為有刺的植物。❸獄犴　牢獄。《荀子・宥坐》：「獄犴不治，不可刑也。」犴，古指鄉亭（地方）牢獄。❹坐　指入獄、坐牢。

【語　譯】針尖刺進手掌，荊棘劃破足底，全身疼痛難以忍受，酷刑較此慘痛百倍，怎麼可以憑自己的喜怒任意對人施加刑罰？前有豺狼虎豹，後面則是陷阱，身處絕境哀號不已，牢獄的苦痛絲毫無異於此，怎麼能讓無辜之人身陷囹圄呢？

【原　注】熊勉庵云：聽訟，凡覺有一毫怒意，切不可用刑。即稍停片刻，待心氣平和，從頭再問。未能治人之頑，先當平己之忿。嘗見居官者，因怒而嚴刑以洩忿。嗟嗟！傷彼父母遺體，而泄吾一時忿恨，欲子孫之昌盛，得乎？

呂新吾云：為上者之用威，所以行理也，非以行勢也。理屈而威以劫之，則能使之死，而不能使之服矣。大盜昏夜持利刃而加人之頸，人焉得而不畏哉？伸無理之威以服人，盜之類也。又云：予嘗怒一卒，欲重治之。召之，久不至，減予怒之半；又久之而後至，詬之而止。因自笑曰：是怒也，始發而中節耶？中減而中節耶？終止而中節耶？惟聖人之怒，初發時便恰好，始終只是一箇念頭不變。

陳榕門云：前後原非兩念，只是初發時，義理不能制血氣耳。血氣稍平，義理依然中節。人能於怒時便想到此，自無過當之事。

生人之苦，牢獄為最，而暑月尤甚。仁人君子，既奉熱審矜減之例，倣行未減者，清理一番，其重囚仍在縶者，務遣獄官掃囹圄，滌枷杻，以廣天地好生之仁。又不時調閱監簿，分別矜釋，務使眼前火坑化作清涼世界。此只在當道者念頭動，舌頭動，筆頭動，一霎時間，德被無疆矣。

歷觀古來制酷刑及嚴犴狴者，必災及其身，並禍延子孫，紀載彰彰矣。

官雖至尊，決不可以人之生命，佐❶己之喜怒；官雖至卑，決不可以己之名節❷，佐人之喜怒。

【注　釋】❶佐　輔助；幫助。文中有陪襯、迎合之意。❷名節　名譽與節操。

【語　譯】官位雖已至尊，也決不能夠聽憑自己的喜怒而決定別人的生命；官位哪怕最低，也決不能夠犧牲自己的名節去迎合別人的喜怒。

【原　注】先哲云：居官之難，不在依違二三，而在虛心觀察。蓋一人坐獄，闔戶號啼；一罪爰成，妻孥典鬻，其可妄逞喜怒，任己見以從事乎？

佐貳官受杖頭錢，替勢要出氣，子孫未有不滅絕者。歷驗不爽。

聽斷之官❶，成心❷必不可有；任事之官❸，成算❹必不可無。

【注　釋】❶聽斷之官　審判案件的官員。由於古代地方官員往往統管政事、賦稅、訴訟、剿匪等各項事務，故而指官員在聽訟審案時。聽斷，聽取陳述而作出決定。常指聽訟斷獄。《荀子・榮辱》：「政令法，舉措時，聽斷公。」斷，判斷；決定。❷成心　成見；偏見。❸任事之官　辦理具體事務的官員。任事，任職理事。❹成算　已定的計畫、打算。

【語　譯】官員聽訟審案時，決不能有絲毫偏心成見；處理具體事務時，決不能無任何計畫思謀。

無關緊要之票❶，概不標判❷，則胥吏❸無權；不相交涉之人❹，概不往來，則關防❺自密。

【注釋】❶票　用作憑證的票貼文書。明·顧起元《客座贅語·辨訛》：「今官府有所吩咐勾取於下，其札曰票。」❷標判　批示；判決；決定。標，題寫；標明。文中指批示（公文）、簽發（傳票、票據）等活動。❸胥吏　官府中的小吏。❹不相交涉之人　謂沒有往來、不相干的人。交涉，接觸；往來。北宋·朱彧《萍州可談》卷三：「熙寧但言平生不喜與福建子交涉。」亦指關係、牽涉。❺關防　本意是用兵防守的關隘。引申為防範、戒備。

【語譯】無關緊要的文書、票據，一概不批示發辦，事事嚴謹，慣於狐假虎威的胥吏就無法藉機弄權；素不相干、並無交情的人，一概互不往來，處處防範，擅長投機鑽營的小人自然被拒之門外。

【原注】汪龍莊云：居官宜省票差，公役中豈有端人？此輩下鄉，勢如狼虎，余嘗目擊而心傷之。是以昔年佐幕，每囑主人勿輕籤差；及身親為之，尤加慎。吾願幕之留神，尤望官之留意。

蒲留仙云：居官者不濫受詞訟，即是盛德。

張夢復云：古人美王司徒之德曰：門無雜賓。此最有味。大約門下奔走之客，有損無益，主人以清正高簡安靜為美，於彼何利焉？可以啖之以利，可以動之以名，可以怵之以利害，則欣動其主人。主人不可動，則誘其子弟，誘其僮僕。外探無稽之言，以熒惑其視聽；內洩機密之語，以誇示其交遊。甚且以偽為真，將無作有，以徼倖其語之或驗，則從中而取利焉。或居要津之位，或處權勢之地，尤當遠之益遠也。又有挾術技以遊者，彼皆藉一藝以售其身，漸與仕宦相親密，而遂以乘機遘會，其本念決不在專售其技也。挾術以遊者，往往如此。故此輩之樸訥迂鈍者，猶當慎其晉接；若狡黠便佞，好生事端，蹤跡詭秘者，以不識其人，不知其姓名為善。勿曰我持正，彼安能惑我；我明察，彼不能蔽我。恐久之自墮其術中也。

無辜牽累❶難堪❷，非緊要，只須兩造❸對質，保全多少身家；疑案❹轉移甚大，無確據❺，便當末減❻從寬，休養幾人性命。

【注釋】❶牽累　牽涉連累。❷難堪　不易忍受；承受不了。堪，能承受。《論語・雍也》：「人不堪其憂，回也不改其樂。」❸兩造　指訴訟的雙方，原告和被告。《書・呂刑》：「兩造具備，師聽五辭。」孔傳：「兩，謂因、證；造，至也。」❹疑案　疑難案件。❺確據　確鑿的證據。❻末減　謂從輕論罪或減刑。《左傳・昭公十四年》：「〔叔向〕三數叔魚之惡，不為末減。」杜預注：「末，薄也；減，輕也。」

【語譯】無辜者遭受訴訟的牽涉連累，實在難以承受，假如不是重大案件，只須原告和被告雙方相互對質即可，這樣就能保全許多人和他們的家庭；疑難案件輾轉往返關係甚大，如果沒有確鑿的證據，應當予以寬大，從輕論罪或者減刑，這樣可以讓眾多百姓休息調養。

【原　注】自古仁人治獄，皆以不株連及逮結為上。

蒲留仙云：每見一詞之中，急要不可少者，不過數人，其餘皆無辜之赤子，妄被羅織者也。帶一名於紙尾，遂成附骨之疽，受萬罪於公門，竟屬切膚之痛。而究之官問不及，吏詰不至，其實一無所用，只足以傾家破產，飽蠹役之貪囊；鬻子典妻，洩小人之私忿。而吾深願為官者，每投到時，略一審詰，當逐逐之，不當逐芟之，不過一濡筆、一動腕之間，便保全多少身家，培養多少元氣。從政者曾不一念及此，又何必桁楊刀鋸能殺人哉！

熊勉庵云：居官行法，不能一概去殺，獨不曰留意開釋，常存生意乎？一在疑似勿殺，二在株連勿殺，三在賄託勿殺，四在為人脅從勿殺，五在已經降順勿殺。又云：刑罰之設，原非得已，有可生之路，而不為之急白，是亦殺也。居官詰獄，豈可拘守前案，奉承上司，而見死不救哉！

殺人以媚人意，不過謂雷霆之下，恐有不測，懼以身為之繼耳。然徐有功、狄梁公，俱以辯冤獲罪，瀕危不死；而希旨羅織者，往往以及其身。死生有命，安可中立祈免！即不幸死於救人，與死於殺人之報，孰得孰失？從政者當知自處矣。

歐陽觀為推官，留心讞獄。嘗夜閱文書，屢廢而歎。妻問之，曰：此死獄也，我求其生不得。其妻曰：生可求乎？曰：求其生而不得，則死者與我兩無憾也，矧求其生而有得耶？其子脩，文章名世，位至宰相。

呆子之患，深於浪子，以其終無轉智；昏官之害，甚於貪官，以其狼籍❶及人。

【注　釋】❶狼籍　猶折磨。清・蒲松齡《聊齋志異・折獄》：「世之折獄者，非悠悠置之，則縲繫數十人，而狼籍之耳。」何垠注：「狼籍之，言磨折之至於憊也。」

【語　譯】痴呆者給家人招來的禍患比放蕩浪子更深，因為他永遠不可能轉變為聰明；昏庸官吏給百姓帶來的災害比貪官還嚴重，因為他的胡言亂語會折磨百姓。

【原　注】濫准、株連、差拘、監禁、保押、淹留、解審、照提，此八者，獄情之大忌也，仁人之所隱痛也。居官者慎之。

官肯著意一分，民受十分之惠；上能喫苦一點，民沾萬點之恩。

【語　譯】做官的人願意多一分對百姓關心，百姓便可得到十倍惠益；做官的人能夠多一點辛苦操勞，百姓就能享受許多恩澤。

【原　注】汪龍莊云：居官者，怠之禍人，甚於貪酷。貪酷有蹟，著在人口；闒冗之害，萬難指數。受者痛切肌膚，見者不關痛癢，聞者或且代為之解曰：官事殷忙，勢不暇及。官遂習為故常，而其知孽之所積，神實鑒之。夫民以力資生，荒其一日之力，即窘其一日之生。余居鄉時，見人赴城投狀，率皆兩日往還。已而候批，已而差傳，倩親覓友，料理差房，營營奔走，動輒經旬。至於示審有期，又必邀同鄰證，先期入城；並有親友之關切者，偕行觀看。及至臨期示改，或狡者有所牽引，諭俟覆訊，則期無一定，或三五日，或一二十日，差不容離，民須守候。工商曠業，農佃雇替，差房之應酬，城寓之食用，無一可省。迨事結，而兩造力已不支，輾轉匱乏，甚有羈縶公所，飢寒疾病，因而致死者。嗚呼，官若肯勤，何至於是？其負屈不審，抑鬱畢命者無論已，更有事遭橫逆，不得已告官，候之久而批發，又候之久而傳審，中間數日，橫逆之徒，復從而肆擾，皆怠者滋之害也。故莫善於受牒時詰訊，虛即發還，其準理者，越夕批發，剋期訊結。官止早費數刻心，省差房多方需索，養兩造無限精神。此居官第一陰德事也。

禮繁則難行，卒❶成廢閣之書❷；法繁則易犯，更其決裂之禍❸。

【注　釋】❶卒　終於；最後。❷廢閣之書　謂束之高閣、沒有用處的書。廢閣，亦作「廢格」。擱置而不實施。《史記・平準書》：「於是見知之法生，而廢格沮誹窮治之獄用矣。」司馬貞索隱：「格音閣，亦如字。」❸決裂之禍　謂叛亂造成的災禍。決裂，叛逆；叛亂。清・黃宗羲《明夷待訪錄・方鎮》：「方鎮之兵不足制，黃巢、朱溫遂決裂而無忌。」

【語　譯】禮儀繁瑣刻板，民眾難以一一遵行，最終將束之高閣，毫無用處；法律龐雜繁縟，百姓稍不小心就觸犯法律，其危害更甚於叛逆之禍。

善啟迪人心者，當因其所明而漸通之❶，毋強開其所閉❷；善移易風俗者，當因其所易而漸反之❸，毋強矯其所難❹。

【注　釋】❶因其所明而漸通之　謂根據他們所能明瞭的程度逐漸開通其心智。即因勢利導，循序漸進。因，依照；根據。《韓非子・外儲說左上》：「法者，見功而與賞，因能而授官。」❷強開其所閉　謂強行開啟（芸芸眾生）尚處愚昧狀態的心靈。閉，遮蔽；幽禁。文中指愚昧、未開竅。❸因其所易而漸反之　謂按照民眾易於接受的方式由簡而難逐漸改變。反，翻轉；改變。❹強矯其所難　強行矯正他們難以改變的習俗。

【語　譯】善於引導、教化百姓的人，應當循序漸進，因勢利導，逐步開通其心智，而不能強迫他們開竅；善於移風易俗的人，應當由易而難、由簡而繁，逐漸改變其舊習，而不能強行矯正一時難以改變的風尚。

【原　注】居官以化導為事，更宜知此。

呂新吾云：十分見識人，與九分者說，便不能了悟，況智愚要去遠甚乎？所貴有識而居人上者，正以其能就無識之人，因其微長而善用之也。不但得體，亦可集事。

非甚不便於民，且莫妄更❶；非大有益於民，則莫輕舉❷。

【注釋】❶妄更　隨意更改。更，改變；更動。❷輕舉　輕易去做。舉，興辦；辦理。

【語譯】不是非常不便利於百姓的規章制度，就不要隨意更改；不是極有益於百姓的事情，就不要輕舉妄動。

【原注】居官者，須視俗以施教，察失而立防，是當今政教之極則也。

情有可通，舊有者不必過裁抑❶，免生寡恩之怨❷；事在得已❸，舊無者不必妄增設，免開多事之門❹。

【注釋】❶裁抑　制止；遏止。❷寡恩之怨　謂因缺少恩惠而引起的怨恨。寡恩，缺少恩惠。《孔叢子・記問》：「管仲任法，身死則法息，嚴而寡恩也。」❸得已　意思是得以了結、能夠了結。❹多事之門　謂通往變故、災禍的門徑。比喻引發或導向事故、災難的關鍵。多事，多變故；多禍患。

【語譯】人情事理有可通融處，已經存在的東西不必過分遏止，以免因為缺少恩惠，致使百姓怨恨；事情能夠辦妥的，舊時沒有的東西不必胡亂增加，以免節外生枝，引出許多禍患。

【原注】若理當革，時當興，合於事勢人情，則非所拘矣。

為前人者，無干譽矯情❶，立❷一切不可常之法❸，以難後人；為後人者，無矜能露迹❹，為❺一朝即改革之政❻，以苦❼前人。

【注　釋】❶干譽矯情　意思是為了獲取名聲讚賞而故意違背常情、標新立異。干譽，以辦事幹練而獲得的聲譽。干，建立；求取。矯情，故意違背常情以立異。矯，拂逆；違背。❷立　制定；確立。❸不可常之法　指不能長久實行的法律。常，長久；永遠。❹矜能露迹　謂為了誇耀自己的才能而故意顯露功勞業績。矜能，誇耀自己的才能。《書・說命中》：「有其善，喪厥善；矜其能，喪厥功。」露迹，顯露才能、業績。露，顯露；暴露。❺為　作。❻一朝即改革之政　謂實施一天就要更改的法律政令。意思是制定法令草率倉促，不合社會實際。❼苦　厭惡；怨嫌。〈古詩十九首・生年不滿百〉：「晝短苦夜長，何不秉燭游？」

【語　譯】身為前輩，不要為了獲取名聲讚賞而故意違背常情、標新立異，制定難以長久執行的法律，使後人為難；身為後人，不要為了張揚才能而故意顯露功勞業績，實施短時期內就要改革的政令，以怨嫌前人。

【原　注】此不惟不近人情，政體自不宜爾。若惡政弊規，不妨改圖，只是渾厚，便好。

事在當因❶，不為後人開無故之端❷；事在當革❸，毋使後人長❹不救之禍❺。

【注　釋】❶因　承襲；沿襲。《論語・為政》：「殷因於夏禮，所損益可知也。」❷開無故之端　言開創沒有原由的先例。無故，沒有原因或理由。《禮記・王制》：「諸侯無故不殺牛，大夫無故不殺羊，士無故不殺犬豕，庶人無故不食珍。」端，開始；跡象。文中指先例。❸革　更改；變革。《書・多士》：「殷革夏命。」❹長　滋長；增加。❺不救之禍　無法挽救的禍患。

【語　譯】應當承襲的法規制度不必修改，不要為後人開創沒有原由的先例；應當改革的陳規陋習不要保留，以免徒增後人難以挽救的禍害。

【原　注】呂新吾云：新法非大有益於前，且無累於後，不可立也；舊法非於事萬無益，於理大有害，不可更也。要在文者實之，偏者救之，敝者補之，流者反之，怠廢者申明而振作之，此治體調停之中策，百世可循者也。又云：一法立而一弊生，誠是。然因弊生而不立法，未見其為是也。夫立法以禁弊，猶為防以止水也。堤薄土疏，而乘隙潰決，誠有之矣，未有因決而廢防者。無弊之法，雖堯舜不能；生弊之法，亦立法者之拙也。故聖人不苟立法、不懲小弊而廢良法，不因一時之弊，而廢可久之法。又云：君子辨大事，十利而無一害，其舉之也必矣。不得已而權其分數之多寡，利七而害三，則吾全其利而防其害；又較其事之重輕，亦有九害而一利者為之。所利重而所害輕也，所利急而所害緩也，所利難而所害可救也，所利久長而所害一時也，此難為淺見薄識者道。

陳榕門云：就利害中權其多寡、重輕、緩急、久暫，此為政至當不易之權衡度量也。

利在一身勿謀也，利在天下者謀之；利在一時勿謀也，利在萬世者謀之。

【語譯】只利於自身的事不可謀取，有益於天下的事盡力謀劃；只利於一時的事不必費心，有利於萬世的事盡心圖謀。

【原注】呂新吾云：法有九利，不能必其無一害；法有始利，不能必其不終弊。無知之口，乃執一害、終弊之說而訕笑之，不曰天下本無事，安常襲故何妨；則曰事勢本難為，好動喜事何苦！至大壞極敝，瓦解土崩，而後付之天命焉。嗚呼！國家養士，何為哉？士君子委質，何為哉？儒者以宇宙為分內事，何為哉？

莫為嬰兒之態❶，而有大人之器❷；莫為一身之謀，而有天下之志；莫為終身之計，而有後世之慮。

【注釋】❶為嬰兒之態　謂做出小孩子的行為、模樣。為，做出；裝出。嬰兒之態，指幼稚、孱弱，需要保護照料，卻不能成就事業等等。❷大人之器　指大丈夫的氣度胸襟。大人，指德行高尚、志趣高遠的人。三國魏・阮籍〈大人先生傳〉：「夫大人者，乃與造物同體，天下並生，逍遙浮世，與道俱成。」器，度量；胸懷。

【語　譯】不要裝出小孩子的模樣行為，而要有大丈夫的氣度胸襟；不要只為自己謀利益，而要有造福於天下的遠大志向；不是只考慮自己一生，而要為子孫後代著想。

【原　注】總是為天下，不為一身；計久遠，不計目前，可為居官者法。

用三代以前見識❶，而不失之迂❷；就❸三代以後家數❹，而不隣於俗❺。

【注　釋】❶三代以前見識　泛指古代聖賢的學說、經驗。三代，文中指夏、商、周三個朝代。中國傳統文化崇古，認為「三代」是道德、禮儀、學問等等的創立並最輝煌的時期，後人難以企及，更難超越，而是要盡力學習仿效。見識，見解；學說。❷不失之迂　謂不犯迂腐呆板的錯誤。失，錯誤；失誤。《商君書・靳令》：「邪臣有得志，有功者日退，此謂失。」❸就　依隨；按照。❹家數　技法；手段。清・黃宗羲〈七怪〉：「應酬之下，本無所謂文章，而黠者妄談家數。」❺不隣於俗　不落俗套；不流於習俗。隣，同「鄰」。近似；相仿。

【語　譯】借鑑古代聖賢的經驗學說，但不犯迂腐呆板、不知變通的錯誤；依隨三代以後經邦治國的方法，但不落俗套、不單純模仿。

【原　注】陳榕門云：學古易迂，隨時易俗；不迂不俗，自有一番援古證今、變通官民的道理。

大智興邦❶，不過集眾思；大愚誤國，只為好自用❷。

【注　釋】❶大智興邦　言有大智慧的人振興國家。大智，才智出眾的人；有大智慧的人。❷自用　自行其是，不接受別人的意見。《書·仲虺》：「能自得師者王，謂人莫己若者亡。好問則裕，自用則小。」

【語　譯】有大智慧的人之所以能夠振興國家，不過是因為他集思廣益，吸取了多數人的智慧；愚陋無知的人之所以誤國殃民，就是由於他喜歡專斷獨行，不聽取別人意見。

吾爵❶益高，吾志益下❷；吾官益大，吾心益小❸；吾祿益厚，吾施益博❹。

【注　釋】❶爵　爵位；官位。❷志益下　把心志放低。指待人接物愈益謙卑。志，心志；心性。下，身分、地位低。❸心益小　謂思慮、謀劃愈加謹慎。亦指欲念愈少。心，思慮謀劃；意念感情。❹施益博　謂愈益樂善好施；施恩愈益廣泛。

【語　譯】我的封號愈高，待人接物愈益謙卑；我的官位愈大，思慮、謀劃愈加謹慎；我的俸祿愈多，愈益樂善好施。

安民者何❶？無求於民❷，則民安❸矣；察吏❹者何？無求於吏，則吏察❺矣。

【注　釋】❶安民者何　意思是使民眾安居樂業的方法是什麼。安，使安定；使安居。《論語・憲問》：「修己以安百姓。」❷無求於民　謂無所需求於民。即沒有苛捐雜稅，不壓榨民眾。❸安　安寧；安樂。❹察吏　考核、調查官吏（的政績、品行）。察，考核、調查。❺察　明辨；清楚。

【語　譯】使民眾安居樂業的方法是什麼？就是對他們無所需求，則百姓自然安樂；考察官吏的方法有哪些？就是對他們毫無所求，則吏治、政績一目了然。

不可假❶公法❷以報私仇，不可假公法以報私德❸。

【注　釋】❶假　憑藉；依靠。❷公法　猶國法。❸私德　個人的恩惠。《商君書・錯法》：「明君之使其民也，使必盡力以規其功，功立而富貴隨之，無私德也。」

【語 譯】不可假借國法來報復個人的仇怨，不可憑藉國法來報答個人的恩惠。

天德❶只是箇無我，王道❷只是箇愛人。

【注 釋】❶天德 天的德行。西漢・董仲舒《春秋繁露・人副天數》：「天德施，地德化，人德義。」❷王道 王者之道。指以仁義治天下的政治主張。與霸道相對。《書・洪範》：「無偏無黨，王道蕩蕩。」

【語 譯】天的德行就是無私，王者之道就是仁愛。

【原 注】陳榕門云：體用一原的道理，說得如畫沙印泥。

惟有主❶，則天地萬物，自我而立❷；必無私，斯❸上下四旁❹，咸得其平❺。

【注 釋】❶惟有主 意思是惟有（心中）確立根本原則。主，根本；要素。文中指天道、倫常等為人處世的根本原則。❷自我而立 由我決定。案：依據上下文，此含「隨心所欲不逾矩」的意思。自我，從我；由我。自，由；從。介詞。立，設置；確定；決定。❸斯 猶則、乃。連詞。❹四旁 四極；四境。即天底下、所有方面。《周髀算經》卷下：「天之中央，亦高四旁六萬里。」趙爽注：「四旁，猶四極也。隨地穹隆而高，如蓋笠。」❺咸得其平 調一切都公平、一切都適得其所。咸，皆；都。平，平允；公正。

【語　譯】惟有心中確立根本，那麼天地萬物皆可由我設置；必須沒有分毫私心，這樣上下四方都能得到公平。

治道❶之要❷在知人，君德❸之要在體仁❹，御臣❺之要在推誠❻，用人之要在擇言❼，理財之要在經制❽；足用❾之要在薄斂❿，除寇之要在安民。

【注　釋】❶治道　治理國家的方針、政策、措施等。《禮記・樂記》：「是故審聲以知音，審音以知樂，審樂以知政，而治道備矣。」❷要　關鍵；要點。❸君德　人主的德行或恩德。《易・乾》：「見龍在田，利見大人，君德也。」❹體仁　躬行仁道。《易・乾》：「君子體仁，足以長人。」孔穎達疏：「言君子之人，體包仁道，汎愛施生，足以尊長於人也。」❺御臣　使用、駕馭臣下。御，控制；約束以為用。❻推誠　以誠心相待。《淮南子・主術訓》：「塊然保真，抱德推誠，天下從之，如響之應聲，景之象形。」❼擇言　選擇適當的話。《國語・晉語九》：「擇言以教子，擇師保以相子。」文中有察其言行、擇言以用的意思。❽經制　經理節制。《尉繚子・制談》：「經制十萬之眾。」❾足用　財用富足。❿薄斂　減輕賦稅。薄，減輕；減損。

【語　譯】治理國家的關鍵在知人善任，君王德行的關鍵在躬行仁道，統御臣下的關鍵在以誠相待，使用人員的關鍵在察其言行，管理財務的關鍵在經理節制，財用富足的關鍵在減輕賦稅，清除盜賊的關鍵在使民眾安居樂業。

未用兵❶時，全要虛心用人；既用兵時，全要實心❷活人❸。

【注釋】❶用兵　使用武力；進行戰爭。❷實心　充滿內心；全心全意。❸活人　使人活；救活他人。活，救活；養活。

【語譯】沒有戰爭時，以虛心任用人才為首要；戰爭發生後，則盡心盡力使人生存為首要。

天下不可一日無君，故❶夷齊非湯武❷，明臣道❸也；不然，則亂臣接踵而難為君❹。天下不可一日無民，故孔孟是湯武❺，明君道❻也；不然，則暴君接踵而難為民。

【注釋】❶故　因此；所以。連詞。❷夷齊非湯武　謂伯夷、叔齊指責商湯王、周武王（違背了做臣子的原則）。夷，伯夷。商末孤竹君長子。孤竹在今遼寧盧龍東南。孤竹君立次子叔齊為繼承人。孤竹君去世後，叔齊認為自己為弟，不應繼承君位，讓位於兄長伯夷；伯夷則說這是父命，應當遵從，堅不肯受而逃避。後來兩人聽說周文王善養老而入周。武王伐紂，兩人勸諫，以為不仁。武王滅商後，兩人隱居首陽山，不食周粟而死。齊，叔齊。商末孤竹君次子。伯夷之弟。非，責備；反對。湯，又稱武湯、成湯等。

商朝的創立者。建都於亳，一作「薄」（今山東曹縣東南）。曾與有莘氏通婚，選拔伊尹任以國政，做了一系列準備。而後向夏進攻，接連取勝，終於滅夏，建立商朝。武，周武王。周王朝的建立者。姬姓，名發。繼承其父文王的滅商遺志，先會盟諸侯於盟津（孟津，今河南孟縣西南），誓師。繼而聯合西南各族渡黃河進攻商，牧野（今河南淇縣南）一戰取得大勝，商朝軍隊前線倒戈；然後分路攻克中原各地，商紂王見大勢已去，自焚死，商朝亡。武王建立周朝，定都於鎬（今陝西西安西南）。封紂之子武庚為殷君，在原來商的王畿，統殷遺民，並設三監予以監督。死後，子誦即位，是為周成王。❸明臣道　謂闡明做臣子的道理和本分。明，闡明；表明；明確。臣道，為臣的道理和本分。《易・坤》：「陰雖有美，含之以從王事，弗敢成也。地道也，妻道也，臣道也。」❹難為君　難以為君。即君王難以治國或君位很難保持。❺孔孟是湯武　謂孔子、孟子肯定、讚美商湯王、周武王（滅夏、滅商的行為）。是，肯定；贊同。❻君道　為君之道。

【語譯】國家不能一日沒有主宰，伯夷、叔齊之所以指責、反對商湯王、周武王，就是為了闡明做臣子的道理和本分；否則，亂臣賊子接踵而至，君王難以治國。天下不能一日沒有百姓，孔子、孟子之所以肯定、讚美商湯王、周武王，就是為了張揚鋤暴安民的為君之道；不然，暴君惡主接踵而至，百姓難以生存。

廟堂之上❶，以養正氣為先；海宇之內❷，以養元氣❸為本。

【注釋】❶廟堂之上　謂身在朝廷中。即在朝廷為官。廟堂，太廟和明堂。借指朝廷。❷海宇之內　謂天下、海內。文中指國中百姓。海宇，猶海內、普天下。❸養元氣　培育、保養元氣。元氣，文中指國家、社會得以生存發展的根本：使民眾休養生息，安居樂業等。

【語　譯】在朝廷為官，以培養自身的浩然正氣為首要；對天下百姓，要以讓他們休養生息、安居樂業為根本。

【原　注】能使賢人君子無憂心之言，則正氣伸矣；能使群黎百姓無腹誹之語，則元氣固矣。此萬世帝王保天下之要道也。

陳榕門云：就人才上論，則為正氣；就百姓上論，則為元氣。廟堂之正氣不失，則海宇之元氣自固，聖人養賢以及萬民，其理如此。

人身之所重者元氣，國家之所重者人才。

【語　譯】人身保健最重要的是元氣，國家興亡最關鍵的是人才。

惠吉類

聖人斂福❶，君子考祥❷。

【注釋】❶斂福　聚集福澤。斂，聚集。《書‧洪範》：「斂時五福，用敷錫厥庶民。」孔穎達疏：「斂聚五福之道。」❷考祥　成就吉祥。考，成就；成全。《書‧大誥》：「天棐忱辭，其考我民。」孔穎達疏：「為天所輔，其成我民矣。」

【語譯】聖人聚集福澤，君子成就吉祥。

作德日休❶，為善❷最樂。

【注釋】❶作德日休　謂修養德行日臻美善。作德，修養德行。日休，一日比一日美善、吉慶。休，喜慶；美善；福祿。《詩‧小雅‧菁菁者莪》：「既見君子，我心則休。」鄭玄箋：「休者，休休然。」❷為善　做善事。

【語譯】修養德性日臻美善，不斷行善最為快樂。

開卷有益❶，作善降祥❷。

【注釋】❶開卷有益　謂打開書本閱讀，就會有所得益。語本晉・陶潛〈與子儼等疏〉：「開卷有得，便欣然忘食。」開卷，打開書本。借指讀書。❷作善降祥　謂行善可獲天佑。語出《書・伊訓》：「作善降之百祥，作不善降之百殃。」作善，行善；做善事。

【語譯】讀書有益身心，行善可獲天佑。

崇德效山❶，藏器學海❷。

【注釋】❶崇德效山　言崇尚德行當仿效高山，堅定不移。崇，尊崇；推重。❷藏器學海　謂蘊藏才華要學習大海，深沉含蓄。藏器，蘊藏才華；懷才。《易・繫辭下》：「君子藏器於身，待時而動。」器，用具。引申為才能。

【語譯】崇尚德行要仿效高山，堅定不移；蘊藏才華應學習大海，深沉含蓄。

群居守口❶，獨坐防心❷。

【注釋】❶群居守口　謂與眾人在一起時，說話要謹慎。守口，閉口不言。南朝齊・王琰〈冥祥記〉：

「守口攝意身莫犯，如是行者度世去。」❷獨坐防心　言一人獨處時，當收斂心思，防止雜念。防心，防止雜念。《隋書・經籍志四》：「〔佛家弟子〕相與和居，治心修淨，行乞以自資，而防心攝行。」

【語　譯】與眾人在一起時，說話要謹慎；一人獨處，當收斂心思，防止雜念。

知足常樂❶，能忍自安❷。

【注　釋】❶知足常樂　謂自知滿足則心常快樂。語本《老子》：「禍莫大於不知足，咎莫大於欲得，故知足之足常足矣。」足，滿足。❷自安　自安其心；自然安寧。

【語　譯】自知滿足的人經常快樂，能忍一時之氣自然安寧。

窮達❶有命，吉凶由人❷。

【注　釋】❶窮達　困頓與顯達。《墨子・非儒下》：「窮達、賞罰、幸否，有極，人之知力，不能為焉。」句含此意。窮，特指不得志，與「達」相對。《孟子・盡心上》：「窮則獨善其身，達則兼濟天下。」❷由人　聽憑自己。即由自己（的行為）而定。由，聽憑；聽任。《論語・顏淵》：「為人由己，而由人乎哉？」

【語　譯】困頓顯達是命中注定，吉凶禍福則聽憑自己。

以鏡自照見❶形容❷，以心自照❸見吉凶。

【注釋】❶見　看見；看到。文中亦作「現」解。顯現；顯露。❷形容　外貌；模樣。《管子・內業》：「全心在中，不可蔽匿，和於形容，見與膚色。」❸以心自照　以本心、良心比照自己的言行舉止。心，指本心、天良、良心。

【語譯】攬鏡自照，可以看到外貌、長相；以心為鏡，能夠顯示吉凶禍福。

【原注】陸文安公論〈洪範〉五福云：實論五福，但當論人一心。若其心邪，其事惡，縱使目前富貴，自正人觀之，無異在囹圄糞穢中也，何福之有！其心正，其事善，雖在貧賤患難中，心自亨通。自正人觀之，即是福德。作善降之百祥，作不善降之百殃。積善之家，必有餘慶；積不善之家，必有餘殃。但自考其心，則知福祥殃咎之至，如影隨形，如響應聲，必然之理也。

善為至寶，一生受用❶不盡；心作良田❷，百世耕種❸有餘。

【注釋】❶受用　猶受益、得益。《朱子語類》卷九：「今只是要理會道理，若理會得一分，便有一分受用；理會得二分，便有二分受用。」❷心作良田　意思是把心作為良田來仔細養育、照料。即持續不斷地以天道倫常來培育心性、鍾煉氣節。參見下節「心田」的注釋。❸耕種　指培育、涵養心性。

【語　譯】善良最為寶貴，一生一世受益無窮；心靈作為良田，千年萬代培育涵養。

世事❶讓三分，天空地闊❷；心田❸培一點，子種孫收❹。

【注　釋】❶世事　塵俗之事；社交應酬。東漢．張衡〈歸田賦〉：「超塵埃以遐逝，與世事乎長辭。」❷天空地闊　天地廣闊。形容空間寬廣，活動餘地大。天空，天際空闊。空，為形容詞。❸心田　佛教語。即心。謂心藏善惡種子，隨緣滋長，如田地生長五穀荑稗，故稱。南朝梁．簡文帝〈上大法頌表〉：「澤雨無偏，心田受潤。」❹子種孫收　意思是前人多做善事多積德，後人自然得到好報。

【語　譯】世俗之事退讓一些，天地寬廣無限；心中善念培育一點，子孫自有收穫。

要好兒孫，須方寸❶中放寬一步；欲成家業，宜凡事上吃虧三分。

【注　釋】❶方寸　指心。心處胸中方寸間，故稱。晉．葛洪《抱朴子．嘉遯》：「方寸之心，制之在我，不可放之於流遁也。」

【語　譯】要有賢良的子孫，必須使心地寬厚；希望成就家業，應當凡事皆謙讓容忍。

留福與兒孫，豈必❶盡黃金白鏹❷；種心❸為產業，由來❹皆美宅良田。

【注釋】❶豈必　猶何必。用反問的語氣表示不必。❷白鏹　白銀。鏹，成串的錢或錢幣；銀子或銀錠。❸種心　謂培育道德情操、知識、氣節等。種，培養；培植。❹由來　自始以來；歷來。

【語譯】留福給子孫，何必盡是黃金白銀；以培育德性為產業，從來皆是美宅良田。

存一點天理心❶，不必責效❷於後，子孫賴❸之；說幾句陰騭語❹，縱❺未盡施❻於人，鬼神鑒之。

【注釋】❶天理心　指存有仁義禮智信等天道、倫常的心靈。天理，天道；自然法則。亦指道義、綱常倫理。南宋・朱熹〈答何叔京〉之二八：「天理只是仁、義、禮、智之總名，仁、義、禮、智便是天理之件數。」文中二意皆有。❷責效　求取成效；取得成效。責，索取；求取。❸賴　得益；受益。《書・呂刑》：「一人有慶，兆民賴之。」孔穎達疏：「天子有善，以善事教天下，則兆民蒙賴之。」❹陰騭語　積陰德的話語。陰騭，猶陰德。騭，陰德。南宋・俞文豹〈吹劍四錄〉：「見人紛爭鬥訟，而為之和解，實甚盛德大騭也。」❺縱　即使；即便。❻施　實施；給予。

【語譯】心中存有一點天理良心，不必求取成效於後人，子孫自會受益；多說一些積陰德的話語，即便不能都有益於他人，鬼神則有明鑑。

非讀書，不能入聖賢之域；非積德，不能生聰慧之兒。

【語　譯】不讀書，就不能接近聖賢的境界；不積德，就不會生育聰慧的兒女。

多積陰德，諸福自至，是取決於天；盡力農事，加倍收成，是取決於地；善教子孫，後嗣昌大，是取決於人。

【語　譯】多做不為人知的善事，各種福分自會降臨，這取決於天意；盡力耕作，加倍收穫，這取決於地力；善於教導子孫，後代綿瓞昌盛，這取決於人本身。

事事培元氣，其人必壽；念念存本心❶，其後必昌。

【注　釋】❶本心　真心；天良。

【語　譯】事事培育精氣元神，這人必然長壽；念念保存天良善心，後代一定昌盛。

【原　注】兒孫心上影，天道暗中燈。

勿謂一念可欺也，須知有天地鬼神之鑒察；勿謂一言可輕❶也，須知有前後左右之竊聽；勿謂一事可忽也，須知有身家性命之關係；勿謂一時可逞❷也，須知有子孫禍福之報應。

【注　釋】❶輕　輕率；不慎重。❷逞　放縱；恣肆。

【語　譯】不要認為微小心念可以欺瞞，應當知道天地鬼神能夠明察一切；不要認為一個詞語可以輕率說出，應當知道前後左右都會有人偷聽；不要認為點滴小事可以疏忽，應當知道它將關係全家的生命和命運；不要認為一時之快可以放縱，應當知道子孫會有禍福的報應。

人心一念之邪，而鬼在其中焉，因而欺侮之，播弄❶之，晝見於形像，夜見於夢魂，必釀其禍而後已。故邪心即是鬼，鬼與鬼相應，又何怪乎？人心一念之正，而神在其中焉，因而鑒察之，呵護之，上至於父母，下至於兒孫，必致其福而後已。故正心❷即是神，神與神相親，又何疑乎？

【注　釋】❶播弄　操縱；擺布。❷正心　公正無私之心。

【語　譯】人心中有一絲邪惡之念，鬼怪便隨之而在其中了，於是欺侮你，操縱你，讓你白天精神恍惚，幻形幻影，晚上見之於夢中，必定要釀成災禍才罷休。所以邪念就是鬼，鬼和鬼互相呼應，又有什麼可以奇怪的呢？人心中有一絲公正無私之念，神靈也一定會伴隨其中，於是鑑別察看你，保護照料你，上至父母，下及子孫，必定使之得福才停止。所以公正無私之心就是神，神與神互相親近，又有什麼可以懷疑的呢？

【原　注】魏恭簡公云：人心之靈，他人有善有不善，皆能知之。天道至靈，偪塞處都是鬼神，昭布森列，思慮未起，鬼神未知。方寸起思慮，鬼神早知了，信乎神不可欺。

終日說善言，不如做了一件；終身行善事，須防錯了一件。

【語　譯】成天說好話，不如做一件好事；一輩子做善事，謹防做錯了一件事。

物力❶艱難，要知喫飯穿衣，談何容易❷！光陰迅速，即使讀書行善，能有幾多？

【注釋】❶物力　可供使用的物資。《漢書・食貨志上》：「生之有時，而用之亡度，則物力必屈。」❷談何容易　本謂不可輕易在君王面前談說議論、指陳得失。語出西漢・東方朔〈非有先生論〉。何容，豈可；怎能容許。易，輕易。而後以「容易」連讀，意思是說起來簡單，做起來可並不容易。

【語譯】創造財富十分艱難，要知道吃飯、穿衣說起來簡單，做起來可不容易；時間過得很飛快，即使日日讀書、日日行善，又能有多少時間？

隻字必惜，貴之根也；粒米必珍，富之源也；片言❶必謹，福之基也；微命❷必護，壽之本也。

【注釋】❶片言　簡短的文字和語言。❷微命　微小的生命；卑賤的性命。《楚辭・天問》：「蜂蛾微命，力何固？」

【語譯】敬惜每一個字，這是顯貴的根本；珍惜每一粒米，這是富裕的源泉；謹慎每一句話，這是福祥的基礎；愛護最微賤的生命，這是長壽的本原。

作踐❶五穀，非有奇禍，必有奇窮❷；愛惜隻字，不但顯榮，亦當延壽。

【注　釋】❶作踐　糟蹋；摧殘。❷奇窮　極度困厄。清・劉大櫆〈祭史秉中文〉：「子之奇窮，匪我能救。」奇，特殊的；不同於常規的。

【語　譯】糟蹋糧食，即便沒有大災禍，也必定有極度困厄；愛惜隻字，不但能夠顯貴榮華，還可以益壽延年。

茹素❶，雖佛氏❷教也；好生❸，非上天意乎❹？

【注　釋】❶茹素　吃素食，不食魚肉等葷腥。茹，吃；吞咽。❷佛氏　猶佛家、佛門。《朱子語類》卷七一：「有人自是其心，全無邪而卻不合正理……佛氏亦豈有邪心者？」❸好生　愛惜生靈，不嗜殺。《書・大禹謨》：「好生之德，洽於民心。」❹非上天意乎　謂難道不是上天的旨意。非，不；不是。上天，古人觀念中的萬物主宰者，能降禍福於人。《書・泰誓》：「今商王受，弗敬上天，降災下民。」意，意旨；意願。

【語　譯】吃素戒葷，雖然是佛門所教導的；但愛惜生靈，不嗜殺，難道不也是上天的意旨？

【原　注】汪疑夫云：持齋戒殺，固是好事，然非中道，不能盡人為之。顧口腹有必當嚴戒者，孽報惟食牛最重。感應記言之鑿鑿。余在湖南，聞丙子科鄉試，有士子楊某，素號能文，頭場謄真畢，於卷面書平生未損陰騭，但於牛肉未能嚴戒十四字，因此被貼。又聞人好食牛肉，於臥病時，有作牛鳴而死者，故食牛所當首戒。至食犬，並宜嚴戒。他如蝦蟆為稼食蟲，以及鰻、鱔、龜、鱉、螺螄之屬，可不食者，即可戒食。余則當如孟子所云：見其生，不忍見其死；聞其聲，不忍食其肉。更守無故不殺之戒，多留一物軀命，即多培一日善根。舉斯心加諸彼，由愛物之心推之。福德何量！

梁敬叔云：吳門董个亭封翁，嘗以歉歲見農夫無力卒歲，以耕牛售諸屠肆，乃倡義邀紳士集貲，於城外辟一園，如所售之價，買牛而牧之。春作時，聽本人取贖，每歲活牛無算。道光癸卯，吳中大水洊饑，吾鄉林少穆先生，適為廉訪，亦以冬買牛，春聽贖，次年農事藉以補苴，遐邇頌之，其法蓋仿自董氏云。

此法甚善，遇歉歲時，有心人能擔此善舉者，其功德真不可思議也。

高忠憲公家訓云：少殺生命，最可養心，最可惜福。一般皮肉，一般痛苦，物但口不能言耳。不知其刀俎之間，何等苦惱。我卻以日用口腹，人事應酬，絕不為彼思量，豈復有仁心乎？供客勿多餚品，兼用素菜，切切為生命算計。稍可省者，便省之。省殺一命，於吾心有無限安處。積此仁心慈念，自有無限妙處，此為善中一大功課也。

陳幾亭家訓云：凡疾病祈禱，勿殺生。嘗見蓮池大師戒殺文中有此條，悲慘懇惻，悚動狂迷，深助儒理。凡信祈禱者，大抵愚夫愚婦。彼心驚佈地獄，崇信輪迴，殺生乃佛家首戒，何獨於禳災之期，反不依而故犯。死生有命，不足與言。就其所明，引而禁之，亦應止矣。

世人每逢生辰，或逢生子，多有宰殺生靈、酣歌稱慶者，深堪怪嘆！姑無論以有用之財，花銷於無益之地，而慶我命生，致物命死，於心安乎？於理當乎？

仁厚刻薄，是修短❶關❷；謙抑❸驕滿，是禍福關；勤儉奢惰，是貧富關；保養縱欲，是人鬼❹關。

【注　釋】❶修短　長短。文中指長處與短處。❷關　要塞；出入口。比喻經受嚴峻考驗的時刻或場所。亦借指重要的分界點。❸謙抑　猶謙虛、謙讓。❹人鬼　人和鬼。即生與死。

【語　譯】仁厚還是刻薄，是人長處與短處的分界線；謙和虛心還是驕傲自滿，是人得福與招禍的關鍵點；勤勞節儉還是奢侈懶惰，是人富貴與貧困的劃分處；保養身心還是恣意縱欲，是人長壽還是夭亡的生死關。

造物所忌❶，曰刻❷曰巧❸；萬類相感❹，以誠以忠。

【注　釋】❶造物所忌　意思是創造萬物的神所憎惡的。造物，「造物者」的省稱。特指創造萬物的神。《莊子・大宗師》：「偉哉，夫造物者將以予為此拘拘也。」忌，憎惡；厭惡。❷刻　刻薄；苛刻。❸巧　虛偽；欺詐。《老子》：「絕巧棄利，盜賊無有。」❹萬類相感　謂萬事萬物互相感應。感，感應；影響。《易・咸》：「天地感而萬物生。」

【語　譯】萬物創造者所憎惡的是刻薄和虛偽，萬事萬物相互感應的是誠意與忠心。

做人無成心❶，便帶福氣；做事有結果，亦是壽徵❷。

【注釋】❶成心　成見；偏見。❷壽徵　長壽的徵兆。

【語譯】做人沒有偏見，便會有福氣；做事有始有終，就是長壽的徵兆。

執拗❶者福輕，而圓通❷之人其福必厚；急躁者壽夭，而寬宏之士其壽必長。

【注釋】❶執拗　亦作「執抝」。固執任性；堅持己見。拗，狠強；固執。❷圓通　通達事理，處事靈活。

【語譯】固執任性的人福分薄，通達靈活的人福分厚；性急焦躁的人壽命短，寬宏大量的人壽命長。

〈謙卦〉六爻皆吉❶，恕❷字終身可行。

【注釋】❶謙卦六爻皆吉　意思是〈謙卦〉的六爻都是吉祥的。謙卦，《易經》六十四卦之一。艮（山）

下坤（地）上。象徵謙虛。〈謙卦〉的意思是：舉行亨祭，筮遇此卦，君子具備謙讓的美德，辦事會有好的結果。《易・謙》：「象曰：地中有山，君子以裒多益寡，稱物平施。」六爻，《易》卦之畫曰爻。六十四卦中，每卦六畫，故稱。爻，《易經》中組成卦的符號。有「⚊」與「⚋」兩種，「⚊」為陽爻，「⚋」為陰爻。每三爻合成一卦，可得八卦，稱為經卦；兩卦（六爻）相重則得六十四卦，稱為別卦。爻含有交錯和變化的意思。❷恕　恕道。指推己及人、仁愛待物。

【語　譯】〈謙卦〉六爻都兆示吉祥；仁愛忠恕應終身實行。

作本色人❶，說根心話❷，幹近情❸事。

【注　釋】❶本色人　謂不加矯飾、質樸自然的人。本色，本來面目；質樸自然，不加矯飾。❷根心話　出自本心的話語。❸近情　合乎情理；合乎人情。

【語　譯】做質樸自然、不加矯飾的人，說發自內心、毫無虛偽的話，做順應事理、合於人情的事。

一點慈愛，不但是積德種子，亦是積福根苗。試看❶那有不慈愛底聖賢？一念容忍，不但是無量❷德器❸，亦是無量福田❹。試看那有不容忍底君子？

【注　釋】❶試看　且看。❷無量　不可計算；沒有限度。《左傳・昭公十九年》：「今宮室無量，民人日駭。」❸德器　道德修養與才識度量。《漢書・杜周傳》：「張湯、杜周並起文墨小吏，致位三公，列於酷吏，而俱有良子，德器自過，爵位尊顯。」❹福田　佛教語。佛教以為供養布施，行善修德，能受福報，猶如播種田畝，有秋收之利，故稱。

【語　譯】心懷慈愛，不但是積德的種子，也是積福的根苗，看看古往今來哪有不慈愛的聖賢？寬容忍讓，不僅是無限的修養與才識，也是無量的福澤淵源，看看古今中外哪有不容忍的君子？

好惡之良❶，萌於夜氣❷，息之於靜❸也；惻隱之心❹，發於乍見❺，感之於動❻也。

【注　釋】❶好惡之良　謂喜好與厭惡的天賦稟性。良，指人先天具有的善良心性、道德意識（良心、良知）等。❷夜氣　儒家謂晚上靜思所產生的良知善念。《孟子・告子上》：「牿之反覆，則其夜氣不足以存；夜氣不足以存，則其違禽獸不遠矣。」❸息之於靜　言生長於精神貫注專一之中。息，滋息；生長。《荀子・大略》：「有國之君，不息牛羊；錯質之臣，不息雞豚。」靜，精神貫注專一。道家的一種修養術。❹惻隱之心　謂同情、憐憫。語出《孟子．公孫丑上》：「今人乍見孺子將入於井，皆有怵惕惻隱之心。」❺乍見　突然而短暫地出現。見，「現」的古字。顯現；顯露。《易．乾》：「九二，見龍在田。」高亨注：「是即今之現字，出現也，對上文潛字而言。」❻感之於動　謂因心有所感而付諸行動。

【語　譯】喜好與厭惡的良知善念，萌發於夜深靜思時，生長於精神貫注專一中；同情憐憫之心，產生於倏忽一瞬間，並因為心有所感而付諸行動。

【原　注】湯潛庵臨終時戒子曰：孟子言乍見孺子入井，皆有怵惕惻隱之心。汝等當養此真心。真心時時發見，則可上與天通；若但依成規，襲外貌，終為鄉原，無益也。

許多事業，都從這點真心推暨出來。先生得力在此，宜其臨終猶諄諄也。

塑像棲神，盍歸奉親❶？造院居僧，盍往救貧？

【注　釋】❶塑像棲神二句　意思是與其塑造神像、修建墳墓，何不回家奉養雙親。棲神，死後安息。亦指墓地。北魏．酈道元《水經注．汝水》：「左右深松列植，筠柏交蔭，尹公度之所棲神處也。」文中也可作安放神像解。盍，副詞。表示反詰。猶何不、為什麼不。奉親，贍養伺奉雙親。奉，供養；伺奉。

【語　譯】與其塑造神像，修建墳墓，何不回家贍養伺奉雙親呢？與其建築寺廟，讓僧人居住，何不用這些錢救助窮人呢？

【原　注】古語云：世間第一好事，莫如救難憐貧。人若不遭橫禍，施捨費得幾文？人誠能約己濟人，色色為貧人算計，存此盈餘，以救急難，去無用可成大用，積小惠可成大德。乃富人惜財如恤血，目擊困苦顛連，而睽睽相視，毫不動心，以為生財之道宜如此，不知財生而心先死矣。心既死，財其能長生乎？至如小本貧民，肩挑貿易，受盡苦辛，覓得幾文微利，為一家性命所係，其遇可矜，其情可憫。我卻要在他身上討便宜，甚或用重秤，使小錢，猶自以為得計。不知窮人資此以養生，多不過數文錢耳。在我視之頗輕，而彼之含怨最重。只此小節，而其人之生平可見矣！況折其一日之本，即窘其數日之生，所省甚微，所損實大，吾輩戒之。

費千金而結納勢豪❶，孰若❷傾半瓢之粟❸，以濟饑餓；構千楹❹而招徠❺賓客，何以❻葺數椽之屋❼，以庇孤寒❽。

【注釋】❶結納勢豪　結交權貴。結納，猶結交。與人交往，建立情誼。勢豪，有勢力的豪強。文中指權貴。❷孰若　猶何如、怎麼比得上。表示反詰語氣。❸傾半瓢之粟　謂拿出一點點糧食。傾，把東西倒出來。半瓢之粟，形容數量很少的一點兒糧食。❹構千楹　建造廣廈。構，架木造屋；建造。千楹，比喻房屋多而大。楹，量詞。房屋計量單位。屋一列或一間為一楹。❺招徠　亦作「招來」、「招倈」。招引；延攬。❻何以　為什麼不。文中含有反詰的意思。❼葺數椽之屋　意思是修建幾間茅屋。葺，草類初生細軟貌。文中指以茅草修建房屋。椽，指房屋的間數。❽孤寒　指家境貧寒無依者。

【語　譯】耗費千金結交權貴，怎麼比得上拿出一點點糧食救濟饑民；建造廣廈招徠賓客，何不修建幾間茅屋為家境貧寒者遮風避雨。

憫濟人窮❶，雖分文升合❷，亦是福田；樂與人善❸，即隻字片言❹，皆為良藥❺。

【注　釋】❶憫濟人窮　謂同情並救濟窮困的人。憫，憐憫；同情。❷分文升合　言一點點錢與糧食。分文，一分一文。極言錢少。升合，一升一合。比喻數量少。案：升、合皆中國古代計量單位，十合為升。各朝不一致，秦漢時一升約等於今日二〇〇毫升，隋唐時約等於今日六〇〇毫升，明清時期約等於今日一〇〇〇毫升。❸樂與人善　意思是樂於成人之美。與人善，同別人一起做好事。亦指贊助別人做善事。與，幫助；援助。《戰國策．秦策一》：「楚攻魏。張儀謂秦王曰：『不如與魏以勁之。』」高誘注：「與，猶助也。」❹隻字片言　一個字，一句話。❺良藥　療效高的藥。比喻有用、起作用。

【語　譯】同情並救濟窮困的人，雖然只是一點兒錢糧，也是福田；樂於成人之美，即便僅有隻字片言，都是良藥。

謀占田園，決❶生敗子❷；尊崇師傅，定產賢郎。

【注釋】❶決 必然;一定。❷敗子 敗家之子。《韓非子・顯學》:「夫嚴家無悍勇,而慈母有敗子。」

【語譯】謀劃占據他人的田產園林,必然要生敗壞家業的子孫;尊崇敬重老師,一定會有賢良的後代。

【原注】棄產得產,苦樂不同,置產者宜曲為體諒,以為子孫永遠之計。若以產業為冤業,非但為子孫作馬牛,真為子孫作蛇蠍耳。先輩詩云:一派青山景色幽,前人田土後人收;後人收得休歡喜,還有收人在後頭。

平居❶寡欲養身,臨大節❷則達生委命❸;治家量入為出,幹好事則仗義輕財❹。

【注釋】❶平居 平日;平素。❷臨大節 面臨有關國家、社稷安危存亡的重大事件。大節,關係存亡安危的大事。亦指品德操守的主要方面(相對小節而言)。《論語・泰伯》:「臨大節而不可奪也。」❸達生委命 意思是置生死於度外,全力以赴。達生,語出《莊子・達生》:「達生之情者,不務生之所無以為。」郭象注:「生之所無以為者,分外物也。」後因以「達生」指參透人生、不受世事牽累的處世態度。文中與上句相對,有置生死於度外之意。委命,猶效命。《三國志・魏志・劉放傳》:「將軍宜投身委命,厚自結納。」❹仗義輕財 謂重義氣而分財於人。

【語譯】尋常日子清心寡欲,修身養性,一旦面臨國家安危、品德操守的重大事件,則置生死於度外，全力以赴；管理家事注意節儉，依據收入計算支出，一旦有助人行善之事，則重義氣而輕財貨，盡量支持。

【原　注】王陽明云：世人把身命看得太重，不問當死不當死，定要委曲保全，以此把天理都丟去了。若違了天理，便與禽獸無異。就是偷生在世千百年，不過做了千百年的禽獸。學者於此等處，最要看得明白。

燕山竇公，治家惟尚儉素，每量歲之所入，除伏臘供給外，餘皆濟人。夢祖父謂之曰：汝本無子，且不壽。數年來陰功浩大，已名挂天曹，增壽三紀，五子俱榮。後五子登第，俱顯貴。公為左諫議大夫，年八十有二，沐浴別親友，視死如歸，談笑而逝。八孫皆貴。范文正公深信天道，絲毫不疑。詳記其事於策，以示子孫。

349　惠吉類

善用力者就❶力，善用勢❷者就勢，善用智者就智，善用財者就財。

【注　釋】❶就　憑藉；趁著。❷勢　勢力；權勢。

【語　譯】能夠用力氣行善的人則憑藉力氣，能夠用權勢行善的人便行使權勢，能夠用智慧行善的人就發揮才智，能夠用財富行善的人應不吝錢財。

【原　注】陳榕門云：人生最難得者，力也、勢也、智也、財也。此四者用之於正，何善之不可為；用之於邪，何惡之不可作，總要在人善用耳。四就字，有不肯錯用此四者、不肯輕置此四者之意。然人嘗有云：我非不欲為善，只是無勢力財智。愚謂是亦在人耳。有勢力者，以勢力行善；有財智者，以財智行善，固已。即無勢力財智，而以公正之論，行規勸之道，未嘗非善。甚至人微言輕，規勸亦不足取信，不妨存一點是是非非之公心，毋嫉善而暴惡，毋幸災而樂禍，毋口是而心非，毋欺愚而飾智，是亦善也。孟子曰：乃若其情，則可以為善矣。此之謂也。

身世❶多險途，急須尋求安宅❷；光陰同過客，切莫汩沒❸主翁❹。

【注釋】❶身世　一生；終身。❷安宅　猶安居、安所。安定、安靜地生活。《詩・小雅・鴻雁》：「雖則劬勞，其究安宅。」鄭玄箋：「此勸萬民之辭，女（汝）今雖病，終有安宅。」❸汩沒　湮滅；埋沒。唐・杜甫〈寄李十二白二十韻〉詩：「聲名從此大，汩沒一朝伸。」❹主翁　猶主人。與匆匆過客──「時間」相對。文中含有要把握自己，做時間的「主人」，而不要浪費光陰，虛度此生之意。

【語　譯】人生之路多艱險，必須盡快尋求安寧身心之處；光陰如同過客，來去匆匆，千萬不要浪費時光，虛度此生。

【原　注】劉勰云：人之有心，如樹之有根，果之有核也。根撥而樹朽，核蛀而果壞，此一定之理。豈人心既喪，而反獨無所害乎？

呂新吾云：屬纊之時，般般物皆帶不得，惟是帶得此心，卻教壞了，是空身歸去矣，可為萬古一恨。

陳榕門云：心者何？理也。存順沒寧，無非爭這些子。

莫忘祖父積陰功，須知文字無權❶，全憑陰騭；最怕生平壞心術，畢竟主司❷有眼，如見心田❸。

【注　釋】❶無權　不能衡量、比較。權，衡量；比較。《孟子・梁惠王上》：「權，然後知輕重；度，然後知長短。」❷主司　科舉的主試官。❸心田　心思；心意。

【語　譯】不要忘記祖先積下的陰功，要知道考場中文字不能衡量，全憑陰德；最怕平素心術不正，畢竟主考官有眼力，可以看穿心意善惡。

【原　注】若要文章驚世眼，全憑陰騭合天心。

汪龍莊云：余三十九歲領鄉薦，過本房師。曾公言，八月十六日，漏下二十刻，余卷已閱訖，置几右，睫甫交，忽有瓦墜於几，斜壓余卷，厚不盈一指，而苔痕斑剝，急取卷覆校，藏於篋。方就寢，又聞几上有聲，則余卷出篋陳几，而瓦失所在。次早呈薦，兩座主深為擊節。已定元十日，陸耳山師欲傳衣鉢，改置第三。問余有何陰騭，得致此祥？余曰：當是先人蔭耳。嗣晤榜首許春巖，遂同謁兩主考，俱述飛瓦事，交相詫異。內簾深夜，戶牖皆閉，瓦之去來，真不可解。傳其事者，咸謂吾母苦節之報云。又云：余十八歲，初應鄉試，有同號生，呼求換卷；提調鹽驛道趙公，見其卷前後，各書一好字，如杯大。問之。生曰：某卷完熟睡，夢人伸手入簾，曰：汝今科必中。今會於手心手背，各書一好字，不料俱在卷上也。趙公曰：好字，於文為女子。汝自問平日有罪過否？生再三哀籲，貌若甚恐。場中有鬼神，可不懼歟！

天下第一種可敬人，忠臣孝子；天下第一種可憐人，寡婦孤兒。

【語譯】天底下最可敬重的人是忠臣孝子；天底下最應憐憫的人是寡婦孤兒。

孝子百世之宗❶；仁人❷天下之命❸。

【注釋】❶宗 宗師。意思是值得尊敬，堪為師表。❷仁人 有德行的人。《書·泰誓中》：「雖有周親，不如仁人。」❸命 命脈。比喻關係極重大。

【語譯】孝子是百代宗師；仁人是天下命脈。

形若正，不求影之直，而影自直；聲若平❶，不求響之和❷，而響自和；德若崇❸，不求名之遠，而名自遠。

【注釋】❶聲若平　謂聲音如果平正諧和。平，平正；調和。❷響之和　指回音應聲而響。響，回聲。《書・大禹謨》：「惠迪吉，從逆凶，惟影響。」孔傳：「吉凶之報，若影之隨行，響之應聲。」亦泛指聲音。和，以聲響應。❸崇　崇高；高尚。

【語譯】形體如果端正，不去追求影子直正，而影子自會直正；聲音如果平和，不去追求回音響應，回音自然應聲而響；德行如果高尚，不去追求聲名遠揚，聲名自會遠揚。

有陰德者，必有陽報❶；有隱行❷者，必有顯名❸。

【注釋】❶陽報　在人世間得到的報應。與「陰報」（陰間的報應）相對。❷隱行　猶陰德。謂不為人知的美行。《文子・上德》：「君子致其道而德澤流焉。夫有陰德者必有陽報，有隱行者必有昭名。」❸顯名　顯耀的名聲。

【語譯】積有陰德者，必在人世間得到好報；暗中做好事者，必有顯耀的好名聲。

施必有報者，天地之定理，仁人❶述之以勸人；施不望報者，聖賢之盛心❷，君子存❸之以濟世❹。

【注　釋】❶仁人　有德行的人。《書・泰誓中》：「雖有周親，不如仁人。」❷盛心　深厚美好的情意。隋・王通《中說・述史》：「子慨然嘆曰：『通也，敢忘大皇昭烈之懿識，孔明公瑾之盛心哉！』」❸存　留意；嚮往。文中亦有「遵循」之意。❹濟世　救世；濟助世人。《後漢書・盧植傳》：「性剛毅有大節，常懷濟世志。」

【語　譯】施恩於人必有所報，是天地間恆定不變的道理，有德行者著書立說，以此勸導世人；施恩於人不求回報，是聖賢深厚美好的情意，君子嚮往並遵循這種精神，以此濟助世人。

【原　注】先哲云：天道福善禍淫，理固不爽。然善者獲福，吾非為福而修善；淫者獲禍，吾非為禍而改淫；雖善獲禍，而淫獲福，吾寧善而處禍，不肯淫而要福。君子但盡吾性分之所當為者而已，不言禍福利害；其言禍福利害者，為世教發也。

面前的理路要放得寬❶，使人無不平之嘆❷；身後❸的惠澤要流得遠，令人有不匱之思❹。

【注　釋】❶面前的理路要放得寬　意思是現在為人行事要寬厚。面前，眼前；現在。理路，道理；思路。文中有為人、行事之意。寬，度量寬宏；寬厚。❷不平之嘆　因不公平、不公正的人或事而嘆息、抱怨。

不平，不均平；不公正。也指不公正的人或事。❸身後　「死後」的委婉表達。❹不匱之思　謂綿綿無盡的思念。不匱，不竭；不缺乏。

【語　譯】現在為人行事要寬宏厚道，使別人沒有因不公平而嘆息；身後留下的恩惠要深厚綿長，令他人有無盡的思念。

【原　注】熊勉庵云：做官想到去之日，做人想到死之日，便當留一二好事與人間。縱不能留好事，決不當再留不好事也。

不可不存時時可死之心，不可不行步步求生之事。

【語　譯】不能不存隨時會死的心理準備，不能不做步步求生的行善之事。

【原　注】存時時可死心，則身輕而道念自生；行步步求生事，則性善而孽緣不染。

作惡事，須防鬼神知；幹好事，莫怕旁人笑。

【語　譯】做壞事時，要提防鬼神知道；做好事時，不要怕別人笑話。

【原　注】善心真切，則不怕人笑矣。

吾本薄福人，宜行惜福❶事；吾本薄德人，宜行積德事。

【注釋】❶惜福　珍惜福分。

【語譯】我本是福分微薄的人，應當多做珍惜福分的事情；我本是德行不足的人，應該多做積累德行的事情。

薄福者必刻薄，刻薄則福愈薄矣；厚福者必寬厚，寬厚則福益厚矣。

【語譯】福分少的人必定刻薄，愈刻薄則福分愈少；福分多的人必定寬厚，愈寬厚則福分愈多。

【原注】張揚園云：土薄則易崩，器薄則易壞，酒醴厚則能久藏，布帛厚則堪久服。存心厚薄，固壽夭禍福之所由分也，人其自察於用心之際哉。

有工夫❶讀書謂之福，有力量濟人謂之福，有著述行世❷謂之福，有聰明渾厚之質❸謂之福，無是非到耳❹謂之福，無疾病纏身謂之福，無塵俗攖心❺謂之福，無兵凶荒歉之歲❻謂之福。

【注釋】❶工夫　做事所費的時間和精力。晉・葛洪《抱朴子・遐覽》：「藝文不貴，徒消工夫。」❷行世　流行於世；問世。❸聰明渾厚之質　聰明敦厚的資質。渾厚，淳樸；敦厚。資質，天資；稟賦。❹是非到耳　聽到與自己或家人有關的各種傳聞。即有糾紛或有麻煩之意。❺塵俗攖心　世俗的事情煩擾心神。塵俗，世俗。指日常的禮法習慣。攖心，擾亂心神。攖，纏繞；擾亂。❻兵凶荒歉之歲　謂戰亂災荒的年代。兵凶，戰亂的禍患。荒歉，荒年歉收。

【語譯】有時間和精力讀書，叫做福。有力量幫助別人，叫做福；有著述刊行於世，叫做福；有聰明敦厚的資質，叫做福；沒有糾紛麻煩，叫做福；沒有疾病纏身，叫做福；沒有世俗之事擾亂心神，叫做福；不遇戰亂災荒的年代，叫做福。

從熱鬧場❶中，出幾句清冷言語❷，便掃除無限殺機❸；向寒微路❹上，用一點赤熱心腸❺，自培植許多生意❻。

【注釋】❶熱鬧場　熱鬧的場所。文中指有是非紛爭的複雜場合。❷清冷言語　指冷靜理智的話語。❸殺機　欲加殺害之心；殺伐的念頭。❹寒微路上　言處於貧賤困苦的狀況中。寒微，出身貧賤；家世低微。❺赤熱心腸　赤誠熱情的心地。心腸，情感；心地。❻生意　生機；生命力。

【語　譯】在是非紛爭糾纏的複雜場合說幾句清醒理智的話語，就會化解消除無數欲加傷害、殺戮之心；以一片赤誠熱情的心腸對待身處貧賤困苦的人，自然培植起許多信心和生命力。

入瑤樹瓊林❶中皆寶，有謙德❷仁心者為祥。

【注　釋】❶瑤樹瓊林　美玉珍寶之林。比喻仙境或寶庫。瑤樹，傳說中一種玉白色的樹。《淮南子・墬形訓》：「掘崑崙以下地……絳樹在其南，碧樹、瑤樹在其北。」瑤，似玉的美石。亦泛指美玉。瓊林，瓊樹之林。古人常以形容佛國、仙境的瑰麗景象。瓊，美玉。❷謙德　謙虛、謙和的美德。

【語　譯】進入仙山佛國中，一切都是珍寶；具備謙和仁德心靈的人則有吉祥。

談經濟外，寧談藝術❶，可以給用❷；談日用外，寧談山水❸，可以息機❹；談心性❺外，寧談因果❻，可以勸善。

【注　釋】❶談經濟外二句　謂談論經世濟民的大道理外，豈能不談書、數、御、射、醫、方、卜、筮等技藝。經濟，經世濟民。亦指治國濟民的才幹。寧，豈不；難道不。藝術，泛指六藝以及術數方技等各種技術、技能。《後漢書・伏湛傳》：「永和元年，詔無忌與議郎黃景校訂中書五經、諸子百家、藝術。」李賢注：「藝謂書、數、射、御，術為醫、方、卜、筮。」❷給用　供給備用。給，供給；供養。❸山水山與水。文中指大自然。聯係上下文，有既要關注經邦治國、百姓日用的大事，又要超然瑣事之外，與自然一體，消除機巧功利之心。❹息機　息滅機心。《楞嚴經》卷六：「息機歸寂然，諸幻成無性。」機，指「機巧」、「機心」，即詭詐、機巧功利之心。用作貶義詞。❺心性　中國古典哲學範疇，指「心」和「性」。戰國時孟子有「盡心知性」說。後佛教各宗盛談心性，禪宗認為心即是性，倡明心見性，頓悟出佛。宋儒亦喜談心性，但各家的解說不一。程頤、朱熹等以為「性」即「天理」，故「心」、「性」有別。陸九淵則主張「心即理也」，因而「心」、「性」無別。❻因果　佛教語。謂因緣與果報。善有善報，惡有惡報。即「因果報應」。

【語　譯】談論經世濟民的大道理外，豈能不談書、數、御、射、醫、方、卜、筮等技藝，以便於日常生活應用，大道就在小事中；談論日用瑣事外，還要超然物外，談山論水，與自然一體，這樣可以消除詭詐機巧的功利之心；論說天理人心外，還應當談因果報應，這樣可以勸人為善。

藝花❶可以邀蝶❷，纍石❸可以邀雲，栽松可以邀風，植柳可以邀蟬，貯水可以邀萍，種蕉可以邀雨，藏書可以邀友，積德可以邀天❹。

【注　釋】❶藝花　種花。藝，種植。《詩・唐風・鴇羽》：「王事靡盬，不能藝稷黍。」❷邀蝶　邀請蝴蝶。邀，招；邀請。案：本節數句含有人與自然一體的意蘊，所以栽花纍石等等可以邀蝶、邀雲、邀風、邀雨等等。❸纍石　纍石造假山。纍，堆積。❹邀天　謂上達於天。邀，用同「邀說」（向上陳述）。含有美德上達於天之意。

【語　譯】種花可以邀蝶，蝶飛花叢；纍石可以邀雲，雲繞山巒；栽松可以邀風，松濤陣陣；植柳可以邀蟬，蟬鳴聲聲；貯水可以邀萍，萍蹤無跡；種蕉可以邀雨，雨打芭蕉；藏書可以邀友，談笑風生；積德可以邀天，神明洞察。

作德日休❶，是謂福地❷；居易俟命❸，是謂洞天❹。

【注　釋】❶休　美。❷福地　指神仙居住之處。道教有七十二福地之說。亦以稱道觀寺院或幸福安樂的地方。案：道教常將神仙及道士所居的十大洞天、三十六小洞天、七十二福地合稱為「洞天福地」或「福地洞天」。後常泛指風景勝地。❸居易俟命　謂順其自然，聽天由命。居易，猶平安、平易。《禮記・中庸》：「上不怨天，下不尤人，故君子居易以俟命，小人行險以徼幸。」鄭玄注：「易，猶平安也。」俟命，聽天由命。俟，等待。❹洞天　道教稱神仙的居處，意謂洞中別有天地。後亦泛指風景勝地。

【語　譯】修養德行，日臻美善，這就稱得上幸福安樂之地；平安寧靜，順其自然，這就稱得上神仙居住之處。

心地上無波濤❶，隨在❷皆風恬浪靜❸；性天❹中有化育❺，觸處❻見魚躍鳶飛❼。

【注　釋】❶心地上無波濤　指心中沒有雜念，不胡思亂想。心地，佛教語。指心。即思想、意念等。佛教認為三界唯心，心如滋生萬物的大地，能隨緣生一切諸法，故稱。語本《心地觀經》卷八：「眾生之心，猶如大地，五穀五果從大地生……以是因緣，三界唯心，心名為地。」❷隨在　猶到處、處處。❸風恬浪靜　即風平浪靜。文中指沒有世俗的各種爭執、煩憂、痛苦等。恬，平靜。❹性天　猶天性。謂人得之於自然的本性。語本《禮記・中庸》：「天命之謂性。」❺化育　化生長育。《禮記・中庸》：「能盡物之性，則可以贊天地之化育；可以贊天地之化育，則可以與天地參矣。」❻觸處　到處；隨處。極言其多。❼魚躍鳶飛　語出《詩・大雅・旱麓》：「鳶飛戾天，魚躍於淵。」孔穎達疏：「〔毛傳〕以為大王、王季德教明察，著於上下。其上則鳶鳥得飛至於天以遊翔，其下則魚皆跳躍於淵中而喜樂。」後因以「魚躍鳶飛」謂世間生物任性而動，自得其樂。

【語　譯】心中沒有任何雜念，所到之處都寧靜安詳，沒有煩惱；天性中有化生長育，隨處可見萬物任性而動，自得其樂。

貧賤憂戚，是我分內事❶，當動心忍性❷，靜以俟之，更行一切善以幹轉❸之；富貴福澤，是我分外事，當保泰持盈❹，慎以守之，更造一切福以凝承❺之。

【注　釋】❶貧賤憂戚二句　意思是貧賤憂戚是我命中注定，躲不開，故而是「分內事」。與下句富貴福澤（是天賜的，所以）是「分外事」相對。憂戚，亦作「憂慼」。憂愁煩惱。戚，憂傷。❷動心忍性　語出《孟子・告子下》：「所以動心忍性，曾益其所不能。」趙岐注：「所以動驚其心，堅忍其性，使不違仁。」後多指不顧外界阻力，堅持下去。動心，謂思想、感情引起波動。忍性，堅忍其性；使其性堅忍。❸斡轉　運轉。斡，旋轉；運轉。文中有改變、轉變之意。❹保泰持盈　指保持安定興盛的局面。泰，通達；安寧。❺凝承　安詳寧靜地承受；恆久地承續。

【語　譯】貧賤憂愁是我分內的事，應當不懼艱難困苦，堅持下去，靜心等待，更要努力去做一切善事以轉變這種狀況；富貴榮華是我分外的事，應當謹慎愛惜守護，以便保持安定興盛，更要在各方面積德造福，使福澤能夠承續久遠。

【原　注】若不乘此時造福，更要使性氣，縱喜怒，有些子事便不耐煩，非但自尋苦惱，不旋踵而一敗塗地矣。

世網那時跳出❶，先當忍性耐心，自安義命❷，即網羅中之安樂窩❸也；塵務豈能盡捐❹，惟不起爐作竈❺，自取糾纏❻，即火坑中之清涼散❼也。

【注　釋】❶世網那時跳出　意思是世俗的網羅不知何時能夠跳出來。世網，世俗的網羅。❷自安義命謂心甘情願聽從天命。自安，自安其心；自己心甘情願。義命，正道；天命。北宋・曾鞏〈答王深甫論揚雄書〉：「又謂雄非有求於莽，特於義命有所未盡。」❸安樂窩　北宋・邵雍自號安樂先生，隱居蘇門山，名其居為「安樂窩」。後遷居洛陽天津橋南，仍用此名。曾作〈無名公傳〉自況：「所寢之室謂之安樂窩，不求過美，惟求冬暖夏涼。」又作〈安樂窩中四長吟〉：「安樂窩中快活人，閑來四物幸相親：一編詩逸收花月，一部書嚴驚鬼神，一炷香清沖宇泰，一樽酒美湛天真。」後泛指安靜舒適的住所。文中主要指心靈的安寧舒適。❹塵務豈能盡捐　謂世俗的事務哪能全部拋開。塵務，世俗的事務。捐，放棄；捨棄。《說文・手部》：「捐，棄也。」❺起爐作竈　拆除爐子建灶頭。比喻多事，自找麻煩。起，挖出；拆除。❻自取糾纏　自尋煩惱；自找麻煩。自取，自己招致。❼清涼散　去火清熱，使人涼爽的藥。文中比喻可以消除煩擾，使人清淨的方法。清涼，清淨；不煩擾。《百喻經・煮黑石蜜漿喻》：「而望清涼寂靜之道，終無是處。」散，粉末狀藥物。

【語　譯】世俗的網羅不知何時能夠跳出來，首先應當堅忍性情，安心順從天命，這就是置身羅網而感到寧靜舒適的安樂窩；世間的雜務哪能全部拋開，惟有不做起爐作灶、自找麻煩的事，這就是身處火坑而能夠消除煩擾的清涼劑。

熱不可除，而熱惱❶可除，秋在清涼臺❷上；窮不可遣❸，而窮愁❹可遣，春生安樂窩中。

【注　釋】❶熱惱　因炎熱而產生的煩惱。❷清涼臺　清靜涼爽的地方。文中指清淨安寧、沒有煩擾的心靈。即心靜自然涼之意。❸遣　排遣；消除。❹窮愁　窮困愁苦；因窮困而憂愁。

【語　譯】炎熱的天氣無法去除，但炎熱引起的煩惱可以化解，秋意就在清淨無憂的胸懷間；貧窮困頓難以排遣，但貧窮導致的憂愁可以消除，春意生發於安寧閒適的心靈中。

【原　注】困苦而憂，憂更苦；處貧而樂，樂忘貧。

富貴貧賤，總難稱意❶，知足❷即為稱意；山水花竹，無恆主人❸，得閑❹便是主人。

【注　釋】❶稱意　合乎心意。❷知足　自知滿足，不作過分的企求。❸無恆主人　沒有恆久不變的主人。❹得閑　亦作「得閒」。有閒暇；有空。

【語　譯】富貴貧賤，總是難以稱心如意，知足便能稱心如意；山水花竹，沒有永久不變的主人，有閒暇觀賞便是主人。

要足何時足？知足便足；求閑不得閑，偷閑❶即閑。

【注　釋】❶偷閑　擠出空閒的時間。偷，抽出；擠出。多指時間、地方。

【語　譯】人人希望滿足，何時才能得到滿足？能夠知足便是滿足；個個企求閒暇，卻總是得不到空閒，能夠忙中偷閒就是閒暇。

知足常足，終身不辱；知止常止，終身不恥❶。

【注　釋】❶知足常足四句　句本《老子》第四十四章：「知足不辱，知止不殆，可以長久。」辱，恥辱；受恥辱。知止，謂懂得適可而止，知足。

【語　譯】自知滿足，不過分企求，就經常會感到滿足，這樣，一輩子都不會遭到羞辱；懂得適可而止，常常就能在適當的時候止步，這樣，一輩子都不會蒙受恥辱。

【原　注】杜靜台書齋對聯：無求勝在三公上，知足常如萬斛餘。名言可佩。

急行緩行，前程總有許多路；逆取❶順取❷，命中只有這般財。

【注　釋】❶逆取　用違背法律、道義的方法取得某物。《史記・酈生陸賈列傳》：「且湯、武逆取而順守之。」❷順取　順著事理或情勢而獲取。

【語　譯】無論是急急走還是慢慢行，前程總有漫長的路；無論是逆著取還是順著拿，命中的錢財就只有這些。

【原　注】順者遲收之，逆者捷得之，畢竟禍福若霄壤焉。人宜何從哉？

可為熱衷人，下一服清涼散。

理欲交爭，肺腑成為吳越❶；物我一體，參商終是弟兄❷。

【注　釋】❶理欲交爭二句　意思是天理與人欲交相爭鬥，極親近的人也會變成仇敵。案：「天理」、「人欲」以及二者的關係是中國哲學的古老命題。《禮記・樂記》謂：「夫物之感人無窮，而人之好惡無節，則是物至而人化物也；人化物也者，滅天理而窮人欲者也。」宋明時期的理學家對此探討最多。由於欲望的力量常常遠強於道義、倫理的約束力，所以，作者認為天理、人欲爭鬥不已，親人也會反目成仇。肺腑，亦作「肺腹」。泛指人體的內臟。文中比喻極親近的人。吳越，春秋時吳國與越國的並稱。因兩國時相攻伐，積怨殊深，故比喻仇敵。金・董解元《西廂記諸宮調》卷四：「當初指望做夫妻，誰知變成仇敵。」

❷物我一體二句　謂胸懷博愛，外物與己一體，水火不容的仇敵終究會化作兄弟。物我一體，中國古代哲學命題。謂外物與己身融而為一。物，外在的客體；外物。參商，參星與商星。《左傳・昭公元年》載：古代高辛氏有二子，長子閼伯，次子實沉。兄弟不睦，「日尋干戈，以相征討」。高辛氏不得不「遷閼伯於（東方）商丘，主辰，商人是因，故辰為商星。遷實沉於（西方）大夏，主參，唐人是因」。由此，參星在西，商星在東，此出彼沒，永不相見。後因以比喻彼此對立，不和睦。

【語　譯】天理與人欲交相爭鬥，極親近的人也會反目為仇；胸懷博愛，外物與己一體，水火不容的仇敵終究會化作兄弟。

以積貨財之心積學問，以求功名之心求道德，以愛妻子之心愛父母，以保爵位之心保國家。

【語　譯】用聚斂財貨的心思積累學問，用求取功名的心理追求道德，以摯愛妻兒的心情去愛父母，用保全祿位的心念保衛國家。

移作無益之費以作有益，則事舉❶；移樂宴樂❷之時以樂講習❸，則智長；移信異端❹之意以信聖賢，則道明❺；移好財色之心以好仁義，則德立；移計❻利害之私以計是非，則義精❼；移養小人之祿以養君子，則國治；移禦私敵之勇以禦公侮❽，則兵足；移保身家之念以保百姓，則民安。

【注　釋】❶事舉　做事成功；把事情辦好。舉，成就；成功。❷樂宴樂　喜好宴飲聲色。樂，喜歡；喜愛。宴樂，宴飲聲色。❸講習　講議研習。《易・兌》：「象曰：『麗澤兌，君子以朋友講習。』」孔穎達疏：「朋友聚居，講習道義，相說之盛，莫過於此也。」❹異端　舊時稱不符合儒家正統思想的學說、學派為異端。《論語・為政》：「子曰：『攻乎異端，斯害也已。』」❺道明　政治清明。西漢・王褒〈四子講德論〉：「夫世衰道微，偽臣虛稱者，殆也。世平道明，臣子不宣者，鄙也。」❻計　考慮；謀劃。❼義精　義理精粹。❽公侮　指國家、社會所遭受或面臨的外患、欺侮。

【語　譯】把用作無益之事的費用，移做有益的事情，則事功圓滿；把沉溺於宴飲聲色的時光，用以追求學問，則智慧增長；將信奉異端的意念移來尊崇聖賢，則政治清明；把迷戀金錢女色的心情轉向崇尚仁義，則道德高尚；把斤斤計較利害的私心換作計較是非公正，則義理精粹；把供給小人的俸祿用來供養君子，則國家得以治理；把與私敵拼鬥的勇氣用作抵抗入侵國家的外患、欺侮民眾的公敵，則兵力充足；把保護身家性命的念頭轉而保護百姓，則人民安居樂業。

【原　注】凡此八移，即《易》所謂見善則遷，有過則改者也。遷改者，移之謂也。

做大官底，是一樣家數❶；做好人底，是一樣家數。

【注　釋】❶家數　一脈相承的規矩、準則、章法。文中指做官有做官的基本準則，做好人有做好人的基本原則。

【語　譯】做大官，有做大官的基本準則；做好人，有做好人的基本原則。

【原　注】陳榕門云：從好人做出大官事業，做大官不失好人本色。此為最上家數。

潛居❶儘可以為善，何必顯宦❷，躬行孝弟❸，志在聖賢❹，纂輯先哲格言，刊刻廣布，行見化行一時❺，澤流後世，事業之不朽，蔑以加焉❻；貧賤儘可以積福，何必富貴，存平等心，行方便事❼，效法前人懿行❽，訓俗型方❾，自然誼敦宗族❿，德被鄉鄰⓫，利濟⓬之無窮，孰大於是⓭？

【注　釋】❶潛居　隱居。文中有鄉居、家居的意思。❷何必顯宦　謂不必有顯赫的官位。顯宦，顯赫的官職；高官。❸躬行孝弟　謂切實做到孝順父母，友愛兄弟。躬行，親身實行。孝弟，亦作「孝悌」。孝順父母，敬愛兄長。《論語．學而》：「其為人也孝弟，而好犯上者鮮矣。」弟，通「悌」。舊時兄弟間的道德規範。要求弟敬兄，兄愛弟。❹志在聖賢　謂有志於聖賢之學。志，嚮慕；有志於。❺行見化行一時　意思是（刊刻聖賢書等）事情教化施行於一時。化行，教化施行。❻蔑以加焉　無以復加。蔑，無；沒有。❼方便事　予人以便利的事；幫助別人的事。方便，給予便利或幫助。❽懿行　善行。懿，美；美德。❾訓俗型方　意思是以典範教育他人。簡稱「訓型」。訓俗，教化民眾，型方，猶典範、楷模。❿誼敦宗族　謂以情誼聯絡和睦親族。誼，情誼。敦，親密；和睦。⓫德被鄉鄰　謂德澤遍及鄉鄰。被，覆蓋；延及；遍布。⓬利濟　救濟；施恩澤。⓭孰大於是　還有什麼比這更大呢。

【語　譯】鄉居在家完全可以行善，不必要有顯赫的官位，切實力行孝順父母、友愛兄弟，有志於聖賢的學問事業，編撰敘述聖哲先賢的格言，刊刻出版，廣泛傳布，教化施行於一時，惠澤則流芳百世，如此不朽的事業，無以復加；身處貧困亦可以積福，不必等到飛黃騰達的時候，保持平等待人的心靈，做予人便利的事情，效法前人的美善行為，以聖賢典範教化民眾，自然能以情誼聯絡和睦親族，德澤遍及鄉鄰，還有什麼比這些更大的呢？

一時勸人以口，百世勸人以書。

【語　譯】一時一事勸導他人是用言語，百世千年教化民眾是用書籍。

【原　注】張夢復云：人能處心積慮，一言一動，常思益人而痛戒損人，必為天地之所佑，鬼神之所服，而享有多福矣。

先哲云：流通善書，貽澤最遠。人誠能重刊不朽，廣布無窮，則一句善書，提醒了一點善心，成就了百世善人，非但轉禍為福，直如起死回生。乃好為阻施者，動曰不中用，甚且目之為迂，笑以為腐。噫！是絕善類也，是滅善教也。若人盡效尤，則善書幾淪沒，而永絕於天下後世，又何異於焚書坑儒矣乎？言念及此，哭盡眼中血矣。

汪龍莊云：余十六歲時，偶檢先人遺篋，得《太上感應篇注》，讀之覺凜凜，自此晨起必虔誦一過，終身不敢放縱，實得力於此。

靜以修身，儉以養德；入則篤行❶，出則友賢❷。

【注　釋】❶入則篤行　意思是在家行為端正嚴謹。篤行，行為淳厚、純正踏實。❷出則友賢　謂在外則與朋友親近和睦。友，親近和睦。

【語　譯】寧靜以修養身心，勤儉以培育品德；在家行為端正嚴謹，在外則親近和睦朋友。

讀書者不賤，守田❶者不饑，積德者不傾❷，擇交❸者不敗。

【注　釋】❶守田　管理田地；耕作。守，看管；管理。❷不傾　不會行為不正。傾，指行為不正。南宋・葉適〈宋鄒卿墓志銘〉：「淳心之成，其行不傾，以不膠乎死生。」亦有傾覆、衰敗之意。❸擇交　選擇朋友。即交友謹慎。

【語　譯】讀書的人品格不會低下，辛勤耕耘的人不會有飢餓，積德行善的人行為正直，謹慎交友的人不會失敗。

【原　注】人宜常將此四語律身訓子。

明鏡止水以澄心❶，泰山喬嶽以立身❷，青天白日以應事❸，霽月光風以待人❹。

【注　釋】❶明鏡止水以澄心　謂心境情感如同明鏡、止水般清澈安寧。即沒有功名利祿等會引起心境不寧的各種貪欲奢望。止水，靜止的水。澄心，使心情清淨。❷泰山喬嶽以立身　意思是立身處世如同泰山、喬嶽般巍峨高大。喬嶽，亦作「喬岳」。高大的山岳。本指泰山，後成泛稱。《詩・周頌・時邁》：「懷柔百神，及河喬嶽。」立身，處世；為人。❸青天白日以應事　謂處理事務如同青天白日般光明正大。青天白日，青天和白日。比喻正大光明。應事，處理事務；應付人事。《列子・說符》：「投隙抵時，應事無方，屬乎智。」❹霽月光風以待人　意思是待人接物如同霽月光風般明淨和藹。霽月光風，亦作「光風霽月」。指雨過天晴時的明淨景象。用以比喻人品高潔，胸襟開闊。霽月，明月。光風，雨止日出時的和風。《楚辭・招魂》：「光風轉蕙，氾崇蘭些。」王逸注：「光風，謂雨已日出而風，草木有光也。」

【語　譯】心境情感如同明鏡止水般清澈安寧，立身處世如同泰山喬嶽般巍峨莊嚴，處理事務如同青天白日般光明正大，待人接物如同霽月光風般明淨和藹。

省費醫貧，恬退❶醫躁，獨臥醫淫，隨緣❷醫愁，讀書醫俗。

【注　釋】❶恬退　淡於名利；安於退讓。❷隨緣　順應機緣；任其自然。

【語　譯】節約費用可以醫治貧困，恬淡退讓可以醫治浮躁，獨自睡眠可以克制欲念，順應機緣、任其自然可以醫治憂愁，讀書問道可以醫治庸俗。

【原　注】此之謂國手。

以鮮花視美色❶，則孽障❷自消；以流水聽弦歌❸，則性靈❹何害。

【注　釋】❶美色　美女。❷孽障　罪惡；禍根。文中指因迷戀美色而種下的禍根。❸弦歌　依琴瑟而詠歌。文中泛指音樂歌舞。❹性靈　內心世界。泛指精神、思想、情感等。《晉書・樂志上》：「夫性靈之表，不知所以發於詠歌；感動之端，不知所以關於手足。」

【語　譯】以觀賞鮮花的心情來看美色，知其不能耐久，則孽障自然消除；以聽流水叮咚的心情而聽弦歌，知其一去不返，則對性靈毫無傷害。

【原　注】鮮花可愛，過目不留。

流水可聽，過耳不戀。

養德宜操琴❶，煉智宜彈棋❷，遣情❸宜賦詩，輔氣❹宜酌酒，解事❺宜讀史，得意宜臨書❻，靜坐宜焚香，醒睡宜嚼茗❼，體物❽宜展畫，適境宜按歌❾，閱候❿宜灌花，保形宜課藥⓫，隱心宜調鶴⓬，孤況宜聞蛩⓭，涉趣⑭宜觀魚，忘機⑮宜飼雀，幽尋宜藉草⑯，淡味宜掬泉⑰，逸興宜投壺⑱，結想宜欹枕⑲，息緣⑳宜閉戶，探景宜攜囊，爽致宜臨風㉑，愁懷宜佇月㉒，倦遊㉓宜聽雨，元悟㉔宜對雪，辟寒宜映日㉕，空累㉖宜看雲，談道㉗宜訪友，福後宜積德。

【注釋】❶操琴　彈琴；彈奏。❷彈棋　亦作「彈棊」「彈碁」。古代博戲之一。《後漢書・梁冀傳》：「〔梁冀〕性嗜酒，能挽滿、彈棊、格五、六博、蹴踘、意錢之戲。」李賢注引《藝經》曰：「彈棊，兩人對局，白黑棊各六枚，先列棊相當，更先彈之。其局以石為之。」至魏改用十六棊，唐又增為二十四棊。後亦稱弈棋為彈棋。❸遣情　排遣情思。北齊・劉晝《新論・去情》：「是以聖人棄智以全真，遣情以接物。」句含此意。❹輔氣　調養氣性。輔，輔佐；幫助。❺解事　通曉事理。解，通曉；理解。❻臨書　臨摹前人書法。❼嚼茗　咀嚼茶葉。案：茶葉中含有使人清醒的物質，故可用以醒酒、醒睡。❽體物　描述事物；摹狀事物。晉・陸機《文賦》：「詩緣情而綺靡，賦體物而瀏亮。」體，體現；摹狀。❾適境宜按歌　謂順應情境應按樂而歌。適境，順應情境；適應環境。按歌，依樂而歌。按，依照；依據。❿閱候　觀察節候。候，古代計時單位，五天為一候。引申為時令、節候。⓫保形宜課藥　保養身體應當研究藥物。形，形體；身體。課，致力於；從事。⓬隱心宜調鶴　謂隱居應當馴養白鶴。案：鶴在古人心目中有美麗、清雅、孤傲、高潔等意，故以之喻。隱心，隱居之意。唐・祖詠〈蘇氏別業〉詩：「別業居幽處，到來生隱心。」調鶴，馴養白鶴。調，馴養；訓練。⓭孤況宜聞蛩　謂獨自一人時細聽蟋蟀吟唱。蛩，蟋蟀。⓮涉趣　謂有意趣的。多指景色。唐・張說〈別灉湖〉詩：「涉趣皆留賞，無奇不遍尋。」⓯忘機　消除機巧之心。常用於指甘於淡泊，與世無事。⑯幽尋宜藉草　謂尋找幽靜的地方應向草木繁茂處。幽尋，即尋幽。⑰淡味宜掬泉　謂滋味清淡宜飲山泉。淡味，滋味清淡。文中比喻淡泊於世俗名利。掬泉，雙手捧起泉水喝。有隱居山間之意。⑱逸興宜投壺　謂意興豪放時應當投壺。逸興，超逸豪放的意興。投壺，古代宴會禮制，亦為娛樂活動。賓主依次用矢投向盛酒的壺口，以投中多少決勝負，負者飲酒。《左傳》中已有記載。⑲結想宜欹枕　謂浮想聯翩、思念不已時應當斜倚於枕上。結想，浮想聯翩；反復思念。欹，通「倚」。斜倚；斜靠。⑳息緣　滅絕塵緣。息，滅絕；消失。緣，佛教語「塵緣」的簡稱。指心識所緣色、香、味、聲、觸、法六塵之境。㉑爽致宜臨風　謂意氣風發時應當風而立。爽，豪爽；舒暢。臨風，迎風；當風。㉒愁懷宜佇月　謂滿懷憂傷時應佇立月下。愁懷，憂傷的心懷。佇月，月夜久久站立。佇，久立。㉓倦遊　厭倦遊宦生活；厭倦於行旅生涯。倦，厭煩。㉔元悟　大徹大悟。元，第一；居首位的。㉕映日　映照著陽光。㉖空累　窮困勞累。空，窮困；貧乏。㉗談道　談說義理。

【語　譯】養育德性應當操琴，鍛煉智慧應當彈棋，排遣情思應當賦詩，調養氣性應當酌酒，通曉事理應當讀史，意氣風發時應當臨摹書法，靜坐沉思時應當凝神焚香，倦怠困乏時應當嚼茗，描述事物時應當作畫，順應情境應依樂而歌，觀察節候應察看花時，保養身體應研究藥物，隱居俗世時應當養鶴，一人獨處時靜聽蟋蟀吟唱，感受意趣活潑應當觀魚，消除機巧之心應當飼雀，尋求幽靜向草木深處，淡泊世俗宜飲山泉，意興豪放時應當投壺，浮想聯翩時斜倚枕上，滅絕塵緣時關閉門戶，郊遊訪景時攜囊儲詩，意氣風發時臨風高歌，愁緒滿懷時佇立月下，倦遊思歸時細聽雨聲，大徹大悟後世事如白雪，躲避嚴寒時站在陽光下，窮困勞累時觀看浮雲自在，談說義理時應當訪友，得福之後須謹慎，應當積德。

悖凶類

富貴家不肯從寬❶，必遭橫禍❷；聰明人不肯學厚❸，必夭天年❹。

【注　釋】❶從寬　指寬宏大量、寬厚待人。❷橫禍　意外的災禍。橫，意外；突然。❸學厚　學會厚道。❹天年　自然的壽數。《莊子・山木》：「此木以不材得終其天年。」

【語　譯】富貴人家如果不願寬宏大量，必然遭遇意外的禍害；聰明人如果不能學會厚道，必然短壽夭折。

倚勢欺人，勢盡而為人欺；恃財侮人，財散而受人侮。

【語　譯】依仗權勢欺負別人，權勢消失後便會受人欺負；憑藉財富輕侮別人，錢財散盡後就會受人欺侮。

暗裡算人❶者，算的是自家兒孫；空中造謗❷者，造的是本身罪孽。

【注　釋】❶算人　算計別人。算，指暗害、謀害。❷空中造謗　謂無中生有地毀謗。造謗，誹謗；無中生有地毀人名譽、說人壞話。《史記・李斯列傳》：「入則心非，出則巷議，非主以為名，異趣以為高，率群下以造謗。」

【語　譯】暗地裡算計別人的人，最終謀害的是自己子孫；無中生有地造謠毀謗別人，最終給自己製造罪孽。

【原　注】天道好還，不爽一線，未有不反中其身者。世間奸險之徒，縱不為他人謀，獨不為自己慮乎？古詩云：於今看破循環理，笑倚欄杆暗點頭。

飽肥甘❶，衣輕煖❷，不知節者損福；廣積聚，驕富貴❸，不知止❹者殺身。

【注　釋】❶肥甘　指肥美好吃的食品。常與「輕煖」連用，作「肥甘輕煖」。語出《孟子・梁惠王上》：「為肥甘不足於口歟？輕煖不足於體歟？」後因以指生活優裕。❷輕煖　亦作「輕暖」。指輕軟而暖和的衣服。❸驕富貴　因富貴而驕矜狂妄。❹止　停止；節制。

【語　譯】飽食珍饈美味，身穿華麗衣服，不懂得節儉的人將損害福分；廣泛聚斂錢財，富貴而驕矜狂妄，不懂得適可而止的人，會招致殺身之禍。

【原　注】天道忌盈，滿則必覆。此理之一定者。

王允昌家訓云：凡非分之富貴，能於此看得破，遠之，避之，自是天地間一好人，雖貧賤以死，光榮多矣。若念頭一錯，必將攘臂，何所不為，無論為千古笑罵，往往奇禍隨之。吾願子孫以此為戒。

文藝自多❶，浮薄❷之心也；富貴自雄❸，卑陋之見❹也。

【注　釋】❶文藝自多　謂以學問、才能自誇。文藝，指撰述和寫作方面的學問。《大戴禮記・文王官人》：「有隱於知理者，有隱於文藝者。」亦指文學創作。自多，自滿；自誇。《韓非子・說難》：「彼自多其力，則毋以其難概之也。」❷浮薄　輕薄；不樸實。《後漢書・公孫瓚傳》：「〔袁紹〕性本淫亂，情行浮薄。」❸自雄　自豪；自以為了不起。❹卑陋之見　平庸淺陋的見識。卑陋，平庸淺陋；卑鄙。

【語　譯】以學問、才能自誇，其內心淺薄輕浮；以富貴奢華自傲，其見識平庸淺陋。

【原　注】此二人者，皆可憐也，而雄富貴者，尤鄙。

滿面富貴氣，此是市井小兒，不堪入有道門墻。

位尊身危，財多命殆❶。

【注釋】❶殆　危亡；危險。

【語譯】居高位者有身家之危，多財富者有性命之險。

【原注】田靜持云：位高未必危人，而禍常加之；家富未必樹怨，而怨常集之者，知進而不知退，知得而不知廉也。故處世宜知退，律身須知廉。

張夢復云：人生適意之事有三：曰貴，曰富，曰多子孫。然是三者，善處之則為福，不善處之，則反足為累。至為累，而求所謂福者，不可見矣。何則？高位者，責備之地，忌嫉之門，怨尤之府，利害之關，憂患之窟，勞苦之藪，謗訕之的，攻擊之場。古之智人，往往望而卻步，況有榮則必有辱，有得則必有失，有進則必有退，有親則必有疏。若但計卬山之得，而不容銖兩之失，天下安有此理？但己身無大譴過，而外來者平淡視之，此處貴之道也。前人以貨財為五家公共之物：一曰國家，二曰官吏，三曰水火，四曰盜賊，五曰不肖子孫。夫人厚積，則必經營布置，生息防守，其勞不可勝言；則必親戚之請求，貧窮之怨望，僮僕之奸騙。大而盜賊之劫取，小而穿窬之鼠竊；經商之虧折，行路之失脫，田禾之災傷，攘奪之爭訟，子弟之浪費，種種之苦，貧者不知，惟富厚者兼而有之。人能知富之為累，則取之當廉，而不必厚積以招怨；視之當淡，而不必深忮以累心。思我既有此財貨，彼貧窮者，不取我而誰取？不怨我而誰怨？平心息忿，庶不為外物所累。儉於居身，而裕於待物；薄於取利，而謹於蓋藏，此處富之道也。至於孫之累，尤多矣！少小則有疾病之慮，稍長則有功名之慮；浮奢則有不善治家、納交匪類之慮；一離膝下，則有道路、寒暑、飢渴之慮，以至由子而孫，輾轉無窮，更無底止。夫年壽既高，子息蕃衍，安保無疾病痛苦之事？賢愚不齊，升沉各異，聚散無常，憂樂自別。但當教之孝友，教之謙讓，教之立品，教之讀書，教之擇友，教之養身，教之儉用，教之作家。其成敗利鈍，父母不必過為縈心；聚散苦樂，父母不必憂念成疾。但念己無甚刻薄，後人自當無悖出之患；己無甚偏私，後人自當無攘奪之患；己無甚貪婪，後人自當無蕩盡之患。至於天行之數，稟賦之愚，有才而不遇，無因而致疾，延良醫，慎調治，延良師，謹教訓，父母之責盡矣，父母之心盡矣，此處多子孫之道也。予每見世人處好境而鬱鬱不樂，動多悔吝憂戚，必皆此三者之故。由不明斯理，是以心褊見隘，未食其報，先受其苦。能靜體吾言，於擾擾之中，存熒熒之亮，豈非熱火坑中一服清涼散，苦海波中一架八寶筏哉。

機❶者，禍福所由伏❷，人生於機，即死於機也；巧❸者，鬼神所最忌❹，人有大巧，必有大拙❺也。

【注釋】❶機　時機；機會。《素書．原始章》：「若時至而行，則能極人臣之位；得機而動，則能成絕代之功。」❷禍福所由伏　禍患所隱藏的地方；禍患由此而生。所由，所自；所從來。伏，隱藏；埋伏。

❸巧　機巧；靈巧。❹忌　憎惡。❺拙　笨拙；遲鈍。

【語　譯】「時機」這個東西，是災難與禍患隱藏的地方，人因時機而生，也因時機而死；「靈巧」這個東西，是鬼神所最憎惡的，人有大靈巧，必有大笨拙。

【原　注】今人無事不用機巧，殆未之思耳。

出薄言❶，做薄事❷，存薄心❸，種種皆薄❹，未免災及其身；設陰謀，積陰私❺，傷陰騭，事事皆陰❻，自然殃流後代❼。

【注　釋】❶薄言　虛假刻薄的話。❷薄事　刻薄的事；做事刻薄。❸薄心　薄心腸。言待人寡恩無義。❹薄　虛假刻薄，不誠樸寬厚。❺陰私　隱秘不可告人的事。❻陰　陰險；見不得人。❼殃流後代　謂禍患蔓延，連累後代。殃，災難；禍患。

【語　譯】說刻薄話，做刻薄事，待人寡恩無義，凡此種種皆虛偽刻薄，終究會使自身受害；設陰謀詭計，做不可告人事，傷害陰德，事事皆陰險毒辣，自然是禍患蔓延，連累後代。

積德於人所不知，是謂陰德，陰德之報❶，較陽德❷倍多；造惡於人所不知，是謂陰惡，陰惡之報，較陽惡❸加慘。

【注　釋】❶報　報應；果報；報答。❷陽德　公開行善的德行；眾所周知的德行。與「陰德」相對。❸陽惡　光天化日下作惡；公開作惡。

【語　譯】在不為人知的情況下行善積德，這稱之為陰德，陰德所得到的果報，比之陽德要多出許多；在無人知曉的狀況下做壞事，這稱之為陰惡，陰惡所得到的報應，較之陽惡更加慘重。

家運有盛衰，久暫雖殊，消長循環如晝夜；人謀❶分巧拙，智愚各別，鬼神彰癉❷最嚴明❸。

【注　釋】❶人謀　人的謀劃；人為的努力。❷彰癉　「彰善癉惡」的省稱。表彰美善，憎惡邪惡。《書・畢命》：「旌別淑慝，表厥宅里，彰善癉惡，樹之風聲。」彰，顯揚；表彰。癉，憎恨；厭惡；憎惡。❸嚴明　嚴格而公正；準確而分明。

【語　譯】家運有盛有衰，時間長短雖然不同，但此消彼長、循環往復，如同日夜交替；智謀有巧有拙，聰明愚蠢各有差別，鬼神表彰美善、懲罰邪惡，最是嚴格公正。

天堂無則已❶，有則君子登；地獄無則已，有則小人入。

【注　釋】❶則已　則罷。已，算了；罷了。

【語　譯】沒有天堂也就罷了，如果有，只有君子能夠登上；沒有地獄也就罷了，如果有，必定是小人進去。

【原　注】或問天堂地獄之說。曰：善則心體潔淨，光明正大，為陽剛君子；惡則心體邪暗，偏曲昏晦，為陰柔小人。陽從陽類入乎天，陰從陰類入乎地。

為惡畏人知，惡中尚有轉念❶；為善欲❷人知，善處即是惡根❸。

【注　釋】❶轉念　思量；再一想。文中指有轉好的可能。❷欲　希望。❸惡根　罪惡的根子；罪惡的淵源。

【語　譯】做壞事害怕別人知道，罪惡中還有轉好的希望；做善事希望他人知道，行善處就是罪惡的淵源。

謂鬼神之無知，不應祈福；謂鬼神之有知，不當為非。

【語　譯】如果說鬼神是無知無覺的，那就不應當祈求福祉；如果說鬼神是能知能覺的，那就不應當為非作歹。

勢❶可為惡而不為，即是善（若更乘勢以行善，此是大善）；力可行善而不行，即是惡（若更加力以作惡，此是極惡）。

【注　釋】❶勢　權勢；力量。亦指情勢、機會。

【語　譯】有機會做壞事而不做，這就是善；有能力做善事而不做，這就是惡。

於福❶作罪❷，其罪非輕；於苦作福❸，其福最大。

【注　釋】❶於福　在福中。於，猶在。介詞。❷作罪　謂因作惡而獲罪。❸作福　意思是做善事而獲得福祉。《書・盤庚上》：「作福作災，予亦不敢動用非德。」孔傳：「善自作福，惡自作災。」

【語　譯】身在福中卻為非作歹而獲罪，這種罪惡不輕；身處苦難仍盡力行善而得福，這種福祉最大。

【原　注】顏光衷云：濟人利物，無時之一分，可當有時之萬分。若必待富有而後行，誠恐後來之富有不可必，而今日之美事反虛過矣。

行善如春園之草，不見其長，日有所增；作惡如磨刀之石，不見其消❶，日有所損❷。

【注釋】❶消 減削；減少。❷損 減少。

【語譯】做善事就像春園中的小草，雖然看不出它在長高，其實每天都有增長；做壞事則像磨刀的石頭，儘管看不出它的磨損，其實每天都有損耗。

使❶為善而父母怒之，兄弟怨之，子孫羞之，宗族鄉黨❷賤惡❸之，如此而不為善，可也；為善則父母愛之，兄弟悅之，子孫榮❹之，宗族鄉黨敬信之，何苦❺而不為善？使為惡而父母愛之，兄弟悅之，子孫榮之，宗族鄉黨敬信之，如此而為惡，可也；為惡則父母怒之，兄弟怨之，子孫羞之，宗族鄉黨賤惡之，何苦而必為惡？

【注釋】❶使　假使；如果。連詞。❷鄉黨　同鄉；鄉親。《逸周書・官人》：「君臣之間，觀其忠惠；鄉黨之間，觀其誠信。」❸賤惡　輕視厭惡。《禮記・大學》：「所謂齊其家在修其身者，人之其所親愛而辟焉；之其所賤惡而辟焉。」❹榮　光榮；榮耀。❺何苦　有什麼苦衷；有什麼不得已的理由。

【語譯】如果做善事而使父母憤怒，兄弟怨恨，子孫羞愧，宗族鄉鄰輕視厭惡，在這種情況下不行善是可以的；如果做善事而使父母喜愛，兄弟愉悅，子孫榮耀，宗族鄉鄰尊敬信賴，則有什麼理由不去行善呢？如果做惡事而使父母喜愛，兄弟愉悅，子孫榮耀，宗族鄉鄰尊敬信賴，在這種情況下作惡是可以的；如果作惡而使父母憤怒，兄弟怨恨，子孫羞愧，宗族鄉鄰輕視厭惡，則有什麼苦衷必定要做壞事呢？

為善之人，非獨❶其宗族親戚愛之，朋友鄉黨敬之，雖❷鬼神亦陰相之❸；為惡之人，非獨其宗族親戚叛❹之，朋友鄉黨怨之，雖鬼神亦陰殛❺之。

【注釋】❶非獨　不僅僅。❷雖　縱使；即便。❸陰相之　暗中幫助他。相，輔助；佑助。❹叛　背離。❺陰殛　暗中懲罰。殛，懲罰。

【語譯】做善事的人，不僅得到宗族親戚的愛戴，朋友鄉鄰的敬重，即便是鬼神也在暗中佑護他；做壞事的人，不僅他的宗族親戚背離，朋友鄉鄰抱怨，鬼神也會在暗中懲罰他。

為一善而此心快愜❶，不必自言❷，而鄉黨稱譽之，君子敬禮❸之，鬼神福祚❹之，身後傳誦之；為一惡而此心愧怍❺，雖欲掩護❻，而鄉黨傳笑之，王法刑辱❼之，鬼神災禍之，身後指說❽之。

【注　釋】❶快愜　稱心適意。愜，快心；滿足。❷自言　自己宣布；自我表白。❸敬禮　尊敬並以禮相待。《呂氏春秋・懷寵》：「求其孤寡而振恤之，見其長老而敬禮之。」❹福祚　福祿；福分。祚，福運。文中作賜福、佑助解。❺愧怍　慚愧。語出《孟子・盡心上》：「仰不愧於天，俯不怍於人。」怍，羞愧。❻掩護　遮蓋，不使人知。明・郎瑛《七修類稿・國事七・黃玹》：「私心一萌，欲掩人過，遂致顛倒是非，使天下彰彰者，猶將隻手掩護，多見其不知量也。」❼王法刑辱　受到國家法律的懲罰。王法，王朝的法令；國家的法令。刑辱，用刑法侮辱。《漢書・五行志中之下》：「時楚王戊暴逆無道，刑辱申公，與吳王謀反。」❽指說　指責；批評。

【語　譯】做一件好事而心情愉快，不必自我標榜，鄉親鄰里自有讚譽，君子尊敬並以禮相待，鬼神會賜福佑助，死後人們亦將稱頌傳揚；做一件壞事而內心慚愧，雖然想要掩蓋隱藏，終究為鄉里傳為笑柄，受到國家法律的懲罰，鬼神也會降下災禍，死後還要遭人指責唾罵。

【原　注】此二者，孰得孰失？

一命之士❶，苟❷存心❸於愛物❹，於人必有所濟；無用❺之人，苟存心於利己，於人必有所害。

【注釋】❶一命之士　指小官。案：周時官階從一命到九命，一命為最低的官階。《左傳》中屢有所記。《北史・周紀》：「以第一品為九命，第九品為一命。」後亦泛指低微的官職。❷苟　假如；如果。❸存心　猶居心。謂心中懷有的意念。《孟子・離婁下》：「君子所以異於人者，以其存心也。」趙岐注：「存，在也。君子之在心者，仁與禮也。」❹愛物　愛護萬物。《孟子・盡心上》：「親親而仁民，仁民而愛物。」❺無用　猶無能、沒有才幹。

【語譯】品秩低微的小官，如果心中存有仁民愛物之意，就一定會對別人有所幫助；沒有才能的人，如果心中只有利己之念，就一定會有害於別人。

膏粱積於家，而剝削❶人之糠覈❷，終必自亡❸其膏粱；文繡❹充於室，而攘取❺人之敝裘❻，終必自喪其文繡。

【注釋】❶剝削　搜括民財。❷糠覈　亦作「糠籺」。指粗劣的食物。《史記・陳丞相世家》：「人或謂陳平曰：『貧何食而肥若是？』其嫂嫉平之不視家生產，曰：『亦食糠覈耳。』」也比喻粗劣而無價值之物。覈，米麥舂餘的粗屑。❸亡　喪失。❹文繡　刺繡華美的絲織品或衣服。❺攘取　竊取；奪取。攘，盜竊；竊取。❻敝裘　破舊的皮衣。文中泛指破舊的衣服。敝，破爛；破舊。

【語　譯】美味、細糧屯積家中，仍然搜括窮人的米糠癟穀，最終必將喪失自己的家產；刺繡華美的衣物堆滿屋中，仍然奪取窮人的破舊衣服，最終必將喪失自己的所有。

【原　注】人謂不知足者，無時而足。吾謂不知足者，必有時而真不足也。

周石藩云：人心無厭，得隴望蜀，勢所必至。告之以蜀不必望，退而守隴，足矣。而其心且拂然怒，必至求蜀不得，並其隴而亦失之，而後悔其心之過著，才之妄用也。人情往往如此。

天下無窮大好事，皆由於輕利之一念，利一輕，則事事悉屬天理，為聖為賢，從此進基❶；天下無窮不肖事，皆由於重利之一念，利一重，則念念皆違人心，為盜為蹠❷，從此直入❸。

【注　釋】❶進基　奠定基礎；加強基礎。❷蹠　春秋戰國之際的著名大盜。一稱盜跖。參見本書「持躬類」中「稱人以顏子」一節中有關解釋。❸直入　直接進入。

【語　譯】天下無窮無盡的大好事，都是由於重義輕利的念頭所促成，一旦看輕私利，則事事皆合乎天理，為聖人，為賢人，由此奠定基礎；天下所有的壞事罪惡，都是因為輕義重利的念頭而產生，一旦只看重私利，則每個念頭皆違背人心，為盜賊，為匪徒，由此直接進入。

【原　注】曹凝庵云：天下無捨不得錢之好人也。余嘗謂，鄙吝之夫，為天下之大惡人，謂其心之不仁也；亦天下之大愚人，謂其心之不知也。君子亦仁而已矣，智而已矣。未有仁智之人，而無慷慨之行者。

惻隱之心，是天地生人的種子。重了財，不肯救濟，這點靈根漸消漸滅，便賣絕生生世世人的種子了。

陳幾亭云：諺稱富人為財主，言其主持錢帛也。祖父傳業，雖不可浪費，然約己周人，則業不墮而德可行。今之多財者，皆役於財者也。能守能散，是名財主；日慳日吝，是名財奴。

世有一種人，其待兄弟親戚故舊也，絲毫必較；及爭虛體面，為無益之事，則不惜無窮浪費，此全不知本末輕重，而豐儉倒施者也。夫人至於豐儉倒施，豈尚有善行足觀也哉？

清欲人知❶，人情之常，今吾見有貪欲人知者矣。朵其頤❷，垂其涎❸，惟恐人誤視為靈龜❹，而不飽其欲❺也。善不自伐❻，盛德之事，今吾見有自伐其惡者矣。張其牙，露其爪，惟恐人不識為猛虎，而不畏其威也。

【注　釋】❶清欲人知　意思是高潔、清廉的節操希望別人知道。清，高潔；清廉。引申為對人的敬辭。❷朵其頤　即「朵頤」。鼓腮嚼食。《易・頤》：「初九，捨爾靈龜，觀我朵頤，凶。」常用以指嚮往、羨饞。朵，動。頤，指口腔的下部。俗稱下巴。❸垂其涎　即「垂涎」。因想吃而流口水。比喻十分羨慕，極想據為己有。❹靈龜　神龜。亦指用以占卜的大龜。❺不飽其欲　謂不去滿足他的貪欲。❻自伐　自誇；自誇其功。《老子》：「自伐者無功，自矜者不長。」

【語　譯】高潔、清廉的節操希望別人知道，這是人之常情，可如今我卻看到貪婪的欲念竟然也想讓別人知道的。鼓腮嚼食，垂涎三尺，只怕別人誤以為他是用來占卜的靈龜，沒有欲望，而不去滿足其貪婪。做善事而不自誇，這是有大德的行為，可如今我卻看到竟然有人犯罪作惡後還要自誇的。張牙舞爪，威風凜凜，惟恐別人不知道他惡如猛獸而無所懼怕。

人以奢為有福，以殺為有祿，以淫為有緣，以詐為有謀，以貪為有為，以吝為有守，以爭為有氣，以嗔❶為有威，以賭為有技，以訟為有才。

【注　釋】❶嗔　發怒；生氣；責怪。

【語　譯】世間的愚人，經常把奢侈當成有福氣，把殺人當作有祿位，把淫亂當成有緣分，把狡詐作為有計謀，把貪婪當成有作為，把吝嗇當作守家業，把爭奪當成有氣魄，把發怒當作有威嚴，把賭博作為有技巧，把訴訟當成有才幹。

【原　注】末劫，蚩蚩顛倒滋甚，良可浩嘆。先輩詩云：陰功須向生前積，孽債休教身後還。宜猛省之。

謀館如鼠，得館如虎❶，鄙主人而薄弟子❷者，塾師❸之無恥也；賣藥如仙，用藥如顛❹，賊人命而諉天數❺者，醫師之無恥也；覓地如瞽，談地如舞❻，矜異傳而謗同道❼者，地師❽之無恥也。

【注　釋】❶謀館如鼠二句　謂謀求教職時像老鼠，陰險狡猾；得到職位後像老虎，威風十足。館，舊時私塾。文中指就館、教私塾。即教職。❷鄙主人而薄弟子　意思是鄙視主人而刻薄弟子。鄙，鄙視；輕蔑。薄，少；刻薄。文中有上課偷工減料、不負責任之意。❸塾師　舊時私塾的教師。❹賣藥如仙二句　謂賣藥時像個神仙，包治百病；用藥時像個瘋子，癲狂胡鬧。顛，癲狂、胡鬧。後作「癲」。❺賊人命而諉天數　言害死人命卻推說這是天意。賊，殺戮；殺害。《書・舜典》：「寇賊奸宄。」孔傳：「殺人曰賊。」諉，推託；推委。天數，上天安排的命運；天意。❻覓地如瞽二句　意思是尋找寶地時像個瞎子，胡亂指畫；談論風水時如同小丑，眉飛色舞。覓，尋找。地，指風水寶地。即風水好，適於建房修墓的地塊。瞽，失明的人；盲人。❼矜異傳而謗同道　意思是吹噓得到非同尋常的傳授而毀謗同行。矜，自誇；自恃。異傳，特別的傳承；非同尋常的傳授。傳，傳授；繼承。謗，毀謗；誹謗。同道，同行。❽地師　舊稱以相地看風水為職業的人。也稱「地理先生」、「地理師」、「堪輿家」等。俗稱「風水先生」。

【語譯】謀求教職時像老鼠，陰險狡猾；得到職位後像老虎，威風十足，鄙視主人，刻薄學生，這便是塾師的無恥。賣藥時如神仙，包治百病；用藥時似瘋子，癲狂胡鬧，害死病人卻推諉於天命，這便是醫師的無恥。尋找寶地時像瞎子，胡亂指畫；談論風水時如同小丑，手舞足蹈，吹噓得到非同尋常的傳承而詆毀同行，這便是地師的無恥。

【原注】世人有三無恥，人每以神明事之，可恨。

不可信之師，勿以私情薦之，使人托以子弟❶；不可信之醫，勿以私情薦之，使人托以生命；不可信之堪輿❷，勿以私情薦之，使人托以先骸❸；不可信之女子，勿以私情媒❹之，使人托以宗嗣❺。

【注釋】❶托以子弟　意思是以子弟相託付。文中有讓別人把子弟託付給不可信的老師將誤人子弟之意。以下幾個「托」字都含有類似的言外之意。托，囑託；委託；託付。❷堪輿　即風水。指住宅基地和墓地的形勢。亦指相宅相墓之法。「堪」為高處，「輿」為下處。文中指「堪輿師」，即「風水先生」。❸先骸　先人的骸骨。❹媒　說合婚姻。用作動詞。❺宗嗣　宗族繼承人；子孫後代。

【語譯】不可信任的塾師，不要因為私情而推薦，以免誤人子弟；不可信任的醫生，不要因為私情而推薦，以免害人性命；不可信任的風水先生，不要因為私情而推薦，以免危及他人先骸與今世命運；不可信任的女子，不要因為私情而為其說媒，以免使人誤娶而害宗嗣。

【原　注】此數者，極壞陰德，不可不戒者也。

肆傲者納侮❶，諱過者長惡❷，貪利者害己，縱欲者戕生❸。

【注　釋】❶肆傲者納辱　意思是恣意放縱、傲慢自大的人招引侮辱。納，引來；招致。❷諱過者長惡　謂隱瞞掩飾過失的人助長罪惡。諱過，隱瞞過失或失誤。諱，隱瞞；掩飾；迴避。❸戕生　傷害生命。戕，殘害；毀壞。

【語　譯】恣意放縱傲慢自大的人招引侮辱，隱瞞掩飾過失的人助長罪惡，貪圖利祿的人危害自己，放縱欲望的人戕害生命。

【原　注】古詩云：虎尾春冰寄此生。君子以為虎尾春冰者，小人以為大欲存焉。此所以君子小人不容並立，而修吉悖凶甚懸殊也。

魚吞餌，蛾撲火❶，未得而先喪其身；猩醉醴❷，蚊飽血，已得而隨亡其軀；鶿❸食魚，蜂釀蜜，雖得而不享其利。

【注釋】❶蛾撲火　意思是飛蛾爭先恐後撲向燈火是自尋死路。語本晉・支曇諦〈赴火蛾賦〉：「悉達有言曰：『愚人貪身，如蛾投火。』誠哉斯言，信而有徵也……燭耀庭宇，燈朗幽房，紛紛群飛，翩翩來翔，赴飛焰而體焦，投煎膏而身亡。」後多以「飛蛾赴火」、「飛蛾撲燈」、「飛蛾赴焰」等比喻自尋死路，自取滅亡；也比喻不惜犧牲而有所作為。❷醴　甜酒。《詩・周頌・豐年》：「為酒為醴，烝畀祖妣。」❸鷀　有說即鸕鷀。一種善於捕魚的水鳥。俗稱魚鷹、水老鴉。漁民常馴養之以捕魚。

【語譯】魚吞釣餌，飛蛾撲火，未得到利益卻先斷送了性命；猩猩醉於甜酒，蚊子吸取人血，已得到利益卻隨即喪生；鸕鷀捕魚，蜜蜂釀蜜，雖然獲得成果卻無法享受其利。

【原注】世之皇皇求利者，大率類此。

欲不除，似蛾撲燈，焚身乃止；貪不了❶，如猩嗜酒，鞭血❷方休。

【注釋】❶了　完畢；終止。❷鞭血　因鞭打而流血；鞭打至流血。

【語譯】欲望不消除，就像飛蛾撲火，燒毀自己才罷休；貪欲不消除，如同猩猩貪酒，被鞭打流血才停止。

明星朗月❶，何處不可翱翔？而飛蛾獨趨燈焰；嘉卉❷清泉，何物不可飲啄？而蠅蚋爭嗜腥羶❸。

【注釋】❶朗月　明月。朗，明亮。❷嘉卉　美好的花草樹木。《詩・小雅・四月》：「山有嘉卉，侯栗侯梅。」❸蠅蚋爭嗜腥羶　謂蒼蠅蚊子爭相追食腥臭之物。語本《莊子・徐无鬼》：「羊肉不慕蟻，蟻慕羊肉，羊肉羶也。」後以「如蟻聚羶」、「如蠅逐臭」等比喻趨炎附勢或追逐名利的行為。本節即以「飛蛾撲火」、「蠅蚋嗜羶」比喻現實生活中某些趨炎附勢、追名逐利者的行為。蚋，蚊類害蟲。形體似蠅而小，吸人畜血液。羶，羊騷氣；帶有腥羶氣味的食物。

【語譯】星明月朗，天空寬廣，何處不能翱翔？可飛蛾卻偏要撲向燈火；香草清泉，地大物博，什麼不能吃喝？而蒼蠅蚊子卻偏要追食腥臭之物。

飛蛾死於明火，故有奇智❶者，必有奇殃；游魚死於芳綸❷，故有美嗜❸者，必有美毒❹。

【注釋】❶奇智　非凡的智慧；特殊的才智。奇，非常；特別。❷芳綸　帶有芳香誘餌的釣絲。綸，絲線。文中指釣絲。❸美嗜　非常欣賞而且酷愛的東西。❹美毒　看似美好，卻有毒。

【語譯】飛蛾死於明亮的火焰中，所以異常聰明的人必定有異常的災禍；游魚死於芳香的釣絲上，所以嗜好太過的人必定極其殘酷毒辣。

【原　注】非分之福，無故獲之，非造物釣餌，即人世機阱。切須當下猛省，斬滅痴腸。

慨夏畦之勞勞，秋毫無補❶；憫冬烘之貿貿，春夢方回❷。

【注　釋】❶慨夏畦之勞勞二句　意思是可嘆那些諂媚阿諛的人，終日辛勞於卑躬屈膝，到頭來卻絲毫無濟於事。慨，感慨；慨嘆。夏畦，本指夏天在田地裡勞動的人。畦，周圍築埂，可以灌溉和蓄水的田地。《孟子・滕文公下》：「脅肩諂笑，病於夏畦。」趙岐注：「言其意苦勞極，甚於仲夏之月治畦灌園之勤也。」後亦因以指卑躬屈膝，對人諂媚。北宋・黃庭堅《題魏鄭公砥柱銘後》：「吾友楊叔明……持身潔清，不以夏畦之面事上官，不以得上官之面陵其下。」秋毫，亦作「秋豪」。鳥獸在秋天新長出來的細毛。比喻細微之物。❷憫冬烘之貿貿二句　謂憐憫那些頭腦冬烘的人，眼光短淺，糊塗顢頇，剛從春夢醒來回到現實。冬烘，迂腐；淺陋。五代・王定保《唐摭言・誤放》載：唐・鄭薰主持考試，誤認顏標為顏魯公（顏真卿）的後代，將他取為狀元。當時有無名氏作詩譏諷云：「主司頭腦太冬烘，錯認顏標作魯公。」貿貿，眼睛不明的樣子。《禮記・檀弓下》：「有餓者，蒙袂輯屨，貿貿然來。」春夢，比喻易逝的榮華或無常的世事。元・朱凱《昊天塔》第一折：「想老夫幼年時，南征北討，東蕩西除，到今日都做了一場春夢也。」

【語　譯】可嘆那些諂媚阿諛的人，終日辛勞於卑躬屈膝，到頭來卻絲毫無濟於事；憐憫那些頭腦冬烘的人，目光短淺，糊塗顢頇，剛從春夢醒來回到現實。

吉人❶無論❷處世平和，即夢寐神魂❸，無非生意❹；凶人❺不但作事乖戾❻，即聲音笑貌，渾是殺機❼。

【注釋】❶吉人　善良的人。亦指有福的人。《易・繫辭下》：「吉人之辭寡，躁人之辭多。」❷無論　不必說；且不說。❸夢寐神魂　謂睡夢中神遊天外。神魂，靈魂；精神；心神。❹無非生意　意思是沒有不充滿盎然生機的。生意，生機；生命力。❺凶人　惡人；兇惡之人。《書・泰誓中》：「我聞吉人為善，惟日不足；凶人為不善，亦惟日不足。」❻乖戾　悖謬；不合情理。❼渾是殺機　謂全都是欲加殺害之心。渾，全；整個。

【語譯】善良的人不必說待人處世皆平和，即便是夢中神遊天外，也都充滿盎然生機；兇惡的人不但做事悖謬暴戾，即便聲音笑貌中，也都是殺氣騰騰。

仁人心地寬舒❶，事事有寬舒氣象❷，故福集而慶長❸；鄙夫❹胸懷苛刻，事事以苛刻為能❺，故祿薄而澤短❻。

【注釋】❶寬舒　寬厚平和。《管子・內業》：「見利不誘，見害不懼，寬舒而仁，獨樂其身。」❷寬舒氣象　寬鬆從容的氣度。寬舒，寬鬆從容。西漢・陸賈《新語・輔政》：「尚勇者為悔近，溫厚者寬舒。」氣象，氣度；氣概。❸福集而慶長　意思是福祉聚集而仁澤綿長。慶，福澤。《易・坤》：「積善之家，必有餘慶；積不善之家，必有餘殃。」引申為祥瑞。❹鄙夫　庸俗淺陋的人。《論語・子罕》：「有鄙夫問於我，空空如也。」❺能　本事；才能。❻祿薄而澤短　意思是俸祿微薄而福澤短少。

【語　譯】有德行的人心地寬厚平和，做任何事都有寬鬆從容的氣度，所以福祉聚集而仁澤綿長；庸俗淺陋的人心胸狹窄，做任何事都以刻薄作為才能，所以俸祿微薄而福澤短少。

充一個公己公人心❶，便是吳越一家❷；任❸一個自私自利心，便是父子仇讎❹。

【注　釋】❶充一個公己公人心　謂養育一顆對己對人都公正的心。充，養育。西漢・揚雄《方言》第十三：「充，養也。」❷吳越一家　意思是舊時仇敵化干戈為玉帛，親如一家。吳越，春秋時吳國與越國的並稱。因兩國時相攻伐，積怨殊深，故比喻仇敵。❸任　放縱；不加約束。《商君書・弱民》：「上捨法，任民之所善，故奸多。」❹仇讎　仇人；冤家對頭。《左傳・哀公元年》：「〔越〕與我同壤而世為仇讎。」

【語　譯】養育一顆對己對人都公正的心，即便是仇敵，也能化干戈為玉帛，親如一家；放縱一顆自私自利的心，即便是父子情深，也會反目成仇。

【原　注】程子云：人將能一個身子，公共放在天地萬物中一般看，則有甚妨碍？天下興亡，國家治亂，萬姓死生，只爭這箇些子。

理以心為用❶，心死於欲則理滅❷，如根株斬而本亦敗壞❸；心以理為本❹，理被欲蔽則心亡❺，如水泉竭而河亦乾枯。

【注　釋】❶理以心為用　意思是天理體現在人心中，並通過人心來顯示。理，天理。指天道、規律、自然法則。心，文中指「人心」。即情感、思維、精神等。用，在中國哲學中與「體」、「本」相對，表示本體顯示出來的現象和表現出來的作用。案：「心」與「理（性）」、「體」與「用」及其關係等等是中國哲學的重要命題，自先秦至明清爭論不已。宋明時期陸王學派提出「心即理」的命題：「天之所以與我者，即此心也。人皆有是心，心皆具是理，心即理也。」（陸九淵〈與李宰書〉）「心即性，性即理。」（王守仁《傳習錄》上）❷心死於欲則理滅　謂人心被欲望貪婪湮沒，天理就會消失。滅，隱沒；滅絕。❸根株斬而本亦敗壞　言植物的主幹被砍斷，其根基也會敗壞。根株，植物的根和主幹部分。本，草木的根或莖、幹。❹心以理為本　意思是人心以天理為本原。本，本原；本體；根本。❺理被欲蔽則心亡　謂天理被欲念遮蔽則人心也就死亡。蔽，遮蔽；埋沒。

【語　譯】天理體現在人心中，倘若人心被貪婪欲望湮沒，天理就會滅絕，如同樹木的主幹被砍斷，其根基也會敗壞；人心以天理為本原，倘若天理被欲念遮蔽戕害，則人心也就死亡，就像水泉枯竭而河流也隨之乾涸。

魚與水相合❶，不可離也，離水則魚槁❷矣；形與氣相合❸，不可離也，離氣則形壞矣；心與理相合，不可離也，離理則心死矣。

【注　釋】❶魚與水相合　指魚不能離開水。案：此處的「相合」指魚對水的依賴，與後兩個互相依存的「相合」有所不同。❷槁　乾枯；死亡。❸形與氣相合　意思是人的形體與精氣相互對應協調。案：形、氣，皆中國古代哲學概念。形指形體、形骸；氣指精氣、精神。形、氣（神）關係也是中國哲學的古老命題。有主張形神二元論者，但強調形神不可分離者為多。《荀子・天論篇》：「形具而神生。」《史記・太史公自序》：「凡人所生者神也，所托者氣也。……形神離則死。」相合，相互對應協調；互相依存。

【語　譯】魚與水為一，不能離開，離水則魚死；人的形體與精氣互相依存，不能分離，沒有氣則形亦敗壞；人心與天理相互對應協調，不能分離，離開天理則人心也就死亡。

【原　注】先哲云：哀莫哀於心死，而身死次之。學者須時時喚，令此心不死也。昧理者心先死，喚醒則心生。

陳白沙〈禽獸說〉云：人具七尺之軀，除了此心此理，便無可貴，混是一包膿血裹一大塊骨頭，飢能食，渴能飲，能著衣服，能行淫欲，貧賤而思富貴，富貴而貪權勢，忿而爭，憂而悲，窮則濫，樂則淫，凡有所為，一任氣血，老死而後已，則命之曰禽獸，可也。

天理是清虛❶之物，清虛則靈，靈則活❷；人欲是渣滓❸之物，渣滓則蠢，蠢則死❹。

【注釋】❶清虛　清淨虛無。《文子・自然》：「老子曰：『清虛者天之明也，無為者治直常也。』」❷活　有生氣。唐・杜牧〈池州送孟遲先輩〉詩：「煙書雨姿嬌，雨餘山態活。」❸渣滓　雜質；糟粕。❹死　呆板；止息。與上文「活」相對。

【語譯】天理是清淨虛無的東西，清淨虛無則有靈性，有靈性就有生氣；人欲是糟粕邪惡之物，糟粕則致愚蠢，有愚蠢就會呆板。

【原注】天地常活，無欲故也；人物常死，有欲故也。天理是本心固有之至善，生之道也，而人棄之；人欲是形氣所生之邪穢，死之途也，而人貪之，是惑也。

毋以嗜欲❶殺身❷，毋以貨財殺子孫，毋以政事殺百姓，毋以學術殺天下後世。

【注釋】❶嗜欲　嗜好和欲望。多指貪圖身體感官方面享受的欲望。❷殺身　捨身；喪身。殺，傷害；敗壞。案：以下幾句都含有由於過度，使原本可以有（如貨財）、應該有（如政事）、甚至是有益（如學術）的事情，產生壞的結果。

【語譯】不要因嗜欲而損傷身體，不要因錢財而貽害子孫，不要因政事而摧殘百姓，不要因學術而禍患天下後世。

毋執去來之勢而為權❶，毋固得喪之位而為寵❷，毋恃聚散之財而為利❸，毋認離合之形而為我❹。

【注釋】❶毋執去來之勢而為權　意思是不要著迷於來去不定的威勢而當作權力。執，執迷；執著。去來之勢，來去不定的威勢。即強調沒有永恆不變的權勢。以下「得喪之位」、「聚散之財」、「離合之形」的涵義皆同。去來，謂離去而又歸來。為，當作；認為。❷毋固得喪之位而為寵　謂不要執意於得失不測的爵位而當作榮耀。固，堅守；執意。寵，貴崇；榮耀。《書・周官》：「居寵思危。」孔傳：「言雖居貴寵，當思危懼。」❸毋恃聚散之財而為利　意為不要倚憑聚散靡常的貨財而當作利益。恃，自負；憑藉。❹毋認離合之形而為我　謂不要把虛幻不實的形骸認作自我。認，認為；看作。離合之形，參見前節「形與氣相合」的有關注釋。形，形骸。

【語　譯】不要著迷於來去不定的威勢而當作權力，不要執意於得失不測的爵位而當作榮耀，不要倚憑聚散靡常的貨財而當作利益，不要把虛幻不實的形體認作自我。

【原　注】《談古錄》云：離婁不見輿薪，師曠不聞霹靂，儀、秦不能吐一詞，賁、育不能舉一羽，人謂必無是事，豈知終有是時。到此時候，何智何愚？何勇何怯？惟留賢奸邪正之名，以挂人齒頰而已。人能擡頭將命字一想，拚底將死字一算，放眼將人世窮通得喪一看，吁！

亦可掉下機心，撇開妄念矣。昔史彌遠死而復蘇，作詩引咎云：早知泡影須臾事，悔把恩仇抵死分。殊堪猛省。

古人稱不朽者三，曰立德、立功、立言。至此之外，皆如浮雲幻影，瞬息眼前，鮮有能長存者。周之九鼎，秦之傳國璽，以王家之重器，猶不能歷久以遞傳，又何論籬落間之瑣瑣者耶？噫！世之為千載之圖、身後之計者，當知所尚矣。

貪了世味❶的滋益❷，必招性分❸的損❹；討了人事❺的便宜，必吃天道❻的虧。

【注　釋】❶世味　社會人情。亦指功名宦情。北宋・葉適〈孟達甫墓志銘〉：「既連黜兩州，世味益薄。知（任職）南康，自列親嫌不往。」❷滋益　滋養補益。文中有從功名仕宦中得到好處之意。❸性分　猶天性、本性。《後漢書・逸民傳》：「然觀其甘心畎畝之中，憔悴於江湖之上，豈必親魚鳥、樂林草哉？亦云性分所至而已。」❹損　減少；傷害。❺人事　人情事理；人際交往。此處也可作「人世間事」解，與下文「天道」對應。❻天道　天理；天意。《書・湯誥》：「天道福善禍淫，降災於夏。」

【語　譯】貪圖功名仕宦的好處，必定招致自己本性的損傷；占了人世間的便宜，終究要吃天道報應的虧。

【原　注】是是非非地，明明白白天。

精工言語❶，於❷行事❸毫不相干；照管皮毛❹，與性靈❺有何關涉❻。

【注釋】❶精工言語　謂能說會道。精工，精緻工巧。文中指擅長、精通。❷於　對；對於。副詞。❸行事　做事。❹照管皮毛　意思是讀書求學只注重瑣屑之處。照管，照料管理。南宋·朱熹《持敬》：「吾儒喚醒此心，欲他照管許多道理。」皮毛，皮膚和毛髮。比喻表面的、膚淺的東西。多指學識。南宋·葉適〈王氏讀書堂〉詩：「勉哉造其微，勿逐皮毛盡。」❺性靈　內心世界。泛指精神、思想、情感等。《晉書·樂志上》：「夫性靈之表，不知所以發於詠歌；感動之端，不知所以關與手足。」❻關涉　猶關係。

【語譯】能說會道，花言巧語，與認真做事毫不相干；讀書求學只注重瑣屑之處，與心性修養有什麼關係。

荊棘滿野❶，而望收嘉禾❷者愚；私念滿胸，而欲求福應❸者悖❹。

【注釋】❶荊棘滿野　謂田裡長滿荊棘野草。❷望收嘉禾　謂希望收穫豐厚。嘉禾，生長奇異的禾，古人以之為吉祥的徵兆。亦泛指生長茁壯的禾稻。❸福應　指預示幸福吉祥的徵兆。東漢·班固〈兩都賦〉序：「是以眾庶悅豫，福應尤盛。」❹悖　謬誤；荒謬。

【語譯】田野裡遍布荊棘，卻希望收穫豐厚的人，是愚蠢的；私念充滿胸中，卻想求得幸福吉祥的人，是荒謬的。

莊敬非但日強❶也，凝心靜氣❷，覺分陰寸晷❸，倍自舒長❹；安肆非但日偷❺也，意縱神馳❻，雖累月經年，亦形迅駛❼。

【注　釋】❶莊敬非但日強　意思是為人行事莊重恭敬不僅僅是日漸強盛。語本《禮記・表記》：「君子莊敬日強，安肆日偷。」莊敬，莊嚴恭敬。《禮記・樂記》：「致禮以治躬則莊敬，莊敬則嚴威。」❷凝心靜氣　謂專心致志，意氣平和。凝心，專心；一心一意。靜氣，意氣平和。❸分陰寸晷　謂分分秒秒的時間。分陰，太陽的影子走過一分。比喻極短的時間。《晉書・陶侃傳》：「〔陶侃〕常語人曰：『大禹聖人，乃惜寸陰；至眾人，當惜分陰。』」陰，日影。寸晷，猶寸陰。短暫的時光。晷，指日晷。測度日影以確定時刻的儀器。亦指日影、光陰。寸晷即太陽的影子走過一寸。❹舒長　久長。❺安肆非但日偷　謂安樂放縱不但日益怠惰。安肆，安樂放縱。肆，恣意；放縱。日偷，日益怠惰。偷，怠惰；苟且。❻意縱神馳　指放縱意念，胡思亂想。❼亦形迅駛　言仍然感到時光飛逝。形，（與累月經年比較）顯得；顯示。

【語　譯】為人行事莊重恭敬不僅僅是日漸強盛，專心致志，意氣平和，極短暫的時光也會覺得倍加久長；安樂放肆不但日益怠惰，放縱意念，胡思亂想，雖然月復一月，年復一年，仍然感到時光飛逝。

自家過惡❶自家省❷，待禍敗❸時，省已遲矣；自家病痛自家醫，待死亡時，醫已晚矣。

【注釋】❶過惡　過失、錯誤。❷省　反省。❸禍敗　災禍與失敗。《國語・晉語八》：「民志不厭，禍敗無已。」

【語譯】自己的過失錯誤要由自己及時反省，等到禍敗來臨再反省，也已遲了；自己的病痛需要自己及時就醫，等到死亡來臨再醫治，為時已晚。

多事❶為讀書第一病，多欲為養生第一病，多言❷為涉世❸第一病，多智❹為立心❺第一病，多費為作家❻第一病。

【注釋】❶多事　做多餘的事；做不應該做的事。❷多言　好說閒話；多說。❸涉世　處事；經歷世事。❹多智　多計謀；工於心計。❺立心　樹立準則；立意；下決心。❻作家　治家；理家。《晉書・食貨志》：「桓帝不能作家，曾無私蓄。」

【語譯】瑣事繁雜是讀書的最大缺點，貪婪多欲是養生的最大弊病，多嘴多舌是處世的最大錯誤，工於心計是立心的最大禍害，奢華浪費是理家的最大忌諱。

今之用人，只怕無去處，不知其病根在來處；今之理財，只怕無來處，不知其病根在去處。

【語譯】如今用人，只擔心無法安排去處，卻不知問題的根源在這些人能夠來此的原因；如今理財，只擔心沒有財源，卻不知問題的根源在於花錢的地方。

【原注】陳榕門云：人之來處有二：所以教之，所以取之是也。財之去處惟一，所以用之是也。

貧不足羞，可羞是貧而無志；賤不足惡，可惡是賤而無能；老不足嘆，可嘆是老而無成；死不足悲，可悲是死而無補❶。

【注釋】❶無補　無益；無所幫助。

【語譯】貧窮並不羞恥，可羞恥的是窮而沒有志氣；卑賤並不讓人厭惡，厭惡的是賤而沒有才能；年老並不讓人嘆息，可感嘆的是老而一事無成；死亡不足以悲傷，可悲的是死而於世無補。

【原注】陳榕門云：人生在世，無時無地，不有當盡之道。

事到全美處，怨我者難開指摘❶之端；行到至污處，愛我者莫施掩護❷之法。

【注釋】❶指摘　亦作「指謫」。挑出錯誤，加以批評。❷掩護　遮蓋，不使人知。明・郎瑛《七修類稿・國事七・黃竑》：「私心一萌，欲掩人過，遂致顛倒是非，使天下彰彰者，猶將隻手掩護，多見其不知量也。」

【語譯】事情做到圓滿的境界，即便是怨恨我的人，也難以找到挑錯指責的理由；行為到了汙穢不堪的地步，即便是愛護我的人，也難以施展遮掩庇護的辦法。

衣垢不湔❶，器缺不補，對人猶有慚色❷；行垢❸不湔，德缺不補，對天豈無愧心？

【注釋】❶湔　洗滌；清除。❷慚色　羞愧的臉色。❸行垢　行為汙穢。即有缺點錯誤。

【語譯】衣服髒了不洗，器具損壞不修，面對他人尚感到羞恥；行為汙穢不去清除，德行敗壞不思補過，面對上天難道心中沒有一點慚愧？

供人欣賞，儕風月於烟花，是曰褻天❶；逞我機鋒，借詩書以戲謔，是名侮聖❷。

【注　釋】❶供人欣賞三句　意為（詩文本應是學習聖賢，修養心性的體現，現在）把文章詩詞等同於藝妓，專供別人欣賞，這是褻瀆上天。儕，等同；並列。風月，指詩文。北宋・歐陽脩〈贈王介甫〉詩：「翰林風月三千首，吏部文章二百年。」烟花，指妓女或藝妓。褻天，褻瀆上天；對上天不恭敬。褻，輕慢；侮弄；不恭。❷逞我機鋒三句　意思是假借詩書辭賦來開玩笑，以顯耀自己的才華，這是侮辱聖賢。逞我機鋒，顯示誇耀自己的才華。逞，顯示；誇耀。機鋒，本為佛教禪宗用語。指問答迅捷銳利、不落跡象、涵義深刻的語句。後亦以指機敏的才思。戲謔，以詼諧的話取笑、開玩笑。《詩・衛風・淇奧》：「寬兮綽兮，猗重較兮；善戲謔兮，不為虐兮。」詩書，《詩經》和《尚書》。常泛指書籍。亦指詩作、書法、書信等。

【語　譯】把文章詩詞等同於藝妓，專供別人欣賞，這叫做褻瀆上天；假借詩書辭賦開玩笑，以顯耀自己的才華，這稱為侮辱聖賢。

【原　注】風流罪過，賢者不免，吾輩所宜深戒。

罪莫大於褻天，惡莫大於無恥，過莫大於多言。

【語　譯】最大的罪孽是褻瀆神靈，最大的惡行是寡廉鮮恥，最大的過失是多嘴多舌。

言語之惡，莫大於造誣❶；行事之惡，莫大於苛刻；心術❷之惡，莫大於深險❸。

【注　釋】❶造誣　捏造誣陷。❷心術　內心；心計。❸深險　深沉陰險；陰險叵測。《北史·文苑傳·溫子升》：「子升外恬靜，與物無競，言有准的，不妄毀譽，而內深險，事故之際，好豫其間，所以終至禍敗。」

【語　譯】最惡毒的言語，莫過於捏造誣陷；最卑劣的行為，莫過於嚴厲刻薄；最邪惡的心術，莫過於陰險叵測。

談人之善，澤於膏沐❶；暴人之惡，病於戈矛❷。

【注　釋】❶談人之善二句　意思是談論別人的善行，對方感受到有如沐浴般舒適的惠澤。澤，恩惠；滋潤。文中有舒適之意。膏沐，洗沐；潤澤。膏，潤澤；滋潤。❷暴人之惡二句　謂張揚他人的過失，對方所受的痛楚甚於刀槍之傷。暴，顯露；張揚；暴露。《孟子·萬章上》：「昔者堯薦舜於天，而天受之；暴之於民，而民受之。」病，羞辱；痛楚。

【語　譯】談論別人的善行，對方感受到如同沐浴般舒適的惠澤；暴露他人的惡行，對方所遭受的痛楚甚於刀槍之傷。

【原　注】呂新吾云：聞人之善而掩覆之，或文致以誣其心；聞人之惡而播揚之，或枝葉以多其罪，此皆得罪於鬼神者也，吾黨戒之。

聞善則疑，聞惡則信，其人生平，必有惡而無善。

當厄之施，甘為時雨❶；傷心之語，毒於陰冰❷。

【注　釋】❶當厄之施二句　謂面臨危難時得到幫助，其快樂如同得到及時雨。厄，災難；困苦。時雨，及時雨。❷傷心之語二句　意思是傷害心靈的言語，其怨恨難消甚於陰冰。毒，怨恨；憎恨。《後漢書・袁紹傳》：「每念靈帝，令人憤毒。」李賢注：「毒，恨也。」陰冰，背陽處的冰。形容極厚極冷，難以融化。

【語　譯】面臨危難時得到幫助，其快樂如同得到及時雨；傷害心靈的言語，其怨恨難消甚於陰冰。

陰巖積雨之險奇❶，可以想為文境❷，不可設為心境❸；華林映日之綺麗❹，可以假為文情❺，不可依為世情❻。

【注釋】❶陰巖積雨之險奇　謂深山老林陰雨綿綿的驚險奇異。陰巖，背陽的山崖。險奇，驚險奇異。喻不同尋常。積雨，猶久雨、陰雨綿綿。❷文境　文章的意境。清·戴鈞衡〈重刻方望溪先生全集序〉：「望溪方先生出，其承八家正統，就文境核之，亦與熙甫異境同歸。」❸設為心境　作為心境。設，設置；安排。心境，心情；心緒。❹華林映日之綺麗　意思是繁茂美麗的山林沐浴在陽光下的綺麗景色。華林，茂美的林木。映日，映照著日光。綺麗，華美豔麗；鮮明美麗。❺假為文情　謂借之為詩賦文章的情致。文情，文辭與情思。南朝梁·劉勰《文心雕龍》：「文情難鑒，誰曰易分。」❻依為世情　謂據此作為世態人情。依，根據；按照。世情，世態人情。

【語譯】深山老林陰雨綿綿的驚險奇異，可以想像成文章的意境，但不能將此作為心境；繁茂美麗的山林沐浴在陽光下的綺麗景象，可借之為詩文辭賦的情致，但不可據此看待世態人情。

巢父洗耳以鳴高❶，予以為耳其竇❷也，其言已入於心矣，當剖心而澣❸之；陳仲出哇以示潔❹，予以為哇其滓也，其味已入於腸矣，當刲腸而滌❺之。

【注　釋】❶巢父洗耳以鳴高　謂巢父洗耳朵以自鳴清高。案：應為許由洗耳，詳見下。巢父，傳說為堯時的隱士，因巢居樹上而得名。晉・皇甫謐《高士傳・巢父》：「巢父者，堯時隱人也。山居不營世利，年老以樹為巢，而寢其上，故時人號曰巢父。」堯將君位讓給他，不受；堯又要讓給許由，他勸許由隱居。洗耳，表示厭聞汙濁之聲。典出傳說中的隱士許由。晉・皇甫謐《高士傳・許由》：「堯讓天下於許由，……由於是遁耕於中岳潁水之陽，箕山之下，終身無經天下之色。堯又召為九州長，由不欲聞，洗耳於潁水濱。其時，友巢父牽犢欲飲之，見由洗耳，問其故。對曰：『堯欲召我為九州長，惡聞其聲，是故洗耳。』」鳴高，自鳴清高。❷竇　孔穴。❸剖心而澣　謂把心剖開洗一洗。澣，通「浣」。洗滌。❹陳仲出哇以示潔　意思是陳仲吐出鵝肉以表示高潔。陳仲出哇，陳仲是戰國時齊國人。又名田仲、陳仲子。出身貴族。《孟子・滕文公下》載：陳仲認為兄長的俸祿是不義之物，避兄離母，逃居於陵，自己編草鞋，妻子績麻練麻，以維持生活。某日回家，見有人送給他哥哥一隻鵝，便皺著眉頭說，要這種呃呃叫〔鶃鶃〕的東西做什麼呢？過些時他母親把鵝殺了給他吃。「其兄自外至，曰：『是鶃鶃之肉也』。出而哇之。」哇，嘔吐；吐出。潔，高潔；清白不汙。❺刲腸而滌　謂割開腸子清洗。刲，割；刺。滌，洗去髒東西。

【語　譯】巢父洗耳朵以自鳴清高，我認為耳朵不過是一個孔穴，聽到的話已經深入心中了，應當把心剖開洗一洗；陳仲吐出鵝肉以表示高潔，我認為吐出來的不過是渣滓，鵝肉的味道已經進了腸子，應當割開腸子洗去髒東西。

詆緇黃之背本宗，或衿帶壞聖賢名教❶；詈青紫之忘故友，乃衡茅傷骨肉天倫❷。

【注釋】❶詆緇黃之背本宗二句　意思是指斥和尚、道士背棄宗族而出家，或許是文人學士敗壞古聖先賢的綱常名教。詆，呵斥；指責。緇黃，指僧道。僧人緇服，道士黃冠，故稱。緇，黑色。僧服為黑色，因而亦指僧侶。背，棄去；離開。本宗，本宗族；本人所屬的宗族。衿帶，指文人學士。衿，古代衣服的交領。《詩・鄭風・子衿》：「青青子衿，悠悠我心。」毛傳：「青衿，青領也。學子之所服。」因青衿是學子所穿的衣服，故沿稱秀才為「青衿」，亦省稱「衿」。名教，以正名定分為主的禮教（禮樂教化）。❷詈青紫之忘故友二句　謂責罵達官顯貴忘了舊友，其實是寒士窮人感傷骨肉親情。詈，責罵。青紫，本為古時公卿綬帶的顏色，因借指達官顯貴。《漢書・夏侯勝傳》：「勝每講授，常謂諸生曰：『士病不明經術。經術苟明，其取青紫如俛拾地芥耳。』」清・王先謙補注《漢書・夏侯勝傳》時引葉夢得曰：「漢丞和太尉，皆金印紫綬，御史大夫，銀印青綬。此三府官之極崇者，勝云青紫謂此。」乃，就是；原來是。副詞。衡茅，衡門茅屋；簡陋的居室。文中借指寒士、窮人。衡門，橫木為門。衡，架在屋梁或門窗上的橫木。即桁木或檁子。傷，憂思；悲傷。骨肉，指至親。指父母兄弟子女等有血緣關係的親人。天倫，天然倫次。指兄弟。《穀梁傳・隱公元年》：「兄弟，天倫也。」范寧注：「兄先弟後，天之倫次。」亦泛指父子等天然的親屬關係。文中指父子兄弟間的天然親情與倫理關係。謂達官顯貴一闊臉就變，忘記故舊，背離了骨肉天倫，所以遭到責罵。

【語譯】指斥和尚、道士背棄宗族而出家，這或許是文人學士敗壞古聖先賢的綱常名教；責罵達官顯貴忘了舊友，其實是寒士窮人感傷骨肉親情。

【原注】發人深省。

炎涼之態❶，富貴甚於貧賤；嫉妒之心，骨肉甚於外人。

【注釋】❶炎涼之態　指親富疏貧的勢利心態與行為。

【語譯】親富疏貧的勢利之態，富貴者比窮困人更加厲害；彼此嫉妒的陰暗心思，骨肉至親比外人還要嚴重。

兄弟爭財，父遺❶不盡不止；妻妾爭寵，夫命不死不休。

【注釋】❶父遺　父親留下的遺產。

【語譯】兄弟爭奪父親的遺產，不到財盡不會停止；妻妾爭奪丈夫的寵愛，不到夫死不會罷休。

受連城而代死❶，貪者不為，然死利者何須連城？攜傾國以告殂❷，淫者不敢，然死色者何須傾國？

【注釋】❶受連城而代死　言接受價值連城的財物但要代人去死。連城，謂物品的價值如同連成一片的許多城池。形容物品極珍貴，所值極高。典出《史記・廉頗藺相如列傳》：「趙惠文王時，得楚和氏璧。秦昭王聞之，使人遺趙王書，願以十五城請易璧。」❷攜傾國以告殂　謂攜同絕色美人一同赴死。傾國，美女。語出《漢書・外戚傳上・李夫人》：「延年侍上起舞，歌曰：『北方有佳人，絕世而獨立，一顧傾人城，再顧傾人國。寧不知傾城與傾國，佳人再難得！』」後因以「傾國傾城」或「傾城傾國」形容女子極其美麗。告殂，死亡。殂，死亡。

【語　譯】接受價值連城的財物但要代人去死，貪婪的人也不會這樣做，然而為利而死的人，往往並非為了價值連城的寶物；攜同絕色美人一同赴死，好色的人也不敢這樣做，然而為女色而死的人，往往並非為了傾國美色。

烏獲病危，雖童子制梃可撻❶；王嬙臭腐，惟狐狸鑽穴相窺❷。

【注　釋】❶烏獲病危二句　謂大力士烏獲病危的時候，即便是孩子也能拿棍子打他。烏獲，戰國時秦國勇士，力大無比。據說他能舉千鈞之重，壽至八十以上。後成為力士的泛稱。梃，棍棒。撻，用鞭子或棍子打。❷王嬙臭腐二句　意思是美人王嬙死後，只有狐狸才會鑽進墓穴去偷看。王嬙，即王昭君。古代著名美女。西漢南郡秭歸（今屬湖北）人，名嬙，字昭君。晉朝避司馬昭諱，改稱明君，後人又稱明妃。漢元帝時被選入宮。竟寧元年（西元三三年）匈奴呼韓邪單于入朝求和親，她自請嫁匈奴。入匈奴後，被稱為寧胡閼氏。呼韓邪死，其前閼氏子代立，成帝又命她從胡俗，復為後單于閼氏。卒葬於匈奴。今內蒙古呼和浩特市南有昭君墓，世稱青冢。她的故事成為後來詩詞、戲曲、小說、說唱等的流行題材。窺，偷看。

【語　譯】大力士烏獲病危，即便是孩子也能拿棍子打他；美人王昭君死後，只有狐狸才會鑽進墓穴去偷看。

【原　注】靜念及此，味如雪淡，興若冰消。

聖人悲時憫俗❶，賢人痛世疾俗❷，眾人混世逐俗❸，小人敗常亂俗❹。

【注　釋】❶悲時憫俗　謂哀嘆時世的艱辛，憂傷社會風尚的衰敗。悲，哀痛；傷心。憫，憂愁；哀憐。❷賢人痛世疾俗　謂賢德之人痛恨社會黑暗、憎惡世俗腐朽。賢人，有才德的人。疾俗，憎惡世俗。疾，厭惡；憎恨。❸混世逐俗　謂苟且度日，跟隨社會習俗。混世，混日子。即得過且過，苟且度日。逐俗，跟隨社會習俗；追隨時尚。逐，隨；跟隨。❹敗常亂俗　謂敗壞倫常，擾亂社會風尚。敗，毀壞；禍害。

【語　譯】聖人哀嘆時世的艱辛，憂傷社會風尚的衰敗；賢德之人痛恨社會黑暗、憎惡世俗腐朽；芸芸眾生苟且度日，跟從社會習俗；卑鄙小人敗壞倫常，擾亂社會風氣。

【原　注】嗚呼！小人壞之，眾人從之，雖憫雖疾，竟無益矣。故賢人在位，則移風易俗。

陳榕門云：先有一段悲憫痛疾之心胸，而後有一番移風易俗之事業。徒然憤世疾俗以為高，與世誠無益也。

讀書為身上之用❶，而人以為紙上之用❷；做官乃造福之地❸，而人以為享福之地；壯年正勤學之日，而人以為養安❹之日；科第本消退之根❺，而人以為長進之根。

【注　釋】❶讀書為身上之用　意思是讀書的目的是為了修身養性、立身處世。身上之用，指用於自身修養。❷紙上之用　指用於紙面上。即僅在詩詞文章上下工夫。❸做官乃造福之地　謂做官是個為民造福，也為自己積福的場所。❹養安　養體安身。❺科第本消退之根　意思是通過科舉取得功名本來是急流勇退的契機。消退，減退；消失。

【語　譯】讀書的目的在於修身養性、立身處世，而人們卻用於紙面，只在詩詞文章上下工夫；做官原是為民造福、也為自己積福的場所，而人們卻以為是個享福的地方；壯年正是勤奮學習的時期，而人們卻認為是保養身體、安享天年的日子；通過科舉取得功名本來是急流勇退的契機，而人們卻視為努力上進的動力。

【原　注】高忠憲公云：聖賢之書，不是教人專學作文字，求取富貴，乃是教天下萬世做人的方法。今人都不曾依那書上做得一句，所以讀底是古人書，做底是俗人事。誠所謂書自書，我自我，與不學者何以異？

今之居官者，不但為自己享福計，且為子孫享福計，百計搜索橫財，以供享福之用。噫！誤矣。上天生爾為造福之人，今反為造殃之人，清夜自思，上天其肯寬宥乎？

造福享福二念，居官者人鬼關頭。

楊道淵云：而今學者通病，當失意時，便奮發曰：到家卻要如何。及奮發數日，漸倦息，或應酬別事，則曰：且歇下一時，明日再做。且歇二字，遂循環過了一生；士君子進德修業，皆為且歇二字所牽縛，白首竟成浩嘆。果能一旦奮發有為，鼓舞不倦，除卻進德，是斃而後已。若論其餘事業，不過五年七年，無不成就之理。

蓮之始開也，至暮則復合，至不能合則落矣。人家富貴，須如蓮之始開，使常有收斂意，自可耐久。若一開不可復合，吾懼其落之不遠也。邵康節云：牡丹含蕊為盛，爛漫為衰。蓋日午則昃，月盈則虧。月盈日午，有道之士所不處焉。楊石齋廷和當國時，弟為卿者一，任方面者二；諸子侄又數人，皆通顯。子慎，復成進士第一，賀者填委，公獨顰蹙不歡。或問故。公曰：君知傀儡場乎？方奏技時，次第陳舉，曲終而傀儡盡出。人家氣數有限，盡泄不宜，吾恐今是曲終時也。未幾，以議大禮不合，公罷相歸，慎戍滇，僉事恂，以殺人抵大辟，人始服公之先見。

421 類凶悖

盛者衰之始，福者禍之基。

【語譯】興盛是衰敗的開始，福氣是禍患的根基。

福莫大於無禍，禍莫大於邀福❶。

【注釋】❶邀福 求取福祉。

【語譯】最大的福分在於沒有禍患，最大的禍患在於求取福祉。

◎新譯增廣賢文・千字文

馬自毅／注譯　李清筠／校閱

在中國古代兒童教育書籍中，《增廣賢文》及《千字文》是影響較大的兩本。前者於明清時期廣泛流傳，家喻戶曉，內容通俗易懂，言簡意賅，從不同角度闡發為人處世、修身齊家之道。後者於南朝梁武帝大同年間即已編定，影響、流傳至今。內容雖僅千字，但全部都是常用字，是兒童學字的好教材。其中有大量詞句直接源自典籍，不僅可以舉一反三，擴大知識面，還可以幫助讀者汲取古人的生活智慧。

◎新譯幼學瓊林

馬自毅／注譯　陳滿銘／校閱

成書於明末清初的《幼學瓊林》是中國歷代啟蒙讀物中的佼佼者，在近代新式教育興起以前，它一直是家喻戶曉、使用最廣的教育用書之一。它的內容周遍，舉凡天文、地理、歷史、政治、社會生活各個層面的知識，皆有涉及，有如一本中國文化小百科全書，加上釋文簡練準確，內容通俗實用，因此自編定後便風行全國，歷久不衰。雖然部分內容今日看來已經過時，但只要知所取捨，於讀者增進文史知識，了解古代文化，仍有一定的助益。

◎新譯曾文正公家書

湯孝純／注譯　李振興／校閱

中國哲人一向重視門風家教，因此家書中常可見其思想之所在。而向來備受推崇的清末名臣曾國藩，其所寫的家書篇幅之豐、內容之廣、啟人之深、影響之鉅，深具借鑑和啟迪的作用，自古至今可說無人能出其右。收錄於《曾國藩全集》中的家書，內容極為廣泛，本書為切合更多讀者的需求，精選其中有關治學、修身、齊家三個部分的篇章加以注譯評析。

◎新譯絕妙好詞

聶安福／注譯

周密編選的《絕妙好詞》，為宋人選宋詞的上乘之作，堪當南宋雅詞的典範選本，既受時人推賞，如張炎《詞源》贊其選詞「精粹」；亦獲後世稱譽，如《四庫全書總目》謂其「猶在曾慥《樂府雅詞》、黃昇《花庵詞選》之上」。其所選詞作，詞章取其雅正，音律取其協暢，令、慢兼備，題材廣泛。詠物寓情、傷春怨別、羈旅愁思、山水記遊而外，亦不乏時世傷悼之作。吟風弄月而無綺麗柔靡之聲色，時有清言秀句之脫俗；感時傷世而無慷慨憤激之豪氣，皆具溫詞雅調之蘊藉。所選詞人，名家盡收，小家兼顧，其一二佳作亦得以傳世，供後人品賞。

◎新譯蘇軾詞選

鄧子勉／注譯

蘇軾作為一代文豪，不僅詩文書畫成就卓著，詞作也以推陳出新見長，開啟了南宋豪放詞一派的發展。詞最初的功能是娛賓佐歡，為歌舞宴聚所必需，因此內容多不離兒女之情、傷春悲秋等題材，它們在柳永的手裡得到了淋漓盡致的發揮。蘇軾作詞則不墨守傳統，他將本屬詩歌範疇的題材引入詞的創作，諸如農忙、悼亡、贈別、言志、詠物、詠史、談禪等，隨著詞的題材擴大，詞逐漸由供歌妓演唱助興的地位，雅化為文人抒寫人生感慨的工具。本書精選蘇詞二百餘首，既有婉約豔麗之作，又有清曠豪邁之歌，風格多樣。其編排次第，乃依詞調字數多寡，先小令，後長調。原文以元代括蒼葉曾南阜書堂校刻的《東坡樂府》為底本，每闋詞均附有詳盡的注釋、語譯、賞析；透過本書，讀者不但得以欣賞蘇軾賦予詞的新內涵，亦可窺見蘇軾屢遭逢貶謫後的人生感慨，以及對仕途的倦怠、對退隱的嚮往，為研究蘇軾其人、其詞不可或缺的佳作。